미군정 3년사

눈빛아카이브

한국근현대사 ❸

미군정 3년사

1945-1948

박도 엮음

빼앗긴 해방과 분단의 서곡

눈빛

Three Years of the U.S. Army
Military Government in Korea
1945-1948
Edited by Park Do

Printed and bound in Korea
www.noonbit.co.kr

눈빛아카이브
한국근현대사 ❸

미군정 3년사

1945-1948
박도 엮음

초판 2쇄 발행일 2024년 8월 28일
발행인 이규상
편집인 안미숙
발행처 눈빛출판사
　　　　서울시 마포구 월드컵북로 361, 14층 105호
　　　　전화 336-2167 팩스 324-8273
등록번호 제1-839호
등록일 1988년 11월 16일
편집 성윤미·이솔·김철민
스캔 보정 유제동
인쇄 예림인쇄
제책 대원바인더리
값 40,000원
ISBN 978-89-7409-239-9

미군정 3년사와 한국현대사의 생생한 기록

증언·의미·기억, 그리고 보다 나은 미래를 위한 초석

장세윤

동북아역사재단 수석연구위원, 한국근현대사

1

한국현대사에서 1945년 8월 15일 해방 이후 3년간, 미군정의 역사를 어떻게 인식하고 평가할 것인가 하는 문제는 매우 중요하다. 왜냐하면 오늘의 엄중한 현실의 기원이 바로 미군정기라고 할 수 있기 때문이다. 미국과 소련은 제2차 세계대전, 특히 아시아태평양전쟁 종료와 동시에 한반도의 38도선을 경계로 양분하여 점령하고 서로 다른 군정을 실시하였다. 그 결과 대한민국(한국)의 이승만 정권과 북한(조선민주주의인민공화국)의 김일성 정권이 성립하였다. 이 같은 분단체제는 이후 6·25전쟁과 분단의 고착화로 나아가 엄청난 후유증을 남겼고, 아직까지도 많은 미해결 과제와 모순을 남기고 있다.

미군정기는 제국주의 일본의 패망 이후 미군이 1945년 9월 8일 인천에 상륙한 뒤부터 1948년 8월 15일 대한민국 정부 수립에 이르는 3년 동안으로, 한국현대사의 출발점이 되는 매우 중요한 시기이다. 일본제국주의 세력이 물러가고, 그 대신에 미국이라는 또 다른 외세가 38도선 이남의 한반도를 점령하고 실질적 통치주체로서 등장한 것이다. 이 3년 동안 미국과 미군정은 그들의 이해관계에 따라 자신들의 가치체계와 사회규범을 일방적으로 이식하려 하였고, 이에 따라 현대 한국사회의 정치·경제·사회·문화 등 모든 방면에서 큰 영향을 받게 되었다.

일제의 패망으로부터 72년, 대한민국 정부수립 이후 69년이 지났음에도 불구하고 한국에 대한 미국의 영향력은 지대하며 심지어 전시작전통제권마저 미국이 장악하고 있는 현실을 찾아볼 수 있다. 엄밀히 말하면 해방 직후의 남북분단과 분단정부의 수립, 그리고 동서 양 진영의 냉전 격화에 따른 6·25전쟁의 발발과 남북 간의 동족상잔 전쟁, 이후의 남북한 간의 경쟁과 대립은 근본적으로 달라지지 않고 있는 것이다.

한국현대사의 기점에 대해서는 현재 다양한 논의가 있지만, 대체로 1945년 8월을 인정하고 있다. 이러한 시각의 주요 근거는 제2차 세계대전의 종전에 따른 세계사의 보편적 흐름과 함께 일본 식민지로부터 벗어나면서 완전히 새로운 전환기가 시작되었다는 점을 들 수 있다. 이 밖에도 미·소 양대 진영 중심의 세계체제가 형성되었으며, 동북아시아 지역에서 국제관계의 대대적 재편이 이루어졌다는 점, 일제의 패망 이후 미·소 군정을 거쳐 남·북한에서 분단정권이 수립되었다는 현실 변화가 지적되기도 한다.[1]

미군정 3년사는 크게 보면 1945년 8월 광복과 미·소의 분할점령 및 분단, 1945년 12월 말의 모스크바 3상회의와 신탁통치 논쟁, 1946년 3월의 제1차 미소공동위원회와 그해 중·후반의 좌우합작운동, 1947년 5월의 제2차 미소공동위원회 실패와 10월의 한국문제 유엔 이관, 1948년 5·10총선거와 대한민국 정부수립 등의 흐름으로 구분할 수 있다.

과거 교과서나 개설서는 해방 3년의 시기를 극심한 좌우대립, 정치적 혼란기로만 기술하는 경향이 컸다. 그러나 해방 3년기를 혼란의 역사로 이해하는 관점은 1960년 4월혁명기나 1970년대 노동운동을 혼란으로만 이해하는 시각처럼 문제가 있다.

1945년 8월부터 대한민국 정부가 수립되는 1948년 8월까지, 해방정국의 역사는 매우 역동적인 시기였다. 새 국가, 새 사회, 새 문화, 새 경제를 창출하기 위해 역동적인 활동이 전개되었던 것이다.

해방 3년기를 좌우대립 시각으로만 설명하려는 것은 문제다. 이른바 '해방'이 되면서 한국인은 치안을 스스로 맡는 등 새 국가를 세우기 위한 활동을 적극적으로 벌였으며, 외세에 대해 주체적으로 대응하고 좌우합작으로 민족국가를 건설해 지정학적 특성을 최대한 한국에 유리하게 활용하려는 일련의 민족운동을 줄기차게 전개하였다. 혼란은 오히려 미군정의 친일파 등용과 직접 통치, 실정으로 인한 경제적 어려움과 관계가 깊다고 할 수 있다. 좌우대립은 외세와 결합되어 있는 극좌·극우의 정치적 헤게모니 싸움에 의해 증폭되었던 것이다.[2]

미군정의 정식 명칭은 '재조선미 육군사령부군정청(在朝鮮美陸軍司令部軍政廳, United States Army Military Government in Korea, 약칭 USAMGIK)'이었다. 1945년 8월 15일 일본에서 벗어나 독립한 한반도 남부를 미군 제24군단이 1945년 9월 8일부터 1948년 8월 15일까지 통치하던 기간이었다. 우리 역사에서 이 기간을 '미군정기'라고 부른다. 1948년 8월 15일 대한민국 정부수립 후 통치권이 이양된 후에도 1949년 6월까지 정치고문 및 군사고문의 형태로 일부 존속하였고, 이후에도 대한민국과 미국의 상호관계에 큰 영향을 남겼다.

미군 제24군단사령부 정보장교인 세실 니스트 대령은 1945년 8월 31일 미군이 한반도에 상륙하기 작전에 앞으로 닥치게 될 문제를 간단명료하게 정리한 보고서를 작성했다. 이 보고서는 지난 30여 년간 극소수의 조선인만이 국가운영에 참여했다는 사실을 지적한 뒤 다음과 같이 덧붙였다.

조선의 통치기구를 모두 교체하는 데 따르는 어려움은 내재적인 것이다. 조선은 정치적 분파주의가 강하고 집단 간의 상호협력이 부족한 문제가 있다. 반면 동일한 언어와 문화, 전통을 가지고 있다는 것은 장점이다. 조선반도 전역이 민족의 독립을 강하게 원하고 있다.[3]

매우 짧은 서술이고 일부 편견이 반영되었지만, 당시 조선의 정치적 상황과 조선인들의 독립에 대한 열망을 비교적 잘 파악하고 있는 것으로 파악된다. 니스트 대령은 또 이 보고서에서 조선인들이 일본인을 증오한다는 점을 명확히 지적했으며, 미국에 대한 감정은 우호적일 것이라고 낙관적으로 전망했다.[4] 미군 진주 당시 남한의 인구는 1천5백만 명 정도였는데, 이는 한반도 전체의 62퍼센트에 해당하는 비율이었다.[5] 그러나 이후 중국(만주)과 일본, 북한 등지에서 수백만의 인구가 유입되어 큰 어려움을 초래하였다.

미군은 일본 패망 직전인 8월 11일에 이달 27일 이후 미 육군 제10군이 조선을 점령하기 위해 이동할 것이라고 통보했다. 이 계획은 1945년 6월 합참이 맥아더 장군에게 하달한 지침에 따라 작성된 이른바 '블랙리스트(Blacklist)' 계획의 일환이었다. 이에 따라 38선 이남의 한반도를 점령할 임무를 담당한 것은 3개 보병사단(제

6·7·40사단)으로 이루어진 제10군 산하 제24군단이었다. 미군의 조선 점령계획은 3단계로 구성되었는데, 서울-인천지구가 제1단계, 부산지구가 제2단계, 군산지구가 제3단계 점령대상 지역이었다. 3단계 계획에 필요한 총병력은 109,977명이었는데, 군정요원을 제외한 숫자였다.[6]

하지만 이 계획은 8월 15일에 수정되었다. 62,724명의 전투부대와 29,076명의 지원부대, 모두 91,800명으로 줄어든 것이다.[7] 또 나중에 일본인을 대상으로 훈련받은 다수의 군정요원들이 한국에 들어왔다. 일본 항복 후 미군이 파악한 조선주둔 일본군 숫자는 총 20만여 명으로 조사되었지만, 3만여 명 정도가 38선 이북에 주둔하고 있었다.[8] 8·15 당시 제주도 58군사령부 휘하의 일본군 병력이 6만여 명이나 되었다. 해방 직후 남한을 점령한 미군 제24군단의 일일정보 보고서는 「38선 이남의 일본군 현황」에서 일본군 총수를 179,720명으로 기록했다.[9]

이들 미군의 임무는 일본군을 무장해제하고 연합군 전쟁포로를 석방하는 한편, 항복교섭을 하고 질서를 유지하는 것이었다. 8월 8일 소련이 일본에 선전포고하고 9일부터 소련군이 만주와 한반도 동북부로 진격하기 시작했는데, 일본군은 속수무책으로 무너졌다. 8월 10일 함경북도 일부가 소련군에 점령되었고, 소련 해군은 8월 13일부터 16일까지 함경북도 청진을 포격했다.[10]

제24군단은 1944년 4월 8일 하와이에서 창설되었으며, 사령관은 존 R. 하지(John R. Hodge) 소장이었다. 그는 제2차 세계대전(아시아태평양전쟁) 당시 제25사단 부사단장으로 과달카날(Guadalcanal) 공방전에 참가해 일본군과 싸웠다. 이후 진급하여 아메리칼(Americal) 사단 사단장이 되었다. 그는 솔로몬제도의 작전에서 보여준 공격적 리더십으로 훈장을 수여받았으며, 1945년 6월 6일자로 중장에 진급하였다. 하지 중장은 당시 '군인 중의 군인'이라는 명성을 얻었는데,[11] 그의 공격적 전투방식은 종군기자들로부터 '태평양의 패튼'이라는 별명을 얻게 하였다. 한편 그는 가식 없는 태도로 사병들에게 인기를 끌었다고 한다.[12]

사실 하지 중장은 후일 주한미군정 사령관으로는 부적임자라는 평을 받았다.[13] 미국무성은 당초 미군사령관에 스틸웰(Joseph Warren Stilwell) 대장을 임명할 계획이었다. 그러나 8월 하순에 38도선 이북을 이미 소련군이 점령하고 있었기 때문에 한시라도 빨리 미군을 한반도에 진주시켜야 했으므로, 당시에 비교적 한반도에 가

학생 브라스 밴드가 주한 미 주둔군사령관 하지 중장의
방문을 환영하고 있다. 군산, 1947. 5. 7
U.S. Army Signal Corps/ NARA

까운 곳에 있던 미군 제24군단에 한반도 진주명령이 내려졌다.[14]

하지는 전쟁중에 군인으로서는 성공한 인물이었지만, 중국에서 활동한 웨드마이어(Albert C. Wedmeyer)나 스틸웰 장군과는 달리 아시아의 문화나 정치에 대한 경험이 전혀 없었다.[15] 주한미사령관 겸 군정사령관으로 3년간의 남한 통치를 총평한다면 성공했다고 평가하기는 어려울 것이다. 오히려 한국인들의 열망과 기대에 부응치 못하고 반공 일변도로 미국의 국익을 추구하며 그러한 대한정책을 집행하는 데 앞장섰고, 결국 분단정부 수립에 큰 책임이 있다는 점에서 비판의 소지가 많다.

미군 점령 직전인 8월 20일에 미군 B29기가 서울 상공에 나타나 웨드마이어 장군 명의의 전단을 서울 시내에 뿌렸다. 그 내용은 미군의 진주를 예고하면서 연합국의 포로에 대한 인도주의적 취급을 부탁하는 것이었다. 또 38선 설정을 포함한 연합군총사령부 일반명령 제1호가 9월 2일에 발포되었으며, 같은 날 미군은 서울 상공에 "미군이 가까운 시일 안에 귀국에 상륙하게 되었다"는 취지로 하지 중장의 포고 전단을 살포하였다. 이 일반명령 제1호를 통해 처음으로 한반도가 북위 38도선이라는 인위적 경계선에 의해 미국과 소련에 의해 분단된다는 사실이 밝혀졌다.[16]

미군의 38도선 이남지역 점령 직후 한국인들은 미국인과 미군들을 매우 열광적으로 환영하였다. 미군이 처음 인천에 진주했을 때 시민들은 자신들의 환영의 감정을 나타내기 위해 태극기와 중국의 청천백일기, 미국의 성조기를 함께 흔들었다. 일부 시민들은 9월 7일자로 된 환영 전단을 배포하기도 하였다.[17] 그러나 미국과 미군정은 한국인들을 어떻게 대했던가?

처음으로 전단을 투하한 9월 1일 조선총독부 당국은 미군에 무전을 보내서 조선인 '폭도'가 경찰을 상대로 폭동을 일으켰으며, 탄약을 탈취하고 파업을 벌이고 있다고 알렸다. 일본 측은 교통과 통신이 두절되거나 지연되고 있다고 보고했다. 또 일본 경찰은 군대의 지원이 없으면 위급한 상황이라고 주장했다.[18] 심지어 조선군관구(조선주둔 일본군) 사령관 겸 제17방면군 사령관 고즈키 요시오(上月良夫) 중장은 일본 패전 후 혼란스러운 정국에서 조선총독부의 행정권을 고수한 채 9월 1일에 오키나와에 있는 하지 중장에게 "조선인들 중에 공산주의자와 독립운동 선동자들이 지금의 상황을 이용하여 평화와 질서를 파괴하려고 획책중이다. 혹시 귀군(貴軍)이 상륙할 때 적색노동조합에 의한 태업(怠業)이 있을지 모른다"[19]라고 하는 전보를 보냈다. 그러나 이는 매우 과장 왜곡된 내용이었다. 실제로 해방 직후 일본인이 남긴 기록을 보아도 일본인의 피해는 경미한 수준이었다. 또 1945년 8월 해방되었을 때 일제의 압제에 시달리던 민중들은 일본인보다 오히려 한국인 경찰이나 관리 등 일본인 앞잡이로 활동하던 사람들을 더 많이 징벌하여 그들의 분노를 폭발시킨 사례가 위의 사실을 증명해 주고 있다.[20]

소련군에 비해 한참 늦은 미군의 조선 도착을 학수고대하고 있던 고즈키는 역시 같은 날 일본 도쿄에 있는 맥아더 사령관에게 조선인들의 무장폭동 가능성을 시사하고 한미 간의 엄청난 사고의 괴리와 적대의식을 조장하는 다음과 같은 내용의 전문을 보냈다.

조선의 현 상황은 매우 특수하다. 혁명적 세력이 일본군의 무기를 요구하며 심한 분쟁을 일으키며 당국에 일본 무장군에 인수된 일체의 비작동 무기를 파괴하거나 빌려 달라는 요구를 하고 있다.[21]

그렇지 않아도 미군당국은 조선이 좌경 위험성이 높은 사회·경제적 상황에 있다고 보고 소련에 친근한 체제의 수립을 막으려고 했는데, 조선총독부 당국의 이러한 부정적 보고는 그들의 선입견이나 적대의식을 더욱 드높이게 하였다.[22] 그래서 그런지 하지는 고즈키에게 현 상태대로 질서를 유지하고 해임되기 전까지 조선총독부 기구를 그대로 유지하라는 지시를 내렸다.[23]

잘 알려진 바와 같이 이러한 조치는 조선인들의 강한 반발과 분노를 초래했다. 심지어 하지는 현행 질서를 유지하기 위해 인천에 소규모의 일본군을 남겨 두어도 된다고 허가하기까지 했다.[24] 하지는 조선에 도착하기도 전에 조선총독부와 조선 주둔 일본군 측의 왜곡된 보고와 정보제공으로 조선인들에 대한 강한 경계심을 갖게 되었다. 이후 그는 24군단의 상위부서인 태평양 미 육군사령부에 "조선인 혁명 분자들이 일본군의 무기를 입수하여 심각한 문제를 야기할지도 모르는 조선의 특수한 정세를 고려할 때 … 일본군이 넘겨주는 모든 무기들을 파괴하거나 작동 불능으로 만들 수 있는 권한을 요청합니다"[25]라고 요청하여 승인을 얻었다. 후일 미국의 한국현대사 전문가 브루스 커밍스는 "오키나와 섬에 있었던 점령군사령부는 한국에 대한 미국의 기성정책보다도 한국에 대한 일본인들의 각색된 설명에 귀를 기울였던 것 같다"[26]라고 평가하였다. 후일 하지는 일본인들이 가장 좋은 정보 출처였으며, 그들은 미군의 한국 진주를 많이 도와주었다고 보고하였다.[27]

맥아더는 1945년 8월 말 제24군단에 내린 작전지령 제4호에서 "한인은 적국민이지만 해방된 인민으로 대우해야 한다"라고 규정하였다. 그러나 하지는 9월 4일 자신의 장교들에게 조선이 '미국의 적'이며, 이에 따라 "항복조례와 규정의 적용을 받는다"라고 지시하였다.[28] 이리하여 남한은 적국 영토에 진주한 승자의 권세로 무장한 적대적 점령하에 들이가게 되었다. 이후 이들 점령군은 1948년 8월 15일까지 이 권력을 포기하지 않았다. 적어도 1945년 8-9월에 미점령군은 한국인들을 준(準)적국민으로 간주한 반면, 일본인들은 벗으로 변하게 되었다.[29] 실제로 이 시기 남한에서 미군의 주업무는 일본군의 무장해제 외에도 일본인들의 일본 귀환 지원이 큰 비중을 차지하고 있었다.

하여간 이러한 우여곡절 끝에 미군이 9월 8일 인천에 상륙할 때 경계를 서던 일본 경찰의 발포로 미군을 환영하러 나온 노동조합 지도자 권평근과 보안대원 이석우가 사망하고 수명이 중경상을 입는 사건이 벌어졌다.[30]

3

소련은 그들의 국익에 크게 중요하지 않은 북한 점령을 가능하면 군사적 측면에서 끝내고, 정부수립과 같은 정치적 문제는 조선의 무산자와 민중의 손으로 해결한다는 것을 원칙으로 하였다. 그들이 원하는 유일한 조건은 한반도에 세워지는 신정부가 소련을 군사적으로 적대해서는 안 된다는 것이었다. 즉 소련과 우호적인 나라가 세워지기를 원했을 뿐이며, 영토적 야심이나 소련식 질서를 옮겨 심으려는 계획은 별로 없었던 것으로 알려졌다.[31] 다만 남북대립은 물론 미국과의 냉전이 심화되자 소련군은 한국인을 대리인으로 내세우고 그들의 방침에 저항하는 정치인들을 제거하였다. 소련은 한국인 지도자들을 앞에 내세워 위성국가 건설을 추진하는 형식을 취했다.[32]

그러나 이와 대조적으로 미국은 남한에 들어와 먼저 전승국으로서의 군정수립을 분명히 선포하였다. 이 점에서 맥아더 장군의 제1포고문은 소련군이 해방된 조선인민에게 발표한 호소문과 매우 대조적이었다. 소련 극동군 제1전선 제25군 사령관은 1945년 8월 15일 "… 조선 사람들이여! 기억하라! 행복은 당신들의 수중에 있다. 당신들은 자유와 독립을 찾았다. 이제는 모든 것이 죄다 당신들에게 달렸다. … 조선 인민 자체가 반드시 자기의 행복을 창조하는 자로 되어야 할 것이다"라고 천명했던 것이다. 반면에 태평양 미국 육군 최고지휘관 맥아더는 9월 7일의 포고문 제1호에서 " … 본관은 본관에게 부여된 태평양 미국 육군 지휘관의 권한을 가지고 이로부터 조선 북위 38도선 이남의 지역과 동지(同地) 주민에 대하여 군정을 설립함"이라고 밝혔다.[33]

이 같은 미국의 태도는 여러 차례 되풀이되었다. 미군이 서울에 들어오기 전에 여운형 등이 조직한 '조선인민공화국'을 정부로 인정하지 않았고, 중국에서 돌아온 대한민국임시정부도 해방된 조선의 정부로 인정하지 않았다. 오직 미군정만이 남한의 '유일한 정부(the only government)'라고 강조하였던 것이다.[34]

소련은 직접적 군정을 배제하고 북조선 인민들이 자발적으로 조직한 '인민위원회'를 통해 북한을 통치했는데, 이것은 북한 사람들의 자발적 정치기구에 협조하는 형식을 취한 것이라고 할 수 있다. 그러나 미국은 남한에서 '정부'라고 자칭한 모든 단체들의 자격을 인정하지 않고 존재를 부정하고 그들의 군정을 확립하였다. 미군정은 좌익이나 우익이 독점하지 않는 새로운 정부를 한반도 전체의 민의를 반영하여 창출하기를 원했다. 이러한 미소군정의 기본적 성격 차이가 1945년 12월 모스크바 3상회의에서 채택된 신탁통치 문제를 둘러싸고 더욱 날카롭게 부각되었다.[35] 북한에 진주한 소련군은 북한 주둔 소련군사령부를 설치하고 그 밑에 민정청도 조직했지만, 이들 기구에 '군정'이란 이름을 붙이지는 않았다. 소련군은 미군정과는 달리 북한 정치세력에게 입법·행정의 통치권력도 부여하였다.

하지만 북한 역시 소련 군정의 영향력을 벗어날 수 없었다. 소련 군정당국은 겉으로는 북한 주민들의 의사를 반영하는 것처럼 포장했지만, 김일성 등 주요 지도자들은 소련 군정의 후견과 지시·지도를 받지 않을 수 없었다.[36] 특히 최근 공개된 소련 측 자료들을 보면 북한 주둔 소련군사령부가 북한뿐만 아니라 남한의 사태 전개에도 깊숙이 개입하여 상당한 영향력을 행사하고 있는 사실을 생생하게 전해주고 있다. 우리가 잘 알지 못했지만, 사실은 해방 직후의 남한 정치사, 더욱이 좌파의 정치사를 소련 군정과의 상호연관 속에서 검토하지 않으면 안 된다는 문제의식이 필요하다.[37]

쉬띄꼬프를 정점으로 하는 소련군사령부는 여러 정책결정 과정에서 주도적이면서도 최종적 권한을 행사했다. 1945년 8월부터 1948년 9월 북한 정권의 수립 때까지 북한 정치사는 쉬띄꼬프의 기획 후 소련 연해주 군관구와 북한주둔 소련군사령부 지도자 회의에서 확정된 뒤, 모스크바 당국의 승인을 얻어 북한 지도부에 전달되는 과정을 거쳤다. 이러한 사실은 김일성을 수반으로 하는 북한의 국가기구가 소련군사령부의 단순한 '괴뢰정부'는 아니었다고 해도, 소련군사령부의 강력한 '후견'을 받는 하위권력의 범주였음을 나타낸다고 할 수 있다. 소련군사령부의 북한 점령정책은 간접통치의 외형을 취했지만, 정책결정 과정에서 소련군사령부의 개입은 전면적이고 직접적이었던 것이다. 이는 소련군사령부가 사실상 군정기관이었음을 증명하는 것이다.[38]

휘문고보 연설회장으로 입장하고 있는 건국준비위원장 여운형(가운데). 1945. 8. 16 성낙인 사진

    소련이 한반도를 38도선으로 분할점령하자는 제의를 받아들였기 때문에, 그리고 미국이 9월 초까지는 점령군을 한국에 보낼 준비가 되어 있지 않았기 때문에 재한 일본인들은 뜻밖에 약 3주간의 시간을 벌게 되었다. 조선총독부 당국자들은 이틈을 이용하여 비밀문서를 불태우고 재고물자들을 파손시켰으며, 조선은행권 지폐를 남발하여 엄청난 인플레이션을 유발하였다. 또 친일적인 한국인들에게 은사금을 나누어 주고 창고를 털어 식량과 기름, 의복 등을 닥치는 대로 팔아 치웠다. 또한 공장과 집, 가구, 토지 등 일본으로 가져갈 수 없는 것들을 처분하여 남한 경제를 거의 파탄 지경에 이르게 하였다. 불과 몇 주 사이에 일본인들은 8·15 당시 총 발행고 50억 엔에 대하여 무려 30억 엔의 지폐를 추가로 발행하여 일본인들에게 배분하고, 일본으로 귀환하는 비용 등으로 쓰게 하였다.[39] 이 때문에 남한의 인플레이션은 격심하였다. 서울의 물가지수는 1945년 8월을 100으로 했을 때, 1947년 12

월은 평균 3,327.92를 기록하였다.[40] 물가가 2년 만에 거의 33배로 뛴 것이다. 일본인들은 또 미국 점령군과 연락을 취하고, 그들에게 공산주의자들의 '배반과 항간의 불안에 관한 이야기를 전해 주었다. 그렇게 함으로써 미점령군의 동정을 얻으려고 한 것이다.[41]

4

종래 미국의 한반도 분할점령은 준비 없이 갑자기 시행된 결과였다는 의견이 지배적이었다. 그러나 최근에는 미국의 한반도 분할점령은 나름대로 준비된 정책이었다는 분석이 나오고 있다. 1945년 7-8월경에 미 육군 담당자들은 한국을 어떻게 처리할 것인가 하는 문제를 놓고 가능한 여러 방안을 검토하고 있었다. 이 가운데는 한반도를 미·소·영·중 네 나라가 분할점령하자는 방안도 있었다. 또 일제의 패망 직전인 1945년 8월 13일에는 북위 40도선을 경계로 이북은 소련이, 그 이남은 미국이 분할하여 관리하자는 방안이 검토되기도 하였다.[42] 미국의 신탁통치안은 한국인들의 자치능력 결여, 한반도의 지정학적 위치와 주변 강대국의 이해 조정이라는 판단에 기초한 정책적 선택의 결과였다.[43]

그러나 1945년 12월 27일자 동아일보 1면 톱기사의 잘못된 보도는 해방정국에서 실로 엄청난 결과를 초래하였다. "소련은 신탁통치 주장, 미국은 즉시 독립 주장, 소련의 구실은 38선 분할점령"이라는 머리기사는 동아일보가 작성한 것이 아니라, 해외통신사가 작성한 기사를 전재한 것이었다. 그러나 한국인들은 이 기사의 사실 관계를 확인하지도 않고, 이 보도에 격렬하게 반응하였다. 이후 신탁통치를 반대하는 반탁, 신탁을 주장하는 소련에 대한 반소, 공산주의 반대를 내세우는 반공이 반탁운동의 중심에 서게 되었다. 즉 반탁=반소=반공운동이 된 것이다.[44]

이때 반탁의 핵심논리는 한국인들이 즉시 독립할 자격이 있기 때문에 이를 부정하는 외세를 배격하고 즉시 독립하겠다는 민덕=반외세 즉시 녹립이 타당했다. 하지만 사실과 전혀 다른 반소·반공이 핵심논리로 등장하게 되었다. 이 과정에서 모스크바 3상회의 결정의 사실 확인도 이루어지지 않았다. 이 와중에 한국민주당의 송진우는 '훈정론(訓政論)'을 주장했다는 이유로 암살되고 말았고, 김구 등 임시정부 세력은 미군정을 접수한다는 포고문을 발표하는 이른바 '임정 쿠데타'를 일으켜

반탁운동의 중심에 서게 되었다.[45]

　1945년 12월, 한국의 지도자들은 모스크바 결정에 대해 좀더 현명하고 신중하게 대처했어야 했다. 최소한 모스크바 결정의 원문과 정확한 내용을 확인하고 나서 중요한 정책적 결정을 내렸어야 했던 것이다. 하지만, 아쉽게도 김구 등 주요 지도자들은 그렇게 하지 못했다. 이때 전개된 격렬한 반탁운동은 향후 한국현대사의 운명을 가름하는 데 결정적으로 중요한 역할을 하게 되었다.[46]

　미·소 양국은 모두 한반도에서의 임시정부 수립, 공동위원회 구성, 신탁통치 실시를 합의했다. 그러나 한국인들은 이러한 결정을 받아들이기 어려웠다. 이미 일제의 식민지에서 해방된 지 4개월이나 지난 1945년 12월 말에 한국에 대한 신탁통치를 결정함으로써 엄청난 후폭풍을 불러일으킨 것이다. 모스크바 3상회의의 결정은 시기적으로 너무나 늦은 결정이었고, 당시 한반도 내외부의 정세를 고려할 때 사실상 실현 불가능한 내용과 구조로 되어 있었으며, 한국인들의 정서상 수용할 수 없는 내용이었다.[47]

　미군의 입장에서 볼 때 이른바 '안정적인 점령정부' 설립의 중요한 걸림돌은 즉각적 독립에 대한 한국인들의 열망이었다. 미군 당국은 한국인들이 1943년 11월의 카이로선언에서 거의 즉각적인 한국의 독립을 천명한 것으로 알고 있는 경향을 크게 우려하였다. 그만큼 한국인들은 마음속으로 조선이 현재 자유롭고 독립적인 나라라고 확고하게 믿었던 것이다.[48]

　남북분단은 기본적으로 미·소 등 강대국의 결정에 의한 것이지만, 1945년 말에서 이듬해 전반기까지 맹렬히 계속된 거의 일방적인 반탁운동의 확산이 결정적이었다는 주장이 있다. 물론 그 배경에는 바로 이러한 '즉각 독립'이라는 명제가 있었다. 사실 한반도의 운명은 1945년 12월의 한국 지도자들과 대중, 그리고 한반도 내부 상황과 깊은 관련이 있다고 할 수 있다.[49]

　한편 미군정은 일본인들의 귀속재산을 처리하기 위해 구일본인 재산을 '접수'하고 귀속기업체의 관리와 매각을 주도했으며, 신한공사(新韓公社)를 설치, 운영하였다. 귀속재산(이른바 '적산') 처리가 많은 문제점을 드러낸 사실은 잘 알려져 있다. 소작료 감하와 토지정책으로 3·7제 소작제의 공표, 농지개혁안을 세우고 귀속농지의 매각을 실시했다. 미군정은 처음에 식량정책으로 미곡의 자유시장화를 추진했으나, 식량부족 사태가 초래되자 식량공출제로 바꾸었다가 모자라는 식량을 미국에서 수입했으며, 식량증산정책을 실시하였다. 또 미군정은 하부구조적 국가기구로 조선농회와 금융조합, 신한공사, 조선생활품 영단, 조선물자 통제회사, 성인교육협회 등을 운영하였다. 미군정의 여성정책은 일정하게 평가할 부분이 있다. 특히 여성참정권의 실현과 공창제 폐지는 중요한 결정이었다. 부녀국을 설치하고 부녀계몽운동을 전개한 것도 의미가 있다.[50]

한국현대사 연구의 권위자라고 평가받고 있는 미국의 브루스 커밍스는 한국에 두 개의 정부가 수립된 결정적 배경은 정당들의 영역에 있는 것이 아니라, 한반도 전역에서의 좌우익간의 사회적·정치적 투쟁에 있었다고 내부요인을 강조하였다.[51] 그러나 1946년 미군정의 정치세력 재편계획은 우익 정치세력의 강화와 좌익세력의 분열을 통한 약화에 핵심이 있었다. 미군정은 좌우합작위원회를 통해 김규식 중심의 민족주의 우파세력을 강화하려고 했던 것이다.[52]

기본적으로 미국, 특히 국무성은 신탁통치안을 구상하고 있었는데, 이 구상은 현지 주둔군의 반대와 이승만 등의 단독정부 수립 주장에 의해 끊임없이 논란이 되었다. 비록 미국무성이 공식적 대한정책을 신탁통치 실시로 제안하고 있었지만, 미군정은 한반도에서 신탁통치를 실시하는 것이 비현실적이라고 판단하였던 것이다.[53]

미군이 38선 이남을 '점령'하면서 미군정은 '행정의 효율화'를 내세워 조선총독부와 그 주변 기관에서 일하던 한국인 관리들을 거의 그대로 재기용했는데, 특히 경찰에서 친일파의 비중이 압도적이었다.[54] 이에 따라 해방 직후부터 친일 민족반역자들은 오히려 여전히 민중을 억압할 수 있는 제도와 기구에 대부분 존속하며 극우 단정주도세력과 야합할 수 있었다.

미국의 한반도 점령정책을 '점령'이라는 외부압력에 대한 한국민족의 대응, 국제전쟁과 국내 냉전의 상승작용이라는 두 가지 관점에서 해석할 수 있다.[55] 또 민족국가건설운동의 주체인 우리 민족이 분단체제로 나아가는 데 어떻게 대응하였는가를 현대민족운동의 관점에서 검토할 필요도 있다.[56]

5

1945년 말 임시정부 요인들의 귀국은 해방정국에서 매우 중요한 의미를 갖는다. 임시정부 주석 김구의 명성도 이승만 못지않게 높았다. 비록 개인 자격으로 환국했다 하더라도 임시정부 봉대를 주장하는 한민당을 비롯한 우익진영은 물론, 소위 '민족통일전선'의 형성에 새로운 국면을 가져오기를 기대하는 좌익세력까지 포함하여 온 국민이 환영하였다. 대부분의 좌익정당들도 임시정부 지지를 공식적으로 성명했다. 여운형의 '인민공화국'과는 달리 임시정부는 미군정에 순응하기 위해 처음에는 자신들을 하나의 정당으로 선언하였다. 그러나 입국 후 김구는 임시정부가 한국인의 의사를 집약한 한국정부로서의 대표성을 갖는다고 주장하였다. 하지만 김구는 국내에서 이미 첨예화하기 시작한 이데올로기적 대립과 국내 역학관계 등으로 통합적 정치지도력을 발휘하지 못하고 한계를 드러냈다.[57]

김구는 이 시기를 '새로운 독립운동기'로 간주했지만, 그의 현실인식과 사고방식, 정책적 판단은 아쉬움을 남겼다. 그는 미군정은 물론, 이승만과 한민당 세력과도 제휴할 수 없었고, 좌익이나 조선공산당 측과도 이념상의 갈등으로 인한 기본노선의 차이로 어떤 합의도 이끌어 낼 수 없었다.[58]

일부 정치학자나 조봉암 등 당시 정치가들은 김구와 한국독립당, 김규식과 민족자주연맹 등 남북협상파가 이 5·10선거를 거부하지 않고 참가했다면 이후의 역사가 달라졌을 것이라고 주장하였다. 특히 이동화는 "총선에 참여했더라면 승리해 과반수 의석을 차지할 수도 있었고, 이승만 독재정권의 출현을 방지하고 민주적 혁신정권을 수립할 수도 있었을 것"이라고 회고하였다.[59] 그러나 5·10선거는 남한만의 단독정부를 수립하기 위한 선거였다는 점에서 한국인들의 호감을 사기 어려웠고, 단독선거 실시와 단독정부 수립에 대한 반대 여론도 높았다.[60] 사실 김구·한독당과 김규식·중도파 인사들의 5·10선거 참여는 기대하기 어려웠다. 왜냐하면 이 선거는 '남북정당·사회단체대표자회의(남북협상)' 참가문제와 직결되었기 때문이다. 이 회의에 참가할 경우 5·10선거에 참여할 수 없도록 회의 일정(4. 19-5. 3)이 짜여 있었고, 남북회의에 참가하는 것은 명백히 5·10선거를 거부하는 행위로 간주되었기 때문이다.

많은 사람들이 김구·김규식 일행의 남북회의 참석을 위한 북행을 현실정치를 무시하고(혹은 희생하고) 대의명분에 입각한 행위로 간주하는 경향이 있다. 특히 김구를 이성의 정치인이라기보다는 정의(情意)의 지사로 보는 듯하다. 예를 들면 한 정치학자는 이 시기의 남북협상을 통한 통일운동을 "통일을 열망하는 고전적 원로 민족주의자들의 가냘픈 꿈에 지나지 않았다"라고 평가했다.[61] 그러나 거의 50여 년을 온갖 고초를 무릅쓰고 독립운동에 헌신해 온 투사요, 현실정치가가 현실을 모르고 허황된 꿈을 좇은 것으로 혹평할 수 있을지 의문이다.

당시 서민들이나 지식인, 양심적인 유산자 층은 일면으로 보면 순진한 생각이었을지도 모르지만, 김구·김규식 등 민족지도자들이 노력하기에 따라서는 분단을 막을 수도 있을 것이라는 희망, 나아가 염원을 갖고 있었다. 당시 여론도 한국민주당(한민당)을 제외하고는 단독선거 실시와 단독정부 수립에 반대하였다.[62] 그러나 일부 지방의 한국독립당원들은 김구·김규식의 5·10선거 불참성명과 당원들의 선거참여 금지 지시에도 불구하고 선거에 참여하여 당선되기도 하였다. 이들은 뒤에 제헌국회에서 매우 중요한 비판적 기능을 수행하였다.[63]

김구의 남북지도자회의 소집 요구는 일종의 큰 방향전환이었고, 이미 때가 늦은 것이었다. 그러나 남북의 지도자들이 조국이 분단되기 전에 처음으로 집단적으로 만났다는 점에서 그 의미는 매우 크고 높이 평가되어야 한다.[64] 미군정기, 해방정국에서 이 회의가 없었다면 한국인들은 유사 이래 처음인 민족의 분단을 극복하기 위해 도대체 어떤 노력을 보였는지, 어떤 비판을 받아도 변명할 여지가 없다고 해야 할 것이다.[65] 1948년 4월의 남북회의가 비록 비현실적인 측면이 있었다고 해도, 그리고 그 회의에 참석한다고 해도 과연 분단을 막을 수 있었느냐 하는 의문을 제기할 수 있다. 또 남북 측의 단정수립에 들러리서는 모양이 되었고, 북한 정권에 이용만 당하고 말았다는 문제제기와 비판도 있다.[66] 하지만 김구·김규식의 북행을 막으려는 음모와 모략이 가해지는 어려운 상황에서 통일운동의 일환으로 추진되었다는 사실은 우리가 다시 새롭게 주목해야 할 사실이 아닌가 한다.

6

미국 국무부 외국정책 분석가인 존 메릴(John Merrill)은 "대부분의 기준에서 미국의 남한정책은 실패했다"고 미국의 남조선(한국) 점령정책을 평가하였다.[67] 그러나 그는 미군정기 분석과정에서 편견을 배제하기 위해 '관점적 사고'라고 하는, 많은 다른 각도에서 문제를 접근하는 시도를 해야 한다고 주장하였다. 그리고 오늘날 우리에게 필요한 것은 미군정기의 역사에 대한 '선고'가 아니라, 가능한 한 많은 영역에서 미군정기의 '감추어진 역사'를 재발견하려는 작업이라고 강조하였다.[68] 또 재미 정치학자 서대숙은 "미군정이 준비 없이 우리나라에 들어와 해방은 시켰으되, 분단 상태를 해소치 않고 물러난 것만은 사실이다. 미군정의 미숙한 남한통치와 전후에 표출된 냉전의 여파로서 북에는 사회주의국가가 서고, 남에는 민족주의자들로 구성된 자본주의정부가 들어서는 모양이 되었다"라고 평가하였다.[69]

미국은 38도선 분할을 확정하고 군사적 점령을 통해 남한을 통치했으며, 남한의 단독선거를 주관하고 이승만을 지지했다. 다른 지역에서와 마찬가지로 좌익을 탄압하고 우익세력을 지원하여 미국 세력을 확보하는 방식으로 현실정치에 개입하였다. 한국의 독립과 자결은 한국인의 입장과 이익이 아니라, 미국의 국익에 어떻게 영향을 미치는가에 따라 고려되었다. 미국의 이익에 기여하는 방향으로 한국을 이끈 것이다.[70] 때문에 한국은 미국인에게는 "아시아에서 우리의 전체적인 성공이 달려 있는 이데올로기의 전쟁터이자 문명의 시험장, 즉 인류의 운명이 심사되고 있는 경기장"인 환상적 건축물과 같은 존재로 여겨졌다.[71]

브루스 커밍스는 기본적으로 1943년부터 미국의 대한정책은 대내·대외적 측면 모두 모순에 차 있었다고 지적하였다. 특히 1945년 8월부터 1946년까지 서울의 하지 중장 등 점령당국과 워싱턴의 미국무성 정책 사이에 괴리가 있었으며, 워싱턴 당국이 남한의 현실을 따라가지 못했다고 평가하였다. 사건을 만들어내고 입장을 조성하는 추진력은 서울의 현장에 있는 사람들의 수중에 있었고, 워싱턴에 있는 당국자들을 항상 현실에 뒤떨어지게 만들었다는 것이다. 이 시기 미국무성의 정책은 대단히 심사숙고한 모습을 보였지만, 한국에서의 현실에 수개월 뒤지는 것이 보통이었다고 한다.[72] 이는 역설적으로 한국사회가 그만큼 매우 역동적이었고, 변화무쌍한 양상을 보였다는 사실을 의미한다. 커밍스는 해방 전후부터 한국전쟁 시기까지 미국의 책임이 크다고 보고 있다.

미군정은 자신들의 입맛에 맞는 그릇된 정책을 강요했으며, 반공주의자라고 자처하는 이승만을 지지하였다. 이승만은 해방정국에서 정말 주목해야 할 인물이다.

최근 그를 '건국 대통령'으로 추앙하며 우리 역사를 소위 '뉴라이트' 사관으로 보려는 일군의 학자와 국민들이 등장하기도 했다.[73] 그는 1946년 6월 소위 '정읍 발언'을 통해 단독정부수립론을 일찍이 제기했고, 결국 초대 대한민국 대통령이 되었지만, 그는 미국과 미군정에서도 매우 거북스러워한 인물이었던 것만은 분명하다. 예를 들면 미군정사령관 하지 중장은 1946년 12월 31일 국무장관에게 보내는 보고서에서 이승만이 단독정부를 세우고자 하는 불쾌한 인물이지만, 조심스럽게 다루어야 한다고 언급하는 이중적 태도를 보였던 것이다.[74]

1945년 9월부터 3년 동안의 미군정 기간, 미국의 역할은 지대하였다. 미국은 대한민국의 탄생과 생존에 결정적 역할을 수행하였다. 그러나 미국의 국익을 해치지 않는 안정적인 반공국가와 반공체제를 원했다. 하지만 이 시기가 미군정의 의도대로만 움직인 것은 아니었다. 한국인 지도자들과 민중은 모스크바 3상회의의 결정과 미소공동위원회를 좌절시키고 당초의 5개년 신탁통치안을 철회시켰으며, 3년 만에 비록 분단정부이지만 남북에 각각 독립국가를 세우는 데 성공하였다.

"한국인들은 그 당시에도 한국의 역사를 만드는 데 중요한 역할을 했다. 우리는 대중운동과 정치지도력(정치적 리더십-필자)의 역할을 설명할 필요가 있다. 이승만·김구·김규식, 그리고 북한의 김일성과 박헌영은 독립적인 사람들이었다. 그들은 단순히 강대국의 꼭두각시는 아니었다'라고 존 메릴은 평가하였다.[75] 한국과 북한의 지도자들과 민중이 미·소 열강의 분할점령하에서 나름대로 주체적 역량을 발휘하여 한국현대사를 능동적으로 이끌어 왔다는 하나의 반증이 되겠다.

『주한미군사』 편찬에 참여했던 미국 군사관(軍史官) 역시 당시 남한이 '역사가 매일 만들어지는 곳'이었다는 평가를 내릴 정도로[76] 해방정국은 격동의 공간이었고, 급격한 변화의 시간이었다고 할 수 있다.

제2차 세계대전 종전 후 미국은 독일과 일본, 한국(남한)에서 각기 다른 점령정책을 실시하였다. 그런데 독일에는 국무부가 파견한 문관의 영향력이 컸고, 일본 역시 독일보다 적었지만 상당수의 문관들이 있었다. 그런데 남한은 거의 전적으로 극우적 성향이 강한 군인들의 판단에 좌우되었다. 한편 미 국무부에서 파견된 소수의 관리들은 반공과 자본주의 사회 건설이라는 입장에서는 같았지만, 친일파 및 권력문제, 경제재편 문제 등에서는 군인들과 시각을 달리하여 진지하게 자신들의

정책을 추진하려고 하기도 했다.[77]

한편 더 근본적 문제는 미국(미군)의 일본군 무장해제와 한국 '군정'의 실시 자체가 아무런 법적·논리적 연관관계가 없었다는 점이다. 한국인들에게 38선과 미군정은 거의 당연한 사실로 받아들여졌으나, 남한에 대한 군정 실시와 그 지속은 국제법적 측면에서 볼 때 심각한 결함이 있었다. 특히 3년 이상 한국(인)의 주권정부 역할을 박탈한 것은 큰 문제였다. 38선의 국제법적 유효성은 일본군의 무장해제였지만, 사실상 그 효력과 범위를 넘어선 남북분단과 주권 부정으로 연결된 것이다. 때문에 미군정의 국제법적 정당성은 3년 내내 큰 골칫거리였다. 사실 일본군의 무장해제 이후 38선은 철폐되어야 했지만, 마치 남북 사이의 국경선처럼 활용되면서 분단을 더욱 고착화하게 되었다.[78]

이처럼 미군정 3년의 시기가 오늘날 우리의 운명을 판가름한, 결정적으로 중요한 주요조건이 되었다고 규정할 수 있다. 미국은 현재의 남북분단과 정치·경제·사회·문화 등 여러 부문에서 큰 영향력을 행사했고, 한국과 한국인을 변화시켰으며, 큰 책임을 지고 있다고 평가할 수 있다.

그러나 이러한 귀결에 따른 현재의 상황이 우리의 책임을 면하게 하는 것은 아니다. 미군정의 정책은 외부적 조건이며, 문제를 기본적으로, 그리고 최종적으로 해결하고 결정하는 것은 우리 자신, 즉 민족의 주체적 역량이라고 할 수 있다.[79]

7

사진은 "그 자체로서 말을 한다"고 할 수 있다. 사실성과 진실성이 뛰어나다. 대부분의 경우 촬영자나 전문가, 관계자의 구체적 설명 없이도 이해할 수 있다. 그러나 근현대 시기의 서사적 내용을 담고 있는 사진, 특히 특정 역사적 사건이나 인물, 운동이나 현상 등과 관련된 사진은 촬영장소나 시기, 대상 등을 확인할 수 있을 때 보다 분명히 그 내용을 알 수 있게 된다. 이러한 측면에서 이번에 나오는 이 사진집이 미군정 3년 동안 한국현대사의 다양한 모습을 생생하게 증언할 수 있다고 믿는다. 사진은 글로 표현하지 못하는 생생한 역사적 장면이나 당시 상황을 숨김없이 담고 있다.

미군정기에 많은 사진이 생산되고 유포되었지만, 우리 한국인들에게는 아직 알려지지 않은 진귀한 사진이나 새로 발굴한 사진이 적지 않다. 이러한 사진들은 분명 우리의 아픈 현대사를 적나라하게 드러내는 한편, 많은 생각이 들게 한다. 물론 이 책에 실린 대부분의 사진은 미군이나 미국인 등 외국인들이 찍은 것이 많다. 이는 해방 직후 사진기를 갖고 있던 한국인이 매우 드물었기 때문이다. 이 시기에는 드물지만 컬러사진도 찍기 시작했다. 이 책에도 일부 컬러사진이 실려 있어 흑백사진보다 더 흥미롭게 당시 사정을 알 수 있게 해준다. 이 시기 이경모, 성낙인 등 한국인 사진가가 등장한 것도 주목된다. 이들은 남이 아닌 우리의 시선으로 격동의 해방정국을 예리하게 포착하고 있었다. 때로는 향수를 불러일으키기도 하는 이 사진들을 통해 우리는 옛날을 회상하기도 하지만, 또 한편으로는 뼈저린 반성과 성찰, 나아가 우리에게 주는 시사점과 교훈을 주기도 한다.

이 사진집에 실린 사진들은 한국현대사 연구와 교육은 물론, 일반 독자들의 역사의식을 드높이고, 현실 인식의 뿌리가 되는 과거 격동의 한국현대사 3년의 여러 모습을 숨김없이 드러내고 있다는 점에서 매우 흥미진진하면서도 유익한 사료가 될 것으로 믿는다. 미국 국립문서기록보관청(NARA)에서 발굴한 새로운 사진도 적지 않다. 한국현대사 연구의 시각은 이른바 전통주의니 수정주의니 하는 식의 해묵은 논쟁을 통해서가 아니라, 한국인들의 글이나 여러 가지 기록, 정보는 물론 생생한 현장감을 느낄 수 있는 사진 등 영상자료를 냉철하면서도 비판적으로 검토하고 독해하는 데서부터 출발하지 않으면 안 될 것이다.

미군정 3년 동안의 귀중한 사진들을 보면서 "지난 과거는 미래의 서막이다(What is past is prologue)"라는 미국 국립문서기록보관청(NARA) 현판의 글귀를[80] 다시 한 번 되새기게 된다. 과거의 사실과 그것을 형상화한 사진 이미지를 보면서 과거를 성찰, 통찰하고 그것을 바탕으로 새로운 미래를 정말 잘 열어 가야 한다는 깊은 당위성과 사명감, 의무감을 자각하지 않을 수 없다.

우리가 사진을 통해 한국 근현대사를 본다는 것은 어떤 의미를 가질까? 사진은 일반적으로 그림이나 글보다도 더욱 확실한 표상 매체라고 할 수 있다. 기계적이고 자동발생적인 재현 방식에 따라 이 세계, 혹은 외계의 사물과 현상을 표출하고 있기 때문에 우리는 사진이 정확하고 틀림없는 표상 매체라고 믿는 경향이 크다. 하지만 사진은 보이는 사물을 투명하게 반영하는 매체라고 할 수는 없다. 사진을 누가 재현하느냐에 따라서 사진의 내용이나 사태, 결과가 다르게 나타날 수 있기 때문이다.[81] 과거 개항 전후 시기나 일제 강점기에 일본인이나 다른 외국인들이 찍은 사진의 경우 그들의 편견이나 취향, 오리엔탈리즘적 시각, 혹은 연출 의도에 따라 실상이 왜곡되기도 했다.

이번에 나오는 이 사진집에는 그동안 공개되지 않았던 북한문서 속 사진들이 상당수 수록되어 당시의 생생한 현장을 말없이 증거하고 있다. 미국 국립문서기록보관청(NARA)에 소장중인, 1946년 제작되어 1950년 10월 평양에서 미군에 노획된 『북조선 민주주의 건설 사진첩』 사진이 대표적이다.

이 책에 실린 몇몇 중요한 사진들의 경우 미군정 3년사를 상징하는 매우 강한 이미지를 투사하였고, 한국현대사에서 미군정의 실시와 한국 통치라는 확고한 인식을 심어 주게 되었다. 이 사진들은 당시는 물론, 현재까지 우리의 인식이나 세계관에 큰 영향을 끼치게 되었다. 예컨대 1945년 9월 9일 당시 조선총독부(나중에 군정청·중앙청·국립중앙박물관, 1995년 8월 철거) 청사 앞 광장에서 한국에 진주한 미군들이 일장기를 끌어내리고 미국의 성조기를 게양하는 사진은 35년간의 일제 식민지 통치가 종언을 고하고, 새로 미군정이 시작되었다는 사실을 적나라하게 보여주고 있는 장면인 것이다.

이 시기 사진은 미군정의 주인공들이나 몇몇 한국인 영웅과 그 주역들, 특출한 정치 엘리트들의 활동을 많이 보여주고 있다. 그러나 이 시기 사진을 보면 특정 소수자만이 아닌 일반 국민, 서민, 민중의 움직임이나 행동, 사상, 표현이 보이기 시작한다는 점이 의미 있다. 개화기나 일제강점기에는 잘 보이지 않았던 민중, 즉 일반 한국인들의 역동적 참여와 적극적 움직임이 보인다는 점이다. 따라서 이 사진집을 통해서 지금까지 말하지 못했던, 아니 보이지 않았거나 우리가 볼 수 없었던 수많은 사람들의 침묵의 목소리나 표정, 태도를 주의 깊게 살펴보고, 그 상징성과 의미를 깊이 있게 반추해야 한다고 본다. 정치사는 물론, 생활사와 관련된 사회사나 문화사적 측면에서도 귀중하다. 일천한 한국현대사 연구와 교육, 기타 문화콘텐츠 활용 등에 크게 기여할 것으로 본다.

다산 정약용은 자찬묘지명(自撰墓誌銘)에서 학문하는 목적을 "나의 낡은 나라를 새롭게 하는 것(新我之舊邦)"이라고 밝혔다.[82] 썩어 빠진 나라를 좌시하지 않고 적극적으로 개혁하는 데 앞장서겠다는 의지의 표현이었다. "위기의 시간일수록 과거를 경계하여 미래를 대비하는 징비(懲毖)의 지혜와 마음가짐이 절실하다."[83] 역사를 새롭게 반추해야 우리 앞에 닥친 고난을 헤쳐 나갈 수 있는 것이다.

주

1) 도진순, 「분단과 '통일'의 한국현대사」, 『한국역사입문』 3, 풀빛, 1996, 550-551쪽. 북한에서는 1980년대 이후 소위 '주체사관'이 전면화하면서 김일성이 만 14세인 1926년에 조직했다는 '타도제국주의동맹'의 결성을 한국현대사의 기점으로 설정하고 있다.

2) 서중석, 「해방 이후 한국사의 전개 과정」, 『고등학교 검인정 국사교과서 교원연수 교재』, 국사편찬위원회, 2003, 83-84쪽.

3) G-2 ⅩⅩⅣ Corps, "The Korean Government", 31 Aug. 45; 『주한미군사(History of United States Army Forces in Korea)』 1(Part 1), 국사편찬위원회, 2014, 88쪽에서 재인용.

4) 위의 책, 89쪽.

5) 위의 책, 193쪽.

6) 위의 책, 52쪽.

7) 위의 책, 65쪽.

8) 위의 책, 65-66, 337-338쪽.

9) Hq. USAFIK, G-2 Periodic Report, No. 4, September 13, 1945; 김종민, 「일본이 유린한 제주, 미군은 폭격을 시작했다」, 프레시안(인터넷), 2017년 3월 21일자에서 재인용(2017년 8월 15일 검색).

10) 『주한미군사』 1(Part 1), 53-54쪽.

11) 위의 책, 56-57쪽.

12) 브루스 커밍스(Bruce Cumings), 김자동 옮김, 『한국전쟁의 기원(The Origins of the Korean War)』, 일월서각, 1986, 172쪽.

13) 김운태, 『미군정의 한국통치』, 박영사, 1992, 64쪽.

14) 위와 같음. 하지는 1893년 미국 일리노이주 골콘다의 농촌에서 태어났으며, 고아원에서 자랐다. 포트셰리단사관후보생학교를 1917년에(24세 때) 마치고 소위로 임관했다. 1945년 오키나와전투에 참전하고 24군단 소속 제7사단과 함께 9월 8일 인천에 상륙하여 조선총독부 및 38선 이남 일본군의 항복을 받고 무장해제를 단행하였다. 1948년 8월 15일까지 3년간 주한미군사령관겸 미군정청 사령관으로 남한을 통치했다. 대한민국 정부수립으로 통치임무를 인계하고 귀국하여 제5군단장(1948-50)을 맡았다. 다시 6·25전쟁 때 육군 3군사령부 참모장으로 참전했으며, 육군 지상군사령관(1952)을 거쳐 다음해에 퇴역했다. 1963년 사망했다(류승렬, 『뿌리 깊은 한국사 샘이 깊은 이야기』 7(현대), 가람기획, 2016, 325쪽).

15) 브루스 커밍스, 앞의 책, 172쪽.

16) 김운태, 앞의 책, 57-58쪽.

17) 『주한미군사』, 216쪽.

18) 위의 책, 94쪽.

19) 김운태, 앞의 책, 68쪽.

20) 1945년 8월 16일부터 25일까지 발생한 사건수를 보면, 일본인 경찰관에 대한 폭행이나 위협·약
    탈이 66건인 데 비해 한국인 경찰관에 대한 동 행위는 무려 111건을 헤아리고 있다. 그리고 한국인
    관리에 대한 폭행이나 협박·약탈이 109건임에 비해 일본인에 대한 폭행 등은 80건에 그치고 있다.
    또 일본인 경관 살해는 단 2건, 한국인 경관 살해는 5명에 불과했다(森田芳夫·長田かな子 編, 『朝
    鮮終戰の記錄』 자료편 1권, 東京: 巖南堂書店, 1979, 13-14쪽).

21) 김운태, 앞의 책, 69쪽.

22) 위의 책, 69쪽.

23) 『주한미군사』 1, 94쪽.

24) 森田芳夫·長田かな子 編, 앞의 책, 243-244쪽 및 『주한미군사』 1, 94쪽.

25) Radio, CG XXIV Corps to CINCAFPAC, 011456/I, Sept .45; 『주한미군사』 1, 94쪽에서 재인용.

26) 브루스 커밍스, 앞의 책, 177쪽.

27) New York Times, 1945. 9. 23 자; 위의 책, 178쪽에서 재인용.

28) 브루스 커밍스, 위의 책, 176-177쪽.

29) 위의 책, 177-178쪽.

30) 『매일신보』, 1945. 9. 12일자 보도 및 Historian's Journal, 8 Sept. 45 ; 위의 책, 185쪽에서 재인용. 다른
    자료에는 조선인 희생자의 수가 다르게 나온다. 이 사건 이후 인천의 한국인 유지들이 미군 측에
    제소하여 9월 13일 재판이 열렸으나, 사건 당일 미군 환영금지와 외출금지의 미군 지시가 공고되
    었다는 이유로 관할 일본인 경찰서장과 발포 일인 경관의 행위는 합법으로 인정되어 아무런 처
    벌을 받지 않았다. 한국인들은 이에 불복하고 재심을 청구했으나, 미군은 이를 기각하였다(森田
    芳夫·長田かな子 編, 앞의 책, 274쪽). 미군이 한국인들을 어떻게 인식했는지를 잘 보여주는 사례
    라고 할 수 있다.

31) Otnoshenia Sovetskogo Soiuza narodnoi Koreei, 1945-1980: dokymentii i materiallii [소련과 조선 인
    민과의 관계, 1945-1980: 문헌과 자료](Moskva: Izd, nauka, 1981), p. 13; 서대숙, 「미군정과 북한」
    『한국현대사와 미군정』, 한림대 아시아문화연구소, 1991, 198쪽에서 재인용.

32) 서대숙, 「미군정과 북한」 위의 책, 199쪽.

33) 류승렬, 『뿌리 깊은 한국사 샘이 깊은 이야기』 7(현대), 가람기획, 2016, 336-37쪽.

34) 서대숙, 「미군정과 북한」 앞의 책, 199쪽.

35) 서대숙, 「미군정과 북한」 앞의 책, 200쪽.

36) 상세한 내용은 러시아연방 국방성 중앙문서보관소(전현수 외 역), 『소련군정문서, 남조선정세보
    고서 1946-1947』(해외사료총서 6), 국사편찬위원회, 2003; 쉬띄꼬프(전현수 역주·해제), 『쉬띄꼬

프 일기 1946-1948』(해외사료총서 10), 국사편찬위원회, 2004 참조.

37) 전현수, 「해제」, 『쉬띠꼬프 일기 1946-1948』, 2쪽.

38) 전현수, 위의 글, 16쪽.

39) 브루스 커밍스, 앞의 책, 123-124쪽.

40) 조선은행 조사부, 『조선경제연보』, 1948, 1-101쪽; 서중석, 『한국현대민족운동연구2 - 1948-1950 민주주의·민족주의 그리고 반공주의』, 역사비평사, 1996, 43쪽에서 재인용.

41) 브루스 커밍스, 앞의 책, 124쪽.

42) 정병준, 「해방과 분단의 현대사 다시 읽기」, 『쟁점 한국사』현대편, 창비, 2017, 43쪽.

43) 위의 책, 50쪽.

44) 위의 책, 64-65쪽.

45) 위의 책, 66쪽.

46) 위의 책, 67쪽.

47) 위의 책, 58-59쪽.

48) 서중석, 『한국현대민족운동연구-해방후 민족국가 건설운동과 통일전선』, 역사비평사, 1991, 197쪽.

49) 정병준, 앞의 책, 58-59쪽.

50) 이혜숙, 『미군정기 지배구조와 한국사회-해방 이후 국가-시민사회 관계의 역사적 구조화』, 선인, 2008 참조.

51) 브루스 커밍스(김동노·이교선·이진준·한기욱 옮김), 『브루스 커밍스의 한국현대사(Korea's Place in the Sun)』, 창작과비평사, 2001, 306쪽.

52) 박태균, 「미소의 분할점령과 군정」, 『한국역사입문』3, 570-771쪽.

53) 정용욱, 「미군정의 중도정책과 군정내 추진기반」, 『동양학』25, 단국대 동양학연구소, 1995; 박태균, 위의 책, 570쪽에서 재인용.

54) 해방 당시 경찰로 재직중이던 8천여 명 가운데 5천여 명이 미군정 경무부(부장 조병옥)에 재임용되었고, 경사급 이상 고위경찰 969명 중 83퍼센트에 해당하는 806명이 부일경력을 지녔음이 조사되었다(김재명, 「친일파 숙정 '영원한 패착'」, 『월간경향』1986년 12월호, 556쪽).

55) 최상룡, 『미군정과 한국민족주의』, 나남, 1989.

56) 서중석, 『한국현대민족운동연구』, 역사비평사, 1991.

57) 김운태, 앞의 책, 106-107쪽

58) 위의 책, 107쪽.

59) 오인환, 「김구, 총선 참여해 활동기반 넓혔어야」, 『이승만의 삶과 국가』, 나남, 2013, 249쪽.

60) 서중석, 『한국현대민족운동연구2 - 1948-1950 민주주의·민족주의 그리고 반공주의』, 역사비평사, 1996, 45쪽.

61) 이정식, 『김규식의 생애』, 신구문화사, 1974, 204쪽; 신복룡, 『한국분단사 연구, 1943-1953』, 한울아

카데미, 2001, 512쪽에서 재인용.

62) 서중석, 『한국현대민족운동연구』2, 45-46쪽.

63) 위의 책, 48쪽.

64) 위의 책, 48쪽.

65) 위의 책, 46쪽.

66) 위의 책, 37쪽.

67) 존 메릴, 「미국의 한국 점령정책」, 『한국현대사와 미군정』, 한림대학교 아시아문화연구소, 1991, 38쪽.

68) 위의 책, 39쪽.

69) 서대숙, 「미군정과 북한」, 『한국현대사와 미군정』, 213쪽.

70) 박현채, 「남북분단의 민족경제사적 위치」, 『해방 전후사의 인식』2, 한길사, 1985, 234쪽.

71) 브루스 커밍스, 「미국의 정책과 한국해방」, 『한국현대사』, 사계절, 1984; 위의 책, 234-235쪽에서 재인용.

72) 브루스 커밍스, 『한국전쟁의 기원』, 일월서각, 1986, 535쪽.

73) 이승만의 독립운동과 생애에 대한 평가는 다음을 참조. 유영익, 『이승만의 삶과 꿈 - 대통령이 되기까지』, 중앙일보사, 1996; 유영익 외, 『이승만과 대한민국임시정부』, 연세대학교 출판부, 2009; 유영익, 『건국대통령 이승만-생애·사상·업적의 새로운 조명』, 일조각, 2013; 고정휴, 『이승만과 한국독립운동』, 연세대학교 출판부, 2004; 오인환, 『이승만의 삶과 국가』, 나남, 2013 등 참조.

74) 「존 R. 하지 중장이 국무장관에게」, 『해방3년과 미국 1-미국의 대한정책 1945-1948』, 미국무성 비밀외교문서(김국태 옮김), 돌베개, 1984, 408-410쪽.

75) 존 메릴, 앞의 책, 39쪽.

76) 정용욱, 「주한미군사의 편찬 경위와 내용 구성」, 『주한미군사(*History of United States Army Forces in Korea*)』1(Part 1), 국사편찬위원회, 2014, 45쪽

77) 서중석, 『한국현대민족운동연구』2, 335쪽.

78) 정병준, 『한국전쟁-38선 충돌과 전쟁의 형성』, 돌베개, 2006, 139-142쪽.

79) 박현채, 앞의 책, 250쪽.

80) 신복룡, 『한국분단사연구 1943-1953』, 709쪽.

81) 이경민, 『경성, 사진에 박히다-사진으로 읽는 한국 근대문화사』, 산책자, 2008, 10쪽.

82) 최진석, 『탁월한 사유의 시선』, 21세기북스, 2017, 283쪽.

83) 한명기, 「과거를 경계하여 미래를 대비하는 징비(懲毖)의 지혜」, 『쟁점 한국사』 전근대편, 창비, 2017, 10-11쪽.

차례

일러두기

1. 이 책은 1945년 8월 15일부터 1948년 8월 15일 대한민국 정부수립 때까지 미군에 의한 군정기 3년간의 연표와 사진으로 구성하여 그 격변의 시대상과 흐름을 되돌아보고자 하였다.

2. 사진은 미국 국립문서기록관리청(NARA, National Archives and Records Administration)이 보관하고 있는 사진자료와 한국전쟁 기간중 미군 문서수거반이 북한에서 노획한 문서 가운데 북한에서 제작된 앨범 및 개인 사진자료를 중심으로 엮었다. 사진의 발굴과 수집은 이 책의 편자인 박도 선생과 사학자 박은식 선생의 손자인 재미동포 박유종 선생이 2004년부터 메릴랜드 주 칼리지 파크의 NARA를 수십 차례 방문해 이루어졌다. 그 외 눈빛아카이브 소장 데이터 베이스(DB)와 컬렉션 사진자료로 특집을 꾸몄으며, 사진가 이경모, 김한용, 성낙인 선생의 소중한 해방기 작업과 몽양기념사업회, 우당기념관, 이화장 등으로부터도 사진자료를 협조받았다. 이로써 미국 시각 중심의 사진자료에서 벗어나 남북한에서 해방 이후 3년간 촬영된 사진들로써 시각의 균형을 잡을 수 있었다.

3. 미군정 3년사를 구현함에 있어서 사진 이미지뿐만 아니라 이 시기의 광고, 소설, 인터뷰, 구술, 회고록 등에서 발췌 인용하여 좀더 구체적이고 다양하게 시대상이 드러나도록 하였다. 동아일보사와 성균관대출판부, 범우사, 한울 등 조건없이 재수록을 허가해 준 출판관계자 여러분들께 감사드린다.

4. 이 책을 엮고자 여러 문헌을 보면서 미군정 당시 우리나라에 대한 호칭은 곧 조선, 남조선, 북조선, 한국, 남한, 북한, 대한, 대한민국 … 등으로 매우 혼란스러웠다. 그래서 이 책에서는 당시 공문이나 신문 기사에 두루 쓰였던 '조선'으로 통일하고, 군이 남북을 지칭할 때는 '남조선' '북조선'으로 표기했다. 1948년 7월 제헌국회에서 '대한민국' 국호를 정한 이후에는 대한민국, 한국 또는 남한으로 통일하여 표기했다. 그밖에 사람들의 직위, 단체나 기관명은 첫 번째 외에는 가능한 약칭을 썼다.

예) 미소공동위원회 – '미소공위' '공위'
조선건국준비위원회 – '건준'
대한독립촉성중앙국민회 – '독촉중앙회' 또는 '독촉'
재조선미국육군사령부군정청 – '미군정청' 또는 '군정청'
한국민주당 – '한민당'
조선민족청년단 – '족청' 등

미군정기 전사 ^{前史}

1910년 8월 29일 이른 아침, 대한제국은 역사 속으로 슬그머니 사라졌고, 27왕 519년의 조선왕조도 서산의 일몰처럼 져 버렸다. 곧 조선은 이웃 일본에게 국토와 국권 등 나라를 송두리째 빼앗겼다. 이날부터 조선은 일본 천황이 임명한 조선총독이 통치했다. 그로부터 10년 뒤인 1919년 3월 1일, 조선 백성들은 전국 방방곡곡에서 대한독립만세를 불렀다. 이 독립만세 운동으로 국내외에 여러 임시정부가 태동했다. 그 가운데 여건을 두루 갖춘 중국 상해의 대한민국 임시정부가 마침내 그해 4월 13일에 수립되었다.

일본은 조선을 병탄하고도 이웃 침략야욕은 그칠 줄 몰랐다. 1931년에는 '만주사변'을 일으켜 중국 동북지방을 강점했고, 1937년에는 중일전쟁을 일으켜 중국 대륙을 야금야금 잠식해 갔다. 이에 미국·영국 등이 중국을 지원하자 일본은 1941년 12월 8일 미국 태평양함대 기지가 있는 하와이 진주만을 기습공격하는 동시에 미국과 영국에 선전포고를 하여 마침내 태평양전쟁을 일으켰다.

일본은 태평양전쟁 초기 파죽지세로 싱가포르, 필리핀, 인도네시아, 버마에 이르기까지 점령하는 등 그들의 판도를 넓혀 갔다. 하지만 미국이 1944년 7월 7일 사이판을 점령한 이후로는 전세가 반전되기 시작했다. 미국은 이곳에 비행기지를 마련하여 일본 본토를 폭격하는 한편, 곧 이어 전대미문의 가공할 원자폭탄을 만드는 데 성공했다. 미국이 이 원자폭탄을 1945년 8월 6일 히로시마(廣島), 8월 9일에는 나가사키(長崎)에 떨어뜨리자 두 도시는 순식간에 불바다가 되었다. 게다가 일본은 1945년 8월 8일 소련의 참전으로 만주의 관동군조차 허물어지기 시작했다. 마침내 일본은 더 이상 버티지 못하고 연합국의 포츠담선언을 무조건 수락할 뜻을 밝혔다.

미국은 일본의 발 빠른 갑작스러운 항복에 그때부터 다급해졌다. 그 무렵 미군은 한반도에서 1천 킬로미터나 떨어진 오키나와에 있었고, 지리적으로 가까운 국경을 인접한 소련군은 곧 한반도를 점령할 상황이었다. 그러자 미국의 국무성·전쟁성·해군성 등 전쟁관련 3성조정위원회는 1945년 8월 10일 밤 일본군의 항복조건이 담긴 '일반명령 제1호' 초안 작성을 화급하게 딘 러스크와 본 스틸 두 대령에게 맡겼다. 이 두 사람은 한반도 지도를 보며 북위 38도선을 기준으로 미·소 양국이 분할하는 '일반명령 제1호' 초안을 입안했다. 이 초안이 합참과 3성조정위원회, 국무장관, 전쟁성 장관, 해군장관을 거쳐 트루먼 대통령에게 보고됐다. 곧 이 보고서가 미국의 '일반명령 제1호'로 확정되어 8월 14일 소련 측에 전달되었다. 미국은 한반도에 이미 상륙한 소련이 38도선 분할 점령안을 수락할 것인가에 대해 우려했지만, 소련은 의외로 그 다음날 미국의 제안을 수락한다는 전문을 보내왔다. 이 38도선 분할선에 대해 미·소 양국은 모두 놀랐다는 후문이다. 먼저 미국은 소련이 북위 38도선 분할에 대하여 쉽게 수락한 데 놀랐고, 소련은 미국이 그은 분할선이 후하게 남으로 내려갔기 때문에 놀랐다. 아무튼 한반도는 이렇게 우리 겨레의 의사와는 전혀 무관하게 해방 직전, 이미 미·소 두 나라의 전리품으로 분할되었다. 그들은 한반도를 두 쪽으로 쪼개 서로 사이좋게 점령하였다.

사실 이전에 조선의 독립문제는 제2차 세계대전 중 강대국 간 논의된 적이 있었다. 1943년 11월, 이집트 카이로에서 열린 미국의 루스벨트·영국의 처칠·중국의 장제스(蔣介石) 3자 회담에서는 '적당한 시기에 조선을 독립시킨다'고 합의했다. 이때 미국의 루스벨트는 조선을 수십 년간 신탁통치한 다음에 독립시킬 구상을 하고 있었다. 카이로회담중 루스벨트는 이란의 테헤란으로 가서 소련의 스탈린을 만나 조선은 약 40년간의 훈련기간이 필요하다고 말했다. 1945년 2월 흑해 휴양지 알타회담에서도 미국의 루스벨트는 소련의 스탈린에게 조선을 20-30년 동안 신탁통치하는 것이 좋겠다고 말했고, 이에 대해 스탈린은 그 기간이 짧으면 짧을수록 좋을 것이라고 대답했다. 그해 7월 포츠담회담에서 만난 미국의 트루먼·영국의 처칠·중국의 장제스, 세 정상은 카이로선언을 다시 확인했을 뿐, 조선 문제를 구체적으로 논의하지 않았다. 그런 가운데 막상 갑자기 종전이 되자 조선의 독립문제는 일본군 무장해제라는 허울 좋은 이름으로 미소 양국의 분할 점령으로 후딱 결정지어졌다.

1945년 8월 15일 낮 12시, 라디오에서는 정오를 알리는 시보가 울린 다음, 잠시 뒤

일왕 히로히토(裕仁)의 다소 떨리는 목소리가 흘러나왔다.

"짐은 깊이 세계의 대세와 제국의 현상에 감하여 비상조치로써 시국을 수습하고자 여기 충량한 그대들 신민에게 고하노라. 짐은 제국정부로 하여금 미·영·소·중 4국에 대하여 그 공동선언을 수락할 뜻을 통고케 하였다. …"

일본제국주의가 마침내 한순간에 허물어졌다. 일본 스스로 태평양전쟁의 패배를 받아들이는 항복이요, 조선의 해방을 알리는 방송이었다.

한편 대한민국 임시정부 김구 주석은 1945년 8월 10일, 광복군 2지대가 있는 중국 서안에서 미군 OSS(Office of Straegic Service, 미국 전략사무국) 총책임자 도노반 장군과 고국으로 밀파 항적공작(抗敵工作)을 꾀하던 가운데 일본의 패망 소식을 듣고, 그때 감회를 『백범일지』에 다음과 같이 남겼다.

"아! 왜적이 항복을?"

이것은 내게는 기쁜 소식이라기보다는 하늘이 무너지는 일이었다. 천신만고로 수년간 공들여 참전 준비를 한 것도 다 허사로 돌아가 버렸다. 서안(西安)과 부양(阜陽)에서 훈련받은 우리 청년들에게 각종 비밀무기를 주어 중국 산동에서 미국 잠수함에 태워 본국으로 보내 국내의 요소를 파괴하고 점령한 후, 미국 비행기로 무기를 운반할 계획까지 미국 육군성과 다 약속이 되어 있었다. 그런데, 이 국내 진격작전을 한번 해보지도 못하고 왜적이 항복했으니, 진실로 전공(前功)이 가석하거니와, 그보다도 걱정되는 것은 우리가 이번 전쟁에 한 일이 없기 때문에 앞으로 국제 간에 발언권이 박약하리라는 것이다.

역사는 김구의 예언대로 흘러갔다. 우리 겨레는 몽매에도 그리던 해방을 맞았지만 그 해방의 기쁨 뒤에는 또 다른 비극이 숨겨져 있었다. 나라는 북위 38도선으로 두 조각난 채 남녘에는 미군이, 북녘에는 수련군이 투박한 군홧발로 뚜벅뚜벅 진주해 왔다.

회담을 위해 얄타에 모인 처칠, 루스벨트, 스탈린.
얄타회담은 제2차 세계대전 종반에 소련 흑해 연안의 얄
타에서 미국·영국·소련의 수뇌들이 모여 독일의
패전과 그 관리에 대하여 의견을 나눈 회담이다(1945.
2. 4-11). 이 회담에서 루스벨트는 한국의 20-30년
신탁통치안을 제기하였고, 소련의 태평양전쟁
참전을 요청하였다.
1945. 2
눈빛아카이브 DB

위, 포츠담회담에 참석한 처칠, 트루먼, 스탈린.
1945. 7. 26
아래, 포츠담회담 회의장.
1945. 7. 19
이 회의에서 일본의 무조건 항복과 한국의 독립을
재확인하고 이를 일본에 요구하였으나 거부했다. 결국
일본은 원자폭탄이 투하된 후에야 이를 받아들였다.
눈빛아카이브 DB

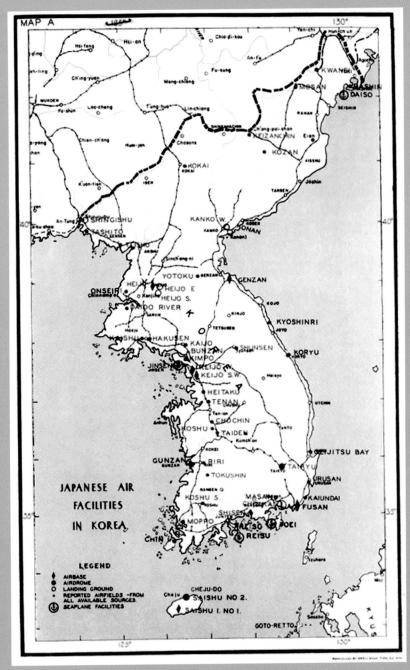

한반도 내 일본군 공군기지를 표시한 미공군이 제작해 배포한 지도.
1945

KEIJO S.W. A/B, KOREA
37°32' N. , 126°55' E.

REPRODUCED BY 955TH ENGR TOPO CO AVN

타깃 스터디: 코리아
미공군이 해방 전 한반도의 공격목표를
표기해 놓은 소책자. 왼쪽의 지도는 이
소책자에 수록되어 있는 전도이며, 1944년부터
45년까지 한반도 상공에서 촬영한 공군기지, 공
항, 교량, 주요산업시설 등의 항공사진을
수록하고 있다. 이 소책자는 유사시 폭격
참고자료로 미공군에 배포되었다. 일본의
항복이 늦어졌으면 이 공격목표에 준해
한반도에도 미군의 폭격이 이어졌을 것이다.
눈빛아카이브 DB

서울 시내와 용산 일대의
군용시설 및 철도 기지창,
한강철교와 인도교, 그리고 여
의도 공항을 촬영했다.
게이조(KEIJO)는 일제강점기
서울의 일본식 지명이다.
1945. 1

37

KEIJO W. A/B, KOREA
37°32'N., 126° 53' E.

N (APPROX)

STORES

PERSONNEL

STORES

HANGARS

PERSONNEL

POSS. AMMO
STORES

AS OF JAN. 45

REPRODUCED BY 955TH ENGR TOPO. CO. AV

서울 서쪽의 김포 공군기지 일대를
촬영한 항공사진.
1945. 1

평양 시내와 대동강 철교를 촬영한 항공사진.
헤이조(HEIJO)는 일제강점기 평양의 일본식 지명이다.
1944. 12

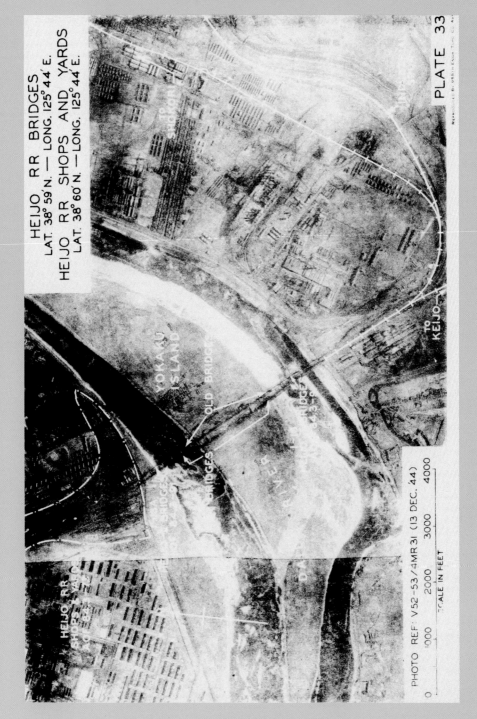

HEIJO RR BRIDGES
LAT. 38° 59' N. — LONG. 125° 44' E.
HEIJO RR SHOPS AND YARDS
LAT. 38° 60' N. — LONG. 125° 44' E.

PLATE 33

PHOTO REF: V52-53/4MR31 (13 DEC. 44)

SCALE IN FEET

0   1000   2000   3000   4000

UNCONTROLLED MOSAIC
PUSAN (FUSAN) AREA
KOREA

SORTIE PR5-5MF 38 OF 8 MARCH 1945

CONFIDENTIAL

PHOTOGRAPHIC INTERPRETATION SQUADRON TWO

NO.34H

40

N (APPROX.)

R.R.YARD
WHSES
REISU
CUSTOMS
ODONG
TO

SOUTH HARBOR

YOSU-HAEHYOP

TOLSAN-DO

REISU, KOREA

34°44'N, 127°45'E

AS OF FEB. 1945
TARGET NO. 84.8-98

REPRODUCED BY 955TH ENGR. TOPO CO.

돌산도와 여수항 일대를 촬영한 항공사진.
1945. ?

부산항 일대를 촬영한 항공사진.
1945. 3. 8

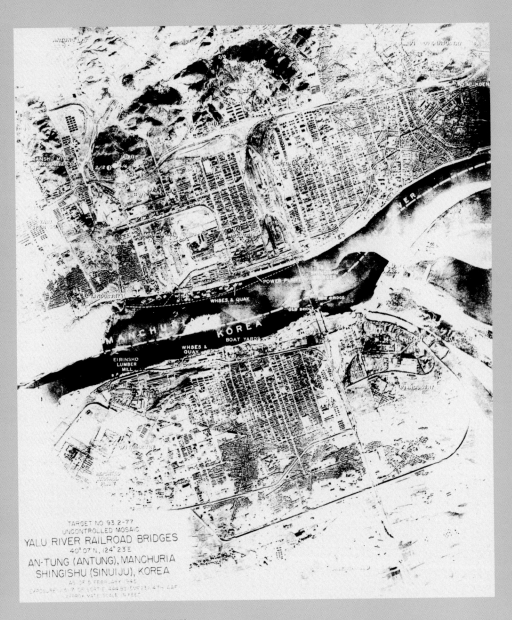

TARGET NO 93 2-77
UNCONTROLLED MOSAIC
YALU RIVER RAILROAD BRIDGES
40° 07' N., 124° 23' E
AN-TUNG (ANTUNG), MANCHURIA
SHINGISHU (SINUIJU), KOREA

단둥과 신의주 사이의 압록강을 경계로 한
국경 일대를 촬영한 항공사진.
1945. 2

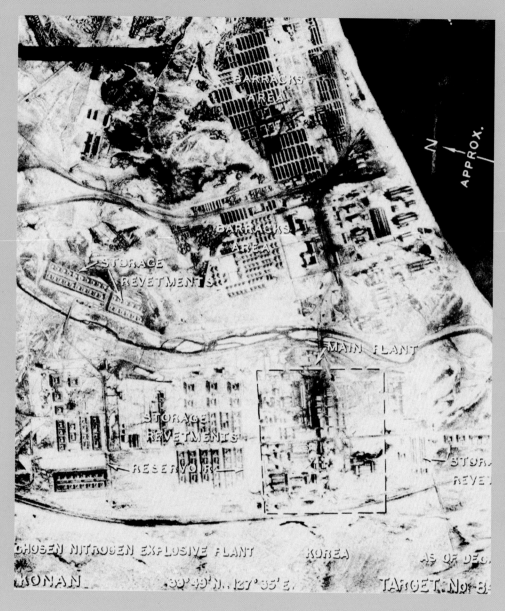

흥남질소비료공장을 촬영한 항공사진.
1944. 12

SAISHU I. NO.I A/B, KOREA
33° 12' N. . 126° 16' E.

N. (APPROX.)

AS OF NOV. 1944

REPRODUCED BY 955TH ENGR. TO[...]

제주도의 공군기지를 촬영한 항공사진.
사이수(SAISHU)는 일제강점기 제주도의
일본식 지명이다.
1944. 12

미 태평양함대 소속 항공기들이 한국 동북부에 있는 철로를 폭격했다.
이 작전에는 오키나와에 주둔하고 있던 미 해군 폭격기 15대가 참가했다.
1945. 7. 20 눈빛아카이브 DB

부산에서 북쪽으로 30마일 떨어진 지점에서
미군기의 공격을 받고 있는 상선.
태평양전쟁 종전 무렵 미군은 한반도의
남해안과 동해안을 드나들며 폭격을 가했다.
1945. 7
눈빛아카이브 DB

미 해군기의 폭격을 받아 불타고 있는
대한해협의 일본 상선.
1945. 7. 2
AP WIREPHOTO From U.S. NAVY
눈빛아카이브 DB

히로시마에 투하된 최초의 원자폭탄 리틀 보이.

히로시마 원폭 후 솟아오른 버섯구름.
오전 8시 15분 TNT 12,500톤에
해당하는 원자폭탄이 히로시마에 투하되었다.
히로시마 원폭의 규모는 후에 모든
핵폭탄의 비교 기준이 되었다.
이 사진은 원폭 투하 약 1시간 뒤의 모습으로
당시 투하 임무에 참여한 3대의 B29기 중
한 대에서 촬영한 것이다.
1945. 8. 6
U.S. Army/ 눈빛아카이브 DB

원폭 투하 후의 히로시마,
1945. 8
U.S. Army/ 눈빛아카이브 DB

원폭 투하 후의 히로시마.
1945. 8
U.S. Army/ 눈빛아카이브 DB

원폭 투하 1년이 지난
뒤에도 여전히
복구하지 못한
폐허의 히로시마,
1946. 7. 20
U.S. Army/
눈빛아카이브 DB

나가사키에 투하한 원자폭탄 폭발 후의 버섯구름.
1945. 8. 9
U.S. Army/ 눈빛아카이브 DB

54

원폭이 투하된 지 20분 뒤
나가사키 시내에서 촬영한 사진.
1945. 8. 9
눈빛아카이브 DB

공중에서 본 원폭 후의 나가사키 중심지.
1945. 8
U.S. Army/ 눈빛아카이브 DB

원폭 후 폐허가 된 나가사키 시내.
1945. 9. 24
U.S. Army/ 눈빛아카이브 DB

원폭 폭발 후 나가사키의 어느 파출소 앞에 몰려든 시민들.
오전 11시경 원폭 투하 후 피폭을 당한 시민들이
파출소 앞에 모여들어 응급구호를 받고 있다.
1945. 8. 9
Matsushige Yoshito, Chugoku Shimbun
눈빛아카이브 DB

히로시마 제2육군병원 응급구호소에 몰려온 피폭자들.
오타 강변인 이곳은 피폭 종심(縱深)으로부터
1.2킬로미터 떨어진 곳이다.
1945. 8. 9
Kawahara Yotugi, Army Marine Command
Photography Squad
눈빛아카이브 DB

백악관에서 일본의 항복 소식을 발표하는 트루먼 대통령.
두 번의 원폭 후인 8월 10일 일본 천황은 연합군 측에
무조건 항복 의사를 전달하고 5일 후에 항복을 선언함으로써
태평양전쟁은 개전 5년 만에 막을 내렸다.
1945. 8. 14
Abbie Rowe, 워싱턴 D.C.
눈빛아카이브 DB

도쿄만의 미주리호에서 열린
항복문서 조인식에 참석한 일본 대표단.
일본 대표 외무상
시게미츠 마모루(重光葵)는
1932년 주중공사 시절 윤봉길 의사의
홍커우공원 의거로 중상을 입어
지팡이를 짚고 있다.
1945. 9. 2
U.S. Army Signal Corps/ NARA

맥아더 장군이 미주리호 함상에서 열린
항복문서 조인식에서 연합군 최고사령관 명의로
서명하고 있다.
1945. 9. 2
U.S. Army Signal Corps/ NARA

일본 제국과 정부를 대표해 외무상
시게미츠 마모루가 항복문서에
서명하고 있다.
1945. 9. 2
U.S. Army Signal Corps/ NARA

도쿄 극동군사령부를 방문한 히로히토 천황과 포즈를 취한 맥아더 총사령관.
1945. 9. 27
U.S. Army Signal Corps/ 맥아더기념관

일본이 우리나라를 강점한 이후 우리 겨레는 날마다 해방될 그날을 손꼽아 기다려왔다. 일찍이 심훈은 "그날이 오면 그날이 오면/ 삼각산이 일어나 더덩실 춤이라도 추고"라고 해방의 그날을 고대하는 시를 읊었다. 1945년 8월 15일, 마침내 그날이 왔다. 그날 정오 일본 천황은 연합군에게 무조건 항복한다는 방송을 했다. 이 소식에 대부분 조선인은 일순간 멍해졌다. 해방은 도둑같이 뜻밖에 왔다는 이(함석헌)도, 아닌 밤중에 찰시루떡 받는 격으로 해방을 맞이하였다는 이(박헌영)도 있었다. 그처럼 해방은 '아닌 밤중에 홍두깨처럼' 갑작스럽게 왔다. 일본의 항복을 미리 알았던 조선총독부 정무총감 엔도(遠藤)는 눈앞이 캄캄했다. 무엇보다 조선에 있는 80여만 명의 일본 민간인과 군인의 신변보호 및 그들의 안전 귀국이 문제였다. 그래서 국내 지도급 인사인 여운형·송진우 등과 행정권 이양 교섭을 벌인 결과, 송진우 측이 이에 불응하자 여운형에게 행정권을 넘기기로 하였다. 여운형은 이 제의를 수락하고, 이미 비밀리에 조직했던 건국동맹을 모체로 '건국준비위원회'를 발족시켰다. 여운형은 이튿날 정치범을 석방하고 치안대를 조직하는 등, 발 빠르게 건국 활동을 시작하였다. 하지만 곧 조선총독부는 일방으로 건국준비위원회에 이양한 행정권을 거둬들였다. 38선 이남에는 미군이 점령하여 직접 군정을 실시할 정보를 미리 전해 들었기 때문이다. 그리하여 조선총독부는 다시 9월 11일 미군정청이 출범할 때까지 기존의 권한을 행세했다. 8·15는 우리 겨레에게 이름만의 해방으로, 자주 독립국가의 건설은 매우 험난함을 예고했다.

정치·행정

1945년 8월 15일, 여운형과 안재홍이 구성한 조선건국준비위원회(이하 '건준')는 8월 말까지 전국에 145개의 지부가 생겨날 만큼 세력을 확대시켜 나갔다. 한편 박헌영을 중심으로 한 조선공산당도 인민정권을 세우고자 재건에 박차를 가했다. 건국준비위원회와 조선공산당은 미군이 한반도에 들어오기 전에 우리 민족끼리 정부를 만들어 놓는 것이 유리하다고 판단하여 1945년 9월 6일, 조선인민공화국이 건국되었음을 선포하였다. 한편 송진우와 김성수 등은 건준에 참여치 않고, 한국민주당(이하 '한민당')을 결성하여 조선인민공화국에 맞섰다.

- 15. 일본 천황 히로히토(裕仁), 항복 방송. 제2차 세계대전 종결
  여운형(呂運亨), 조선총독부 정무총감 엔도의 행정권 이양 요청을 수락
  여운형·안재홍(安在鴻) 등, 조선건국준비위원회 발족

- 16. 전국 형무소와 경찰서, 구금 정치범 전원 석방
  여운형, 휘문중학교 민중대회에서 엔도와 회담 경위 보고 및 민족자율행동 등을 연설
  건국부녀동맹 발족(박순천·황신덕·박승호 등)
  장안파 공산당 발족
- 17. 건준 부위원장 안재홍, 질서유지 경고
  조선군관구(朝鮮軍管區), 인심교란 치안방해는 단호히 조치한다고 포고
- 18. 아베(阿部) 총독, 행정권 이양 취소 발표
  한국광복군 제2지대장 이범석(李範奭), 중국 시안서 미 특별기로 여의도공항에 착륙했으나 일본 군부의 입국 거부로 돌아감
  건준, 삼천만 동포에게 자발적으로 치안대 조직 지령
  치안대·보안대·경비대·학도대 등, 전면적 활동 개시
  조선공산주의청년동맹 결성
  대한여자국민당 결성(임영신)
- 20. 박헌영(朴憲永) 등 공산당재건협의회(재건파) 결성
  일본군, 종로에 기관총대 배치
- 21. 건준, 선언과 강령 발표
- 22. 중경 대한민국임시의정원, "가능한 빠른 시일 내에 대한민국 임시정부를 본국에 봉환하자"는 안건 토의
- 24. 맥아더, 8월 28일에 일본에 진주하고 3일 후 항복 조약 체결을 발표
  조선, 미소 분할 점령하 군정시행 보도(매일신보)
  건준, 제1회 중앙집행위원회 개최
  일본군, 군수품 창고 폭파
  조선군관구 일본군, 게릴라전 획책
- 25. 미소 양군, 북위 38도선 분단점령 미국에서 방송
- 26. 건준, 본부기구 및 인사 결정(1국 12부)
  건준, 보안대 선서식 거행
- 27. 일본 관리, 인천 등대 폭파
- 28. 중경 한국독립당 제5차 임시대표대회, 민주공화체제 강령 발표
- 29. 대한민국 임시정부, 중경서 대외방송
  국군 준비대 결성
- 31. 건준, 전원 사표 제출

사회·경제

여운형은 일본의 패망을 미리 예견하고 해방 전에 건국동맹을 조직하여 비밀 지하활동을 해왔다. 여운형은 8월 15일 아침 엔도 조선총독부 정무총감을 만나 5개항 보장 조건을 전제로 엔도의 행정권 이양 교섭을 받아들였다. 그날부터 활동에 들어간 건준은 8월말까지 145개 지부를 조직했지만 곧 아베 조선총독의 행정권 이양 취소 발표와 우익 측의 불참, 게다가 박헌영의 조선공산당 재건 등으로 더 이상 탄력을 받지 못했다. 조선총독부는 패전 후 조선은행권을 남발하여 발행고 79억 8천8백만 원(7월말 46억 9천8백만 원)으로 해방 후 심각한 인플레이션의 원인을 제공했다.

- 16. 전국에서 해방시위 민중대회
  소련군의 입경설로 10만 민중 서울역에 환영코자 쇄도
  서울 건국청년치안대 결성
  조선건국준비위원회 중앙조직 완료, 전국에 인민위원회 조직
  전시건설단본부 등 관계기관, 일본 군수성 명령으로 조선인 중국인 강제연행 관계자료 소각
  일본 측과 철도업무 접수를 위한 조선 직원 간 대책 협의
- 17. 잔류 정치 경제범 출옥
  패전 일군, 서울 요지 곳곳에 바리케이드 설치
  치안대·보안대·학도대 결성
- 19. 서울 시내 정총대연합회(町總代聯合會) 결성
- 21. 총독부 농상국장, 식량과 배급 담화 발표
- 22. 일본군, 물자 소각으로 민심 격분
- 23. 소련군 소부대 38선을 넘어 개성에서 현금을 강탈 및 인삼 등 물자 강제 징발
- 24. 건준, 일본인의 방매물 매입 금지 명령
  마이즈루항(舞鶴港)에서 우키시마호(浮島丸) 폭발 침몰, 조선인 귀국자 524명 사망, 수천 명 실종
- 25. 조선공업기술연맹 결성

- 26. 서울-해주 간의 유선 단절, 최초로 남북 통화 두절
- 28. 강원도 평강·화천에 진주한 일부 소련군 병사 38선 이남 춘천에 들어와 약탈 감행
- 29. 서울 시내 중학교 이상 전 학도, 조선학도총궐기대회를 열고 치안을 유지키로 결의
- 31. 중국·일본·만주 등지의 동포를 위한 조선재외전재동포구제회(朝鮮在外戰災同胞救濟會) 창립총회

문화·생활

해방이 되자 각급 학교에서는 한글로 된 교과서가 없어 곤란을 겪었다. 학생들은 임시 프린트로 만든 국어책과 역사책으로 감격스럽게 우리말 수업을 받았다. 여성들은 몸뻬(왜바지)를 벗어던지고 다시 한복을 입기 시작했다. 해방 후 가장 유행한 말은 "미국놈 믿지 말고 소련놈에 속지 마라. 일본놈 일어난다. 조선사람 조심하라"였다. 유행어로는 '노스케(소련군)' '양키' '코쟁이' '갓뎀' '양갈보' '헬로우' '오케이' 등이었다.

- 15. 광복 당시 경성부(서울시) 중등학교 약 40개교, 초등학교 약 70개교 정도
- 16. 조선학술원 창설
  경성대학 자치위원회 결성
  건준, 총독부 기관지 매일신보 접수

- 17. 일본군 출동으로 경성일보와 매일신보 다시 일인 수중으로 넘어감
- 18. 조선문화건설중앙협의회 결성(문학·미술·음악·영화 등)
- 25. 조선어학회 임시총회
- 29. 국악원 결성
  인민신문 창간
- 31. 호남신문 창간

북한

- 17. 평남 건국준비위원회 결성, 위원장 조만식(曺晩植)
  조선공산당 평남지구위원회 결성
- 20. 소련군, 원산 상륙
  소련군(제25군)사령관 치스차코프 장군, 조선 인민에게 첫 포고문 발표
- 24. 소련군 평양에 진주 소련군사령부 설치
  함남인민위원회 조직에 이어 각도 인민회 조직
  소련군, 양양 진주
- 25. 소련군, 38선 일대 배치 완료
- 27. 소련군사령부 명령으로 평남 건준 해체하고 평안남도 인민정치위원회로 개편
- 29. 소련군, 개성 진주
- 31. 평안북도 임시인민위원회 결성

- 건준 강령
1. 우리는 완전한 독립국가의 건설을 기함.
2. 우리는 전 민족의 정치적·경제적·사회적 기본 요구를 실천함.
3. 우리는 일시적 과도기에 있어서 국내 질서를 자주적으로 유지하며 대중생활의 확보를 기함.

종전 소식을 듣고 도쿄 황궁 앞에 몰려들어
통곡하는 일본인들.
1945. 8. 15
눈빛아카이브 DB

◀ 히로히토 천황의 특별방송을 청취하고 있는 침통한 표정의 일본인들.
히로히토 천황은 미영소중 4국에 대하여 일본의 무조건 항복과 한국의 독립을
약속한 포츠담선언을 수락하는 내용을 녹음하여 방송하였다.
1945. 8. 15
눈빛아카이브 DB

북한 평양의
해방경축 및
소련군 환영대회.
1945. 8
미군 노획문서 중
북한 앨범사진
(NARA)

해방 축하 태극기 게양.
1945. 8
안월산 사진

해방을 축하하기 위해 거리로 나선 광양 군민들.
1945. 8
이경모 사진

오후 1시 건준의 연설회가 있는
휘문고보 운동장으로 모여든 군중들.
1945. 8. 16
성낙인 사진

일본의 항복이 명확해지자 조선총독
아베와 정무총감 엔도는 재한
일본인의 생명과 재산을 보호하기 위해 한
국인 지도자들에게 치안 유지 및
협조를 부탁하였다. 먼저 송진우에게
제의했으나 거절당하자 8월 15일 상오 건
국준비위원회 위원장인 여운형에게
제안하여 승락을 받았다.
여운형이 엔도 조선총독부 정무총감에게
요구한 5개항 보장 조건은 다음과 같다.

첫째, 전 조선 각지에 구속된 정치범
경제범을 즉시 석방하라.
둘째, 8-10월 3개월분 식량을
확보하여 넘겨 달라.
셋째, 치안유지와 건국을 위한
정치활동에 간섭치 말라.
넷째, 학생훈련과 청년조직에
간섭치 말라.
다섯째, 노동자를 건설사업에
동원하는 데 간섭하지 말라.

건준의 연설회가 있는 휘문고보 운동장으로
모여든 군중들.
1945. 8. 16
성낙인 사진

휘문고보 연설회장으로 입장하고 있는
건국준비위원장 여운형(가운데).
1945. 8. 16
성낙인 사진

휘문고보에서 연설중인 건준위원장 여운형.
그는 연설에서 "우리가 지난날에 아프고 쓰라렸던 것은
이 자리에서 모두 잊고 이 땅을 이상적인 낙원으로
건설하자, 개인이 영웅主의는 없애고 일사분란한
단결로 나아가자. 그리하여 멀지 않아 입성할 외국
군대에게 우리들의 부끄러운 태도를 보이지 말며,
우리의 아량을 보여주자"고 촉구하였다.
1945. 8. 16
성낙인 사진

◀ 군중의 환호 속에 휘문고보 연설회장으로
입장하는 여운형.
1945. 8. 16
눈빛아카이브 DB

몽양 여운형

박도

1. 프로필

1886년 경기도 양평군 양서면 신원리에서 출생하였다. 본관은 함양, 호는 몽양(夢陽)이다. 조부 여규신(呂圭信)과 종조부 여규덕(呂圭德)은 동학에 가담하였는데 몽양에게 끼친 영향이 컸다. 몽양은 1900년 배재학당에서 수학한 뒤, 홍화학교(興化學校)를 거쳐 관립 우무학당(郵務學堂)에서 전신기술을 공부하여 통신원 기술자가 되고자 하였다. 하지만 통신원이 일본 소유로 넘어가자 취업을 거부하였다. 1906년 부친이 돌아가자 집안의 노비를 모두 불러 모아 노비문서를 모두 불태운 뒤 그들을 해방시켰다.

1907년 양평 고향집에 광동학교(光東學校)를 세워 청년들을 계몽하는 데 앞장섰다. 1910년에는 강릉에 초당의숙(草堂義塾)을 세워 평등사상과 신학문을 가르치는 데 전념하였다. 하지만 총독부에 의해 이 학교는 1년 만에 폐쇄되고 말았다.

1911년 평양 장로교 신학교에 입학하여 미국 장로교 선교사였던 언더우드와 인연을 맺었다. 이후 신흥무관학교와 서간도의 여러 곳을 다니면서 조국 광복의 뜻을 펼치다가 언더우드의 추천으로 중국 난징 금릉대학 영문학과에 입학하여 1917년 졸업했다.

몽양은 1918년 신한청년당의 당수로 취임하면서 본격적인 독립운동을 시작했다. 미국 대통령 특사 크레인에게 조선의 독립청원서 2통을 건네주어 윌슨 대통령에게 파리강화회의에 제출해 줄 것을 부탁했다. 1919년 1월 파리강화회의에 신한청년당 대표로 김규식을 파견하여 조선의 완전 자주독립을 호소했다. 그해 4월 상하이에서 임시의정원을 설치하고 임시정부를 구성할 때, 몽양은 외무부 차장으로

참여했다.

그해 11월 일본 정부의 초청으로 도쿄로 건너가 하라(原敬) 총리 등 정부요인들과 회담하면서 조선독립의 정당성을 주장했고, 제국호텔에서 기자회견을 갖고 일제의 대조선정책을 혹독히 비판하여 일본은 물론 전 세계를 놀라게 했다. 1920년 미의회 의원사절단 100여 명이 중국 상하이와 베이징을 시찰하는 동안 임시정부의 대표로 안창호와 함께 이들을 만나 조선의 독립을 역설했다.

1922년 1월 몽양은 모스크바에서 레닌과 트로츠키를 만나 조선외 시정을 논의하였다. 그는 중국 상하이로 돌아와 쑨원(孫文)과 중국공산당 인사들과 교류하면서 1925년부터는 중국혁명운동에 적극적으로 참여하였다. 1929년 7월 몽양은 독립운동을 지원하였다는 혐의로 상하이 주재 일본영사관 경찰부에 체포되었다.

몽양은 일본 나가사키를 거쳐 국내로 압송되었는데 국내 언론에서 그의 압송을 대서특필하자 일약 유명인사가 되었다. 재판 결과 독립운동 죄목으로 4년간 복역하였다. 1933년 출옥하자 그는 민족의 영웅으로 추앙되어 조선중앙일보 사장에 취임하였다. 경영난으로 어려웠던 신문사(조선중앙일보)는 그의 명성에 힘입어 번창하였다. 하지만 베를린 마라톤 우승자 손기정 선수의 일장기 말소사건으로 1936년 신문이 일제에 의해 폐간되자 사임했다. 몽양은 일본이 태평양전쟁을 도발한 이후 신사참배나 국방헌금, 징병 권유 따위의 강요를 일절 거부하면서 1944년 비밀결사인 조선건국동맹을 조직하였다.

1945년 8·15광복을 맞아 안재홍, 정백 등과 건국준위원회를 조직하였으나 임시정부의 지사들과 대립되었고, 건준위 조직 내부 박헌영이 주도하는 극좌익세력과 정치투쟁 내분에 휩싸였다. 그해 9월 조선인민공화국을 선포하였으나 우익진영의 반대와 미군정의 인정을 받지 못해 실패하였다. 그해 12월 조선인민당을 창당, 1946년 29개의 좌익단체를 규합하여 민주주의민족전선을 결성하였으나 좌익세력에게 밀려 탈퇴하였다. 1947년 5월 근로인민당을 조직하였으나 극좌·극우 양측으로부터 소외당한 채 좌우합작운동을 추진하던 중 1947년 7월 19일, 극우파 청년 한지근에게 저격당해 세상을 떠났다.

2. 몽양 여운형 특별 추모 인터뷰

부러져 넘어진 오동나무가 백년 뒤 거문고로 쓰이게 되고(百年死樹中琴瑟)
장부의 업적은 관 뚜껑을 덮은 뒤에야 비로소 바른 평가를 할 수 있다(丈夫蓋棺事始定)

이는 두보의 시 '군불견(君不見)'의 한 구절로 인물에 대한 평가는 사후 백 년이 지나야 바로 된다는 말이다. 우리나라가 해방된 1945년부터 1948년 정부수립까지는 대혼란의 해방정국으로 밤하늘에 반짝이는 별과 같은 숱한 영웅들이 각축을 벌였던 군웅할거시대였다. 그리고 숱한 영웅들 가운데는 괴한의 흉탄으로 비명에 간 분도 여러 분이다. 해방정국의 슈퍼스타 몽양 여운형 선생도 그 가운데 한 분이다.

올해(2007년)는 몽양이 서거한 지 60주년이 되는 해다. 서거 60주기 추모제 초대장을 펼치는데 갑자기 돌아가신 아버님의 음성이 들렸다.

"몽양의 노선이 옳았다."

나는 어릴 때부터 그 말씀을 귀에 익도록 들었다. 이 참에 왜 몽양의 노선이 옳았는지, 유족을 만나 이를 확인하고 싶었다. 마침 그 몇 해 전에 인사를 나눈 바 있는 여상화 씨의 간곡한 부탁도 받았기에 몽양기념사업회로 연락하자 여인호 씨를 소개해 주었다. 그런데 당신 아버님 여명구(몽양의 조카) 씨가 위독하여 그 즈음 중환자실에 머물고 있기에 시간을 낼 여유가 없다고 정중히 사양했다. 그래서 강준식 몽양기념사업회 상무이사와 평소 몽양을 흠모하여 따랐던 이기형 선생을 한자리에 모신 뒤 몽양에 대한 추모의 말씀을 듣기로 하였다. 두 분에게 내 뜻을 전하자 흔쾌히 수락해 주어서 2007년 7월 12일 오후 1시 마포의 한 찻집에서 세 사람이 만났다.

이기형 선생은 91세이신데도 몽양 선생의 일이라면 어디나 마다않고 달려온 그 열정에 고개가 숙여졌다. 먼저 이 선생에게 몽양 선생을 만났던 일화부터 들었다. 이기형 시인은 함흥고보 졸업 후 몽양을 처음 만난 이후, 그 인물과 인품에 매료되어 일평생 동안 흠모의 정으로, 몽양의 한 신도로 지냈다.

내가 처음 몽양을 본 것은 함흥고보를 졸업한 1938년 가을이었다. 그때 나는 목마른 자가 물을 찾듯 지도자를 찾고 있었다. 경성부(서울) 계동 140번지 8호 몽양의 자택을 찾았을 때 선생은 집에 없었다. 곧 돌아오실 거라는 말에 그 부근을 서성이며 기다렸다. 해거름 할 무렵에 감색 코트에 밤색 중절모를 쓴 풍채가 훤한 분이 내 눈에 띄었다. 일면식도, 사진도 본 일이 없건만 직감으로 여운형 선생임을 알아차릴 수가 있었다.

"몽양 선생님이시지요?"

나는 허리를 최대한 굽혀 인사를 올렸다.

"예, 그렇소마는…."

몽양 선생은 반가워하며 걸음을 멈췄다. 내가 고개를 들어 우러러 뵙자 빛나는 눈, 반백 콧수염과 그리고 다정한 눈웃음이 퍽이나 인상적이었다. 잠시 후 선생 댁 문간방(접대실)에서 마주 앉았다. 몽양 선생은 내가 찾아온 뜻을 듣고는 곧 지도자론을 폈다.

"오늘날 지도자라는 사람들은 남더러 이리 가라 저리 가라 손가락질만 하구 있어. 그나마 그릇된 방향으로 마치 수탉이 세차게 싸우노라 돌진해 나가다가 서로 방향감각을 잃고 저만치 빗나가 버리는 것과 같거든. 시방 우리에게는 몸소 선두에 서서 바른 길을 찾아 내달리는 지도자, 바로 그런 지도자가 필요한 때요."

몽양 선생과 한창 대담을 나누는데 바깥에서 '쩽그랑' 유리창이 깨지는 소리와 함께 갑자기 야구공 하나가 대청 마룻바닥에 떨어졌다. 담 너머는 휘문고보 운동장이었다. 몽양은 빙긋이 눈웃음을 치며 공을 집은 후 마당에 내려가더니 낮은 벽돌담 위로 "학생들!" 하고 부르는 것이었다. 나는 속으로 '어떻게 야단치나?' 퍽이나 궁금했다.

"공 예 있어. 씩씩하구먼. 맘껏 뛰놀아!"

전혀 뜻밖으로 부드러운 음성이었다. 그때 나는 몽양의 용모를 다시 살펴보니까 빛나는 두 눈, 넓고 번듯한 두드러진 이마, 우뚝한 코, 복스럽고 큰 두 귀, 처지지도 빠지지도 않은 아래턱 윤곽 등, 어느 하나 빠지는 데 없는, 당시 언론인 김을한의 표현을 빌리자면 그야말로 '미스터 코리아'요, '슈퍼스타'였다.

몽양 조부가 '왕재(王材)'라고 탄성을 올렸다는 것이 과찬만은 아니라고 수긍이 갔다. 훤칠한 키에 골격은 굵고 운동으로 다져진 짜임새 있는 몸매로 더할 데 없이 당당한 체격이었다. 누구는 그 얼굴, 그 체격을 한마디로 '우람하다'고 했다. 몽양은 길을 걸으면 길이 꽉 차고, 연단에 오르면 단상이 꽉 차는 듯했다.

혈농어수(血濃於水)

"몽양이 남긴 '혈농어수(血濃於水)'라는 유묵이 있습니다. 몽양의 삶과 사상을 집약한 글이지요. 여기서 혈은 피, 곧 민족을 말함이요, 수는 물, 곧 이념을 말함입니다. 혈농어수란 '민족은 이념에 앞선다'고 풀이해야 합니다."

강준식 몽양기념사업회 상임이사(2007년 당시)가 힘주어 하는 말이었다. 강준식, 그는 몽양과는 어떤 관계로 기념사업회 일을 보게 되었는지 물었다.

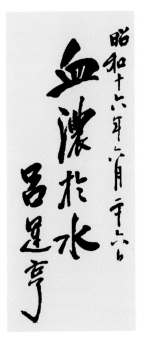

"제가 1969년 등단한 이후 먹고사는 일에 매달려 작품을 별로 쓰지 못하고 지내다가 1987년 6·10항쟁으로 민주화가 된 이후의 민족적 과제는 통일이라는 생각으로 그때부터 통일문제에 천착했지요. 그래서 그 문제에 매달렸지요. 제가 공부하고 취재한 바로는 실제로 해방정국에서 통일운동을 한 사람은 몽양밖에 없습니다. 그래서 여운형을 중심으로 이승만·김구·송진우·김일성·박헌영·김규식 등 민족지도자들이 벌이는 꿈과 지략과 경륜의 대서사시인 『혈농어수』라는 3권짜리 몽양 여운형 일대기를 펴냈지요. 그것이 계기가 되어 연이 닿게 되었습니다."

그 말씀에 이기형 선생이 보충설명을 했다.

"몽양기념사업회에서 강 선생의 작품을 보고 아주 능력 있는 분으로 여기던 차에 유정(조동호) 선생 아드님 조윤구 씨가 천거해서 상임이사 일을 보게 되었습니다."

그러고 보니 나는 영광스럽게도 몽양의 열혈 팬인 1917년생 이기형 시인과 한 세대를 건너 뛴 1947년생 강준식 작가를 한꺼번에 인터뷰를 하는 셈이었다. 다시 강준식 씨의 몽양 인물론이 이어졌다.

몽양은 해방정국에서 가장 뛰어난 인물이었음에도 '빨갱이' 또는 '준 빨갱이'라고 색칠하여 제대로 조명되지 못해 혹 이름은 알려졌을지라도 그분의 참 모습은 대부분 사람들이 모르고 있는 현실입니다. 한 마디로 그분은 '사회주의자다, 진보주의자다'라는 어떤 틀(이데올로기)에 넣기에는 너무나 폭이 넓은 큰 인물로, 일찍이 세계화가 된 인물입니다. 1922년 고려공산당에 관계한 것은 사실이지만, 몽양이 공산주의가 좋아서 가담한 게 아니라 나라의 독립운동 때문이었습니다. 그 당시에는 우리나라의 독립을 도운 것은 오직 소련이었습니다. 그래서 몽양은 레닌을 만나 200만 불 지원 약속까지 받게 된 거지요. 그런 큰 인물을 경직된 눈으로 좌파에서는 친미기회주의자로, 우파에서는 빨갱이로 몰았습니다. 이는 그들이 몽양이라는 인물을 숲으로 보지 않고 나무로만 보는 오류였습니다. 몽양은 평생을 통해 한 번도 관직을 가지지 않았습니다. 그분이 교유하고 만난 사람의 범위도 매우 넓었습니다.

소련의 레닌과 트로츠키를 만나고, 중국의 손문·장개석·모택동·왕정위 등을 만났습니다. 일본의 인사로는 고노에 후미마로(近衛文麿) 수상·다나카 기이치(田中義一) 육군장관·오카와 슈메이(大川周明) 육군대학 교수·우카키 이세이(宇垣一成)를 비롯한 조선총독 등 그분이 만난 인물은 좌우나 적과 우군이 따로 없었습니다. 한마디로 바다와 같은 인물이지요. 이런 분을 하나의 틀에 옭아매는 것은 천만부당합니다.

일제하 몽양은 일본 관헌에게 '내가 공산주의를 좋아하는 점이 있다, 그것은 공산주의의 정책면일 뿐, 나는 신(하나님)을 믿기에 유물론을 믿지 않는다'라며 유물론을 부정한 분입니다.

원래 몽양은 미국 사람을 좋아하여 미국으로 유학을 가려고 하다가 손문이 신해혁명을 일으킨 것을 보고 그를 배우고자 중국으로 갔습니다. 몽양은 행동가요, 사상가입니다. 그분은 누구의 세뇌를 받은 분이 아니라, 당신 스스로 깨우친 민족 우선의 진보적 민족주의 사상가였습니다.

해방 당시의 여론조사에 따르면 몽양은 단연코 1위였습니다. 타의 추종을 불허했지요. 조국분단의 단계적 진행과정은 1945년 지리적 분단, 1946년 신탁통치를 둘러싸고 벌어진 사회적 분단으로 이동하여 비로소 좌우로 갈립니다. 1948년은 정치적 분단으로 남북 정권이 들어서고 1950년에는 한국전쟁으로 민족적 분단이 이루어지지요. 그 공간에서

민족지도자들은 모두 통일을 부르짖었습니다. 초기 이승만은 자기만 떠받치면(자기가 대통령이 되면) 좌도 우도 괜찮다고 하였습니다. 한민당 계열은 좌파 배제요, 이와는 반대로 박헌영 계열은 친일파와 자본가 배제 곧 우파 배제였습니다. 또 중도의 안재홍은 좌우 합작을 꾀하되 주도권은 우파가 쥐어야 한다는 생각이었고, 이와는 달리 허헌 계열은 좌우합작을 하되 주도권은 좌파(진보세력)가 쥐어야 한다는 생각이었습니다. 그럼 몽양은 어떤 생각이었나 하면, '좌도 실체가 있고, 우도 실체가 있으니 누가 누구를 배제하고 누가 주도하는 것은 진정한 통일이 아니다. 따라서 좌우 합작은 좌우의 공통점을 확대하고 상이점을 축소하는 것'이라 하여, 가장 현실성 있는 대안으로 민중의 가장 높은 지지를 받았던 것입니다.

두 분의 몽양론은 그칠 줄을 몰랐다. 나는 그제야 아버님이 생전에 하신 "몽양의 노선이 옳았다"는 말씀에 수긍이 갔다. 해방 후 몽양의 노선만이 좌우를 껴안을 수 있었고, 그분의 크신 포용력으로 제반의 갈등과 충돌을 용해시킬 수도 있었을 것이다.

나는 두 분과 대담을 나누면서 몽양 선생은 다가오는 통일시대를 열 수 있는 진정한 민족지도자의 전형을 보인 분으로 여겨졌다. 1947년 몽양이 흉탄에 쓰러진 순간, 우리나라의 통일은 물 건너간 것으로 판단하는 것이 올바른 역사 해석일 것이다. 흉탄에 쓰러져 간 몽양의 비극은 우리 삼천만 겨레의 원한이요, 비원이 된 게 너무나 아쉽고 한스럽다. 그러면서 그분이 통일조국의 제단에 흘리신 피가 큰 교훈으로 장차 이 나라의 앞길을 비추는 향도등이 되리라 믿음이 치밀어 올랐다. (이 글은 2007년 7월 18일 오마이뉴스에 기고한 '몽양의 노선이 옳았다'는 제목의 인터뷰 기사를 다시 가다듬어 재수록한 것이다.)

종로 YMCA 건물의 조선건국동맹 본부에서
회의중인 여운형.
1945. 8
눈빛아카이브 DB

夢陽先生還歷紀念
一九四六年四月一六日

몽양 여운형 환갑 기념사진.
1946. 4. 16
ⓒ 몽양여운형선생기념사업회

▶ 1947년 5월 24일 근로인민당
창당식에서의 여운형. 테러로
서거하기 2달 전의 모습이다.
ⓒ 몽양여운형선생기념사업회

폭탄 테러를 피했으나 휴유증으로 병원에 입원중인 여운형. 1947. 3 눈빛아카이브 DB

위-아래, 폭탄 테러를 당해 부서진 계동의 몽양 자택.
1947. 3. 17

해방 후 경기도 양평의 생가를 방문한 몽양.
ⓒ 몽양여운형선생기념사업회

▶ 몽양 여운형의 장례식. 여운형은 7월 19일 혜화동
로터리에서 괴한의 권총 저격으로 그 자리에서
서거했다. 경찰은 23일 평북 영변 출신 극우 청년
한지근을 범인으로 체포하였다. 여운형 암살은
나라 안팎에 큰 충격을 주었다. 그의 장례는
최초 최후의 조선 인민장으로 거행되었다.
1947. 7
눈빛아카이브 DB

YMCA 건물의 조선건국동맹 본부.
조선건국동맹은 1945년 광복 직전에 조직되었던
독립운동단체로, 여운형, 조동호, 현우현, 황운,
이석구, 김진우, 이수목 등이 주축이 되어
일본의 패망과 조국광복에 대비하기 위하여
국내에서 조직한 비밀단체였다.
1945. 8
성낙인 사진

1945. 9

미군이 한반도에 상륙하기 하루 전인 1945년 9월 7일 미 극동사령부 맥아더사령관은 38선 이남에 대한 점령정책을 명시한 '조선 인민에게 고함'이라는 포고령 제1호를 발표하였다. 이 포고문은 그 즉시 비행기로 남조선 상공에 뿌려졌다. 9월 8일 인천에 상륙한 미군은 9월 9일 서울로 진주하여 이날 오후 4시 조선총독부 제1회의실에서 조선총독과 조선 주재 일본군의 항복을 받은 다음, 오후 4시 30분 조선총독부 국기게양대의 일장기가 내려가고 대신 성조기가 올라갔다. 그 시간부터 미군정이 시작되었다.

정치·행정

조선인은 미군을 해방군으로 열렬히 환영했다. 하지만 미군들은 콧대 높은 점령군으로 조선인을 대했다. 미군정은 일제의 잔재인 조선총독부의 지배기구를 그대로 이용하는 현상유지 정책을 펼쳤다. 그러자 친일경력이 있는 관리와 경찰들은 미군정에서 다시 일하게 되었고, 영어를 잘하는 보수적인 인사들은 미군정의 관리로 발탁되었다. 미군정은 대한민국임시정부와 조선인민공화국을 모두 부인하고, 자치기구인 인민위원회를 해산시켰다. 반공 반소적인 미군은 조선에 상륙한 뒤 좌익을 억압하고, 우익을 적극 지원하였다. 이에 군소정당으로 흩어져 있던 우익들은 9월 16일 한민당을 결성하여 미군정을 엄호하였다.

- 1. 미군 B24기, 조선 주요도시 상공에 미군 상륙을 예고하는 전단 살포
  조선국민당(위원장 안재홍) 결성
  재경 공산주의열성자대회 소집
  대한민국임시정부 환국환영준비회 결성

- 2. 일본 항복조인식(도쿄만 미주리호 함상)
  연합군총사령부, 일반명령 제1호로 연합군 진주지역 결정
  하지(미군 24사단장, 조선주둔 미 최고사령관 겸 미군정청사령관) 중장, 조선 민중에 고하는 포고 발표

- 3. 대한민국임시정부(이하 '임정') 중경서 개편, 주석 김구(金九)·부주석 김규식(金奎植)
  일본 조선군관구사령부, 미군 진주 전까지 38선 이남 치안담당 발표

- 4. 건준, 제1회위원회 개최, 과도기적 조선독립국가 건설 준비공작 결의
  중경 임정, 국무위원 발표
  김성수(金性洙)·조병옥(趙炳玉)·이인(李仁) 등 연합군환영준비회 조직
  미 제24군단 선발대 37명 김포 도착

- 6. 건준, 전국인민대표자회의 소집 후 조선인민공화국(이하 '인공') 선포
  한국민주당(이하 '한민당'), 700여 명으로 발기 선언 및 강령 발표

- 7. 미 극동사령부, 남조선에 군정 선포
  우익 진영(송진우·김준연·장덕수 등) 임정 지지 및 연합국에게 감사의 뜻을 표명하고자 국민대회준비위원회

결성

미군정청(이하 '군정청'), 포고 제1호 직장 이탈한 조선인 경찰관 복귀명령

● 8. 하지 중장 휘하 미 24군단 인천 상륙
한민당 발기인회에서 대한민국임시정부 절대지지 결의
박헌영·이강국 등, 조선공산당재건준비위원회 결성

● 9. 미군, 서울 진주
조선총독부 제1회의실에서 재조선일본군 정식 항복 조인식 거행
조선총독부 광장에서 일장기 하강, 성조기 게양
태평양미 육군총사령부(이하 '맥아더사령부') 포고 제1·2·3호 공포

● 10. 인천서 일본군, 성조기에 발포하고 조선인 13명 살해
소련군, 개성에서 철수

● 11. 미 트루먼 대통령, 조선 내 일본인의 조속한 송환 언명
고려사회민주당 결성(원세훈)
서울시 인민위원회 결성(위원장 최원택), 조선공산당 당면 목표 3개항 발표

● 12. 하지, 정치문화단체 대표와 간담회, 조선인의 협조와 자중 강조
미소 양군 북위 38선 경계선 구획 협의

● 13. 미, 제7사단 선발부대가 개성에 진주
미군사령부 정보부장 헤이워드, 인공 부인하고 미군정이 유일한 정부임을 천명
아놀드 군정장관, 정치단체 시민 등의 경찰력 행사 금지
조선여자국민당 결성(당수 임영신)
조선혁명당 진용 재정비 강화 재출발

● 14. 하지, 정치 문화단체 대표자에게 시정방침 발표
인공 조각 발표(주석 이승만, 부주석 여운형 등)
군정청 경성의 명칭을 서울로 통일
조선공산당, 정통을 선언(박헌영)

● 15. 하지, 총독부 수뇌 해임, 각 정당단체에 협력 요청
인공, 행정부서 정강 등 발표

● 16. 한민당 결성(수석총무 송진우)
신민당 결성(위원장 보류, 부위원장 양기탁·이관구)

미군, 조선인 경찰관 모집
서울시, 기구 개편과 아울러 일본인 직원 전원 해임
건준, 제2차 전국인민대표회의 소집 결의

● 17. 민중공화당 선언(명제세 등)
조선국군준비대 결성

● 18. 군정청, 집회 및 행렬에 허가제 실시
조선문화건설본부, 연합군 환영 가두행진
하지, 각 정당 대표자와 당면문제 대책 회견

● 19. 야간통행금지시간 단축실시
군정청 명칭을 '재조선미국육군사령부군정청'으로 개칭
조선총독 아베 노부유키(阿部信行) 귀국

● 20. 미군, 춘천에 진주. 9월 말까지 38선 일대에 배치 완료

● 21. 아놀드 군정장관 명령 제3호로 민간무기 회수 포고

● 22. 일제강점기 치안유지법·보안법 등 폐지

● 23. 아놀드 군정장관, 정당에 대한 중립 태도 표명
군정청, 일반인의 무장해제

● 24. 5개 정당(조선국민당·사회민주당·자유당·공화당·협찬동지회 등) 통합 국민당 결성

● 28. 통일전선결성대회 개최(22개 단체)
하지, 일본인 송환 방침 언명

● 29. 국민당, 맥아더사령부에 38선 철폐 결의문 제출
미군, 부산에 진주
군정청, 무기 탄약 또는 폭발물의 불법 소유 금지

사회·경제

12일, 조선주둔 미 점령군사령관 하지 중장은 아베 조선총독을 해임한 다음 미 군정장관에 아놀드 소장을 임명했다. 미군정은 이미 남조선에 건설된 인민공화국도, 중경의 대한민국임시정부도 인정치 않았다. 아울러 전국 각지에서 자발적으로 조직된 인민위원회와 치안대 등 각종 자치기구도 강제로 해체시켰으며, 일제의 통치기구를 그대로 이용해 남한 통치에 본격 나섰다. 미군정청은 일본인의 재산을 동결하고 점령지역 내의 토지소유권 변동 없음을 발표함과 아울러 소작료 3·7제 채택을 선포했다. 일본인

들은 귀국 전 조선은행권을 남발하며 조선경제를 교란하여 이후 민생을 도탄에 빠트렸다.

- 1. 조선학병동맹 결성
- 2. 재일 조선인 귀국 개시
- 3. 조선 학도대, 애국운동 전개
- 5. 경전(京電, 경성전기회사) 총파업, 일인 간부 퇴진 요구
  일인, 조선은행권 73억 5천5백만 원을 남발(8. 14~9. 5)
- 6. 제주 민족진영 청년, 한라단 조직
- 8. 군정청, 야간통행금지 실시
- 10. 군정청 소작료 3·7제로 결정
  한국애국부인회 결성
- 11. 미, 조선에 점령지행정구호자금(GARIOA) 원조제공 약속(1948년 8월까지 4억 달러)
  미군, 명동성당에서 '승전과 해방' 미사를 올림
- 12. 하지 중장, 아베 조선총독 해임 후 군정장관에 아놀드 소장 임명
  건준 주최로 미군 환영 시가행진
- 14. 조선수산기술협회 결성
- 15. 사단법인 대한농기구협회 설립
- 16. 백미(白米) 한 섬에 50원 90전으로 가격 결정 발표
  조선임업회 창립
- 17. 군정청, 군표 발행하지 않는다고 발표
- 18. 농상국, 재고량이 확보되는 대로 쌀 2.5홉씩 배급한다고 발표
- 19. 조선잠사회 결성
- 21. 군정청 농상국, 젖소 도살 금지 발표
  소작료 3대 7제 채택 선포
  조선과학기술연맹 설립
- 22. 군정청, 점령지역 내의 토지소유권 변동 없음을 발표
- 23. 조선임업개발협회 결성
  열차 전복으로 3명 사망, 50여 명 부상
- 24. 학도대 주최로 4천 명 학생, 연합군 환영 시가행진
  군정청, 파업 중인 경전종업원에게 직장 복귀 명령
- 25. 군정청, 당국 통행증 없이도 38선 이북 여행은 자유라고 발표
  적산 동결(군정법령 제2호 재산이전금지)
- 26. 일본인 경제교란 목적으로 조선은행권 남발
  조선천주교, 조선 독립 감사와 미군 환영식 거행
- 27. 정오 사이렌 부활
  조선이재동포구제회(朝鮮罹災同胞救濟會) 일본구호반 9월 23일 7백 명, 24일 1천 명, 27일 5백 명 재일동포 귀환시킴
- 28. 적산 동결(군정법령 제4호로 일본 육해군 소속 재산을 미국 재산으로 귀속)
  조선금융조합대책 중앙위원회 결성
- 30. 일반회계제도를 폐지하고 군정청 예산제도 실시

문화·생활

1945년 9월 8일, 미군이 진주한 뒤 하지 사령관의 일반명령으로 서울·경인지방은 밤 8시부터 이튿날 아침 5시까지 통행금지가 실시되었다. 9월 29일부터는 밤 10시부터 이튿날 4시까지 야간 통행금지 시간이 단축되었다. 이후 그때마다 치안상태에 따라 조정되었다. 일제에게 압수당했던 한글학회의 우리말 큰사전 원고가 서울역 화물창고에서 발견되었다. 해방 후 각급 학교의 우리말 전면 사용과 함께 국어 교재 부족 현상은 가장 시급히 해결해야 할 문제였다. 이에 한글학회는 강습회를 개최하여 한글 보급에 앞장섰다.

- 1. 민주중보 창간(부산)
  국어교재 편찬 착수
  조선일일신문 창간(부산)
- 3. 영자신문 코리안 타임스 발간 준비
- 4. 조선통신 창간
  체육지도자회, 학교교련 호령 및 도수체조 용어 결정 발표
- 5. 조선초등교육건설회, 한글강습회 개강
  The Korea Times 창간(발행인 김영의·이묘묵)
- 6. The Seoul Times 창간(발행인 민원식)

조선농구협회 창설(이사장 이성구)
프롤레타리아예술동맹 결성
- 8. 한글학회, 일제에게 압수당했던 큰 사전 원고, 서울역 화물창고에서 발견
조선인민보 창간(발행인 김정도)
- 9. 970KHz 제2방송을 제1방송으로 변경, 우리말 방송을 개시하여 서울역 앞에서 미군의 서울입성 실황중계
- 10. 전문대 교육응급대책협의회 개최
8·15 이후 국립도서관의 독서 경향 1위는 문학
조선음악동맹 결성
- 11. 군정청, 교육 부문 담당자로 미 러카아드 대위 임명
한글학회, 한글 강습회 개최
조선공산당기관지 해방일보 창간
- 12. 경성(서울)초등학교후원회 연합회 결성
노동자신문 창간
- 14. 학술원 결성(위원장 백남운)
- 15. 조선체조연맹 설립
조선산악회 발족(회장 송석하)
교육자대회, 교장 총사직 결의
군정청, 경성 중앙방송국 정식 접수
방송국, 인민공화국 조각 발표 방송 요청 거부
조선프로미술동맹 결성
- 16. 군정청, 조선교육위 조직(위원 유억겸·백낙준·김성수 등)
김광섭·이헌구 등, 중앙문화협회 결성
군정청, 중앙방송국에 방송고문관 파견
- 17. 조선프로문학동맹 결성
미군 당국, 조선어학회에 교과서 인쇄 확약
- 19. 해방일보 발간
- 20. 일인 초등학교에 조선인 자제 수용
에스페란토 조선학회 설립(위원장 홍명희)
극단 서울예술극장 조직
- 21. 호남신문 창간(광주)
조선아동문화협회 결성
- 22. 군정청, 교육제도는 종전대로 하기로 한 교육방침 발표
한민일보 창간
민중일보 창간(발행인 장도빈)
프로미술동맹·음악동맹 결성
- 23. 조선육상경기연맹 결성
조선체조연맹 결성
- 24. 법령 제1호 '위생국 설치에 관한 건' 공포
서울시내 초등학교 일제히 개교
조선도서관협회 결성

- 맥아더 포고 제1호 '조선 인민에게 고함' 요지
본관은 태평양 방면 미 육군총사령관으로서 본관에게 부여된 권한으로써 이에 북위 38선 이남의 조선 및 조선인민에 대한 군정을 펴면서 다음과 같은 점령에 관한 조건을 포고한다.
제1조 북위 38선 이남에 대한 최고 통치권은 당분간 본관이 사용한다.
제2조 정부, 공공단체 및 전 공공사업기관에 종사하는 직원과 고용인은 종래의 정상 기능과 업무를 수행한다.
제3조 모든 주민은 본관 및 본관의 권한하에서 발포(發布)한 일체의 명령에 즉각 복종하여야 한다.
제4조 주민의 재산권은 이를 존중한다. 주민은 본관의 별도 명령이 있을 때까지 일상의 직무에 종사한다.
제5조 군정기간에는 영어를 공용어로 한다.
……
일본 요코하마에서 1945년 9월 7일
태평양 방면 미 육군총사령관 육군 대장 더글라스 맥아더

조선마사회, 한국마사회로 개칭
- 25. 군정청, 경성일보 접수
  조선승마협회 결성
- 26. 한글문화보급회 결성
  건국청년회 결성
- 27. 단구미술원(장우성, 배렴, 김영기, 이응로 등) 설립
- 28. UPI 통신특파원 지사 설치, 주재활동 개시
- 29. 조선경제신문 창간

기타

- 한미협회 설립(회장 이훈구)
- 조선탁구협회 발족
- 국제문화협회 설립
- 일본은행권 불법화
- 미 스미드 소령 조선은행 총재 취임

- 맥아더사령부, 맥아더선을 결정하여 남조선 일본 간의
  어획구역을 결정

북한

- 1. 소련군 해주 입성
  함경남도인민위원회 결성
- 2. 황해도인민위원회 결성
- 8. 평양인민위원회, 행정부서 발표(위원장 조만식)
- 16. 소련 정치지도국, 38선 이북 조선인민정부 수립에
  대한 요강 공포
- 19. 김일성, 원산항을 통해 입국
- 21. 북조선 지역 내에 소련 군표 사용
- 28. 현준혁 평양시청 앞에서 피살

"해방이 된께 영산포에서 나오라고 야단이여. 점포 했다고 젊은 사람 점방 하나 있는 데 박완서 씨가 뭣을 하자고 해. "뭣을 할래?" 해서 할 것이 없어. 장소는 제일 좋은 선창가 네거리인데. 과자 집을 시작했는데 여름 더 ㅣ 끼 과자가 안 팔렸어. 바로 십일상회 위에가 일본상인 집이거든? 적산이었거든? 적산이 영산포서 제일 번화지여 네거리. 그리고 선창이고 네거린디. [손가락으로 그리면서] 여가 선창이고 여기서 영암가는 길이여. 요리는 장흥에 들어가는 길인디, 여그 네거리여. 네거린디 십일상회는 여가 서남쪽이고 나는 북향이여. 일본사람 집을 말하자면 내가 들어간께 건준에서도 인정을 해. "너는 일본사람 밑에서 고생했응께 거기서 장사해도 쓰겄다" 그러고는 묵인해 줬어. 그 집 들어가도." - 박이준, 『박남진 1922년 5월 15일생』(한국민중구술열전 8), 눈빛, 2005, pp. 75-76

인천 앞바다 실미도의 등대와 레이더 통신소.
1945. 9. 8
U.S. Army Signal Corps/ NARA

인천항에 근접한 미 육군 부대.
1945. 9. 8
U.S. Army Signal Corps/ NARA

공중에서 본 인천교도소 전경.
1945. 9. 8
U.S. Army Signal Corps/ NARA

인천 시내 전경.
1945. 9. 8
U.S. Army Signal Corps/ NARA

군산비행장 위를 정찰하는 10항모비행전대 SB-2C 정찰기.
1945. 9. 8
U.S. Army Signal Corps/ NARA

공중에서 본 수원비행장 활주로.
1945. 9. 8
U.S. Army Signal Corps/ NARA

105

공중에서 본 여의도와 한강철교.
1945. 9. 8
U.S. Army Signal Corps/ NARA

한강 인도교와 한강 철교.
1945. 9. 8
U.S. Army Signal Corps/ NARA

서울 여의도비행장.
1945. 9. 8
U.S. Army Signal Corps/ NARA

공중에서 본 서울(현 청와대 뒤 북악산 상공).
1945. 9. 8
U.S. Army Signal Corps/ NARA

공중에서 본 조선총독부 일대.
Taken by USS Antietam (CV-36).
1945. 9. 8
U.S. Army Signal Corps/ NARA

공중에서 본 서울
(멀리 보이는
궁궐은 종묘이며
하천은 청계천).
1945. 9. 8
U.S. Army Signal
Corps/ NARA

공중에서 본 서울역 일대.
1945. 9. 8
U.S. Army Signal Corps/ NARA

공중에서 본 보성전문학교(현 고려대)와 그 일대.
Taken by USS Antietam (CV-36).
1945. 9. 8
U.S. Army Signal Corps/ NARA

미군은 인천을 점령한 후 9월 9일 아침, 인천에서 약 25마일 떨어진 한국의 수도 서울로 기차를 타고 이동했다. 미군은 조용한 가운데 도시에 진입했다. 승리의 시가행진도 없었고 환영하는 군중도 없었다. 일본 경찰이 주요 도로에 서 있었고, 그 주변의 한국인들은 감히 환영한다는 말을 입 밖에 내지 못했다. 그날 종일 미군 비행 편대는 일본인과 한국인들에게 위압감을 줄 무력시위를 하기 위해 일정한 간격으로 폭음을 울리며 도시 상공을 비행했다. 38°선 이남의 한반도에 있는 일본군의 공식 항복은 예정대로 9월 9일 오후 서울에 있는 총독부 건물에서 행해졌다. 하지 장군과 제7함대 사령관인 킨케이드(Thomas G. Kincaid) 해군 중장이 이끄는 미국 대표단이 도심의 대로를 지나 식장에 도착하자, 이날 아침 조용히 미군을 맞이한 것과는 대조적으로 수천 명의 한국인들이 열광적으로 환영했다.

항복은 공식 알현실로 사용되던 정교하게 장식된 제1회의실에서 조인되었다. 의식은 16시 08분에 시작되었다. 많은 미국인·일본인·한국인 기자와 사진사 및 참관인들이 참석했다. 일본 대표가 방 안으로 먼저 들어왔다. 그 면면은 아베 노부유키(阿部信行) 총독, 조선군 관구사령관을 의미하는 제17지역 육군사령관인 우에스키 요시오(上月良夫), 진해 경비사령관인 야마구치 요시조(山口儀三) 중장, 그리고 그 외의 장교들이었다. 북한은 소련의 점령하에 있었기 때문에 이들은 38°선 이남의 군대만 대표하였다. 그들은 모두 제복을 입고 있었으나 착검이나 장식은 하지 않았다. 아베 총독이 선두로 들어와 방 한복판에 놓여 있는 긴 탁자의 중앙에 앉았고, 두 사령관은 그 양옆에 앉았다. 일본인들이 들어올 때 아무도 일어서지 않았다. 회담 사진을 보면 하지 장군 뒤에 미국과 한국 국기가 교차해 있었고, 한국 국기는 뒤에도 매달려 있는 것을 볼 수 있었다고 전사가(戰史家)는 기록하고 있다.

– C.L. 호그 지음, 신복룡·김원덕 옮김, 『한국분단보고서 上』, 풀빛, 1992, pp. 123-125

나는 2명의 전우와 함께 일본군을 탈출한 이래 백사봉 동쪽 중턱에 숨어 있다가 해방을 맞이했다. 그때는 춤출 듯이 기뻐 해방 소식을 들은 그날 산에서 내려왔다.

일본군이 패주한 뒤의 함경도 일대는 삼복(三伏)이 방금 지났으나 여전히 무더웠다. 서쪽에는 조선의 알프스라고 하는 2,000미터 높이의 함경산맥과 마천령산맥이 변함없이 웅장한 병풍처럼 둘러싸이고, 동쪽은 푸른 바다가 한없이 전개되고 3미터도 더 넘는 푸른 파도가 밀려와 해안의 바위를 부술 듯 두드려 대거나 해변 모래를 반원을 그리며 씻어냈다. 산야의 초목은 청청히 우거지고 밭에는 오곡이 무르익고 과일은 물들어 갔다. 산간 비탈에서는 꿩이 울고 들에서는 뻐꾹새 울며, 제비는 새끼를 키우기에 분주했다.

그러나 전쟁이 방금 지나 사회는 아직 공백 기간이고 더욱이 소련군의 진주를 눈앞에 두고 주민들은 불안했다. 특히 부녀자들은 공포에 떨기도 했다.

드디어 청진에 상륙하여 일본군을 소탕한 소련군은 대오 갖추어 청라가도(清羅街道)를 따라 남하하기 시작했다.

소련군을 민족의 해방자로서 열광적으로 환영한 우리 북한 동포는 (오늘날 나타난 결과를 제외한다면) 정확했던 것이다. 우리로 하여금 소련군을 그다지도 따뜻하게 맞아들이게 한 것은 다름 아닌 미국이었다. 대일 전쟁의 조기 종결을 바라고, 우리 민족과는 의논도 없이 자(尺)로 그은 것 같은 38도선으로 나누어 소련군을 북반부에 진주시킨 것은 미국의 정책이었기 때문이다. 그러나 북반부에 있는 우리 동포는 과연 소련군만을 조국의 해방자로 간주하였던 것일까? … 아니다. 그렇지는 않다. 우리는 그렇게까지 무지몽매한 민족은 아니다. 우리는 연합국인 미·영·중·소 어느 나라에 대하여도 일본제국을 타노하여 우리를 해방시켜 준 나라로서 고맙게 생각했다. 그러나 단지 지리적 조건으로, 또 현실적으로 희생을 치르면서 진주해 오는 소련 군대에 대하여 한층 감사의 뜻을 갖는 것은 인간의 자연적인 감정이다. - 주영복, 『내가 겪은 조선전쟁』, 고려원, 1990, pp. 21-23

정령군으로서 인천을 통해 한국에 처음 진주한 미 7사단 17보병연대 장병들.
1945. 9
U.S. Army Signal Corps/ NARA

'100,000 YANKS MARCH ON CAPITAL OF KOREA'라는
제목으로 미군의 서울 진주를 보도한
볼티모어 뉴스-포스트 신문 제1면.
1945. 9. 8
눈빛아카이브 DB

미해군 함장 바베이 중장(앞)과 하지 장군이
인천 앞바다에 정박한 함선 위에서
인천 시내를 바라보고 있다.
1945. 9. 8
U.S. Army Signal Corps/ NARA

인천 시내를 가로질러 서울로 향하는
미 7사단 17보병연대 장병들.
1945. 9. 9
U.S. Army Signal Corps/ NARA

인천 진주 후 연합군 환영 아치 앞에서
포즈를 취한 미군 수병들.
1945. 9
U.S. Army Signal Corps/ NARA

서울역에 도착한 미 7사단 제32보병연대 소속 병사들이
기마경찰의 인도로 조선총독부를 향해 행군하고 있다.
1945. 9. 9
U.S. Army Signal Corps/ NARA

서울에 진주하는 미군들을 환영하는
조선의 아이들.
1945. 9. 9
U.S. Army Signal Corps/ NARA

서울로 진군해 온 미 7사단 장병들을
환영하는 학생들.
1945. 9
U.S. Army Signal Corps/ NARA

"해방되자마자, 사람들이 동네 신사를 다 때려 부셨거든. 우리야 신기해서, 그 안에 들여다보고 했는데, 온 몇 개밖에 안 나오더라고. 학교 댕길 때 아침 소회하면, 일본 천황이 있는 동쪽을 보고 절을 했다고. 당시 구산면 에서도 사람들을 강제동원해서 신사를 짓고 있었는데, 이기 완성도 못하고 해방을 맞았제. 해방 되고, 삼개 월간은 쉬었어. 십일월경 다시 학생들 모아가 학교서 배우는데, 『한글 첫걸음』이라는 책으로 공부를 했는데, 원래 다음해 삼월이 졸업인데, 우리는 유월 이십오일날 졸업을 안했나. 왜 그런가 하니까, 아무것도 배운 게 없응께, 한글도 제대로 못 배웠으니까, 할 수 없이 유월까지 연장된 거지."- 이경미, 『이기범 1933년 6월 1일 생』(한국민중구술열전 6), 눈빛, 2005, pp. 40-41

수레에 무기류를 싣고 온 일본군이미
제7보병사단 병력에 의해 검문을 받
고 있다. 일본군은 미군에 의해
즉시 무장해제되었다.
1945. 9. 21
U.S. Army Signal Corps/ NARA

무기류를 넘겨 주고자 미군의 호위 속에
이동하는 일본군.
1945. 9. 21
U.S. Army Signal Corps/ NARA

무장해제한 일본군들의 총검을
한데 모으고 있는 미군들.
1945. 9. 21
U.S. Army Signal Corps/ NARA

개성에서 조우한 미군과 소련군.
1945. 9
U.S. Army Signal Corps/ NARA

◀ 일본군들을 검색하고 있는 미군.
미군은 한반도 남부 지방으로 이동해 온 일본군의
소총, 총검, 포 등의 무기를 압수하고 무장해제시켰다.
1945. 9. 21
U.S. Army Signal Corps/ NARA

행군해 내려오는 소련군들.
개성, 1945. 9
눈빛아카이브 DB

미군 지프 주위에 모여든 소련군과 아이들.
1945. 9
U.S. Army Signal Corps/ NARA

개성에 처음 주둔한 외국 군대는 미군이었다. 그들이 주둔할 때 구경을 나가 보고 그 자유분방한 행진에 놀랐다. 껌을 쩌덕쩌덕 씹기도 하고 여자들에게 눈도 찡긋찡긋하고 어린이를 번쩍 안아 보기도 했다. 도대체 군기라는 게 없는 군대 같았다. 한길 가마다 담벼락마다 벽보가 붙기 시작한 것도 그 무렵부터였다. 자유니 민주주의니 인민이니 하는 말은 생전 처음 들어 보는 경이로운 말이었다. 친일파 매국노를 처단하자는 구호도 많았고 누구누구 절대 지지, 누구누구 결사반대라는 의사표시도 난무했다. - 박완서, 『그 많던 싱아는 누가 다 먹었을까』, 웅진출판, 1992, p. 178

134

북한에 진주한 소련군.
1945. 10
눈빛아카이브 DB

38선 이남 지역 일본군 항복문서조인식에서
서명하는 총독부 관리.
1945. 9. 9
U.S. Army Signal Corps/ NARA

총독부에서 일본군 항복문서조인식에서
서명하는 연합군 측 장성들.
(왼쪽에서 세 번째가 미 주둔군 총사령관 하지 중장)
1945. 9. 9
U.S. Army Signal Corps/ NARA

총독부(후 군정청-중앙청) 앞 국기게양대에서 일장기를 내리는 미군들.
1945. 9. 9 U.S. Army Signal Corps/ NARA

총독부 앞 국기게양대에 성조기를 게양하는 미군들.
1945. 9. 9 U.S. Army Signal Corps/ NARA

일장기를 내리고
성조기를 게양한
직후.
1945. 9. 9
U.S. Army Signal
Corps/ NARA

노획한 일장기를 펼쳐 들고 총독부 앞에서
기념촬영을 하고 있는 미군들.
1945. 9
성낙인 사진

노획한 일장기를 펼쳐 들고
기념촬영을 하고 있는 미군들.
1945. 9
성낙인 사진

연합국 국기를 들고 환영 퍼레이드중인 여학생들.
1945. 9
성낙인 사진

서울 시내를 행진중인 특별감찰대 대원들.
1945. 9
성낙인 사진

휴일을 맞아 인력거를 타고
서울 시내관광을 하고 있는 미군들.
1945. 9
이경모 사진

휴일을 맞아 서울 중심가 정자옥(구 미도파백화점,
현 롯데영플라자) 앞에 나와 있는 미군들.
1945. 9
이경모 사진

9월 상순에 서울에 올라와 본 적이 있다. 이리와 대전에서 하룻밤을 보내면서 3일 만에 서울역에 내렸는데
서울은 피란민들로 무척이나 혼잡하였다. 종로 화신백화점 앞에서 전차에 많은 사람들이 매달려 타고 가는
모습을 보았다. 명동 입구에 있었던 미도파백화점은 당시 정자옥이란 일본 백화점이었는데 미군이 피엑스
(PX)로 사용하고 있었다. 그곳에서 미군들이 앉아 있는 모습과 인력거를 타고 서울 시가지를 구경하는 미군
들을 촬영하기도 하였다. - 이경모, 사진집 『격동기의 현장』, 눈빛, 2010, p. 195

해방 직후 종로 네거리 풍경으로 도심을 가로 지르는 전차에는
승객이 만원으로 전차 밖에까지 매달려 있다. 종각 앞 화신백화점 정문 위에는 연합국 국기가
게양되어 있고, 건물 위에는 영어와 러시아어로 연합군을 환영한다는 플래카드가 걸려 있다.
1945. 9. 이경모 사진

해방과 더불어 그어진 38선.
U.S. Army Signal Corps/ NARA

5일 조선주둔 미 점령군사령부는 군정청장관 고문에 조선인 11명을 임명했다. 그 고문회의 의장에 김성수를 비롯한 김용무·김동원·송진우·이용설·전용순·오영수·강병순·윤기익·조만식·여운형 등이었다. 이들 가운데 평양에 있는 조만식은 지리상 참여할 수 없었고, 여운형은 첫 회의에 나가 참여 인사들이 한민당 출신이거나 관련 인물임을 알고 즉시 사퇴했다. 이들 고문과 함께 미군정청 통역관들은 군정기간 동안 막강한 권력을 휘둘렀다. 맥아더는 포고령 제1호를 통하여 "군정기간에는 영어를 공용어로 한다"고 선언하였다. 미 군정기간 미군들은 현지사정에 어두웠기에 '고문정치' '통역정치'가 활개를 쳤다.

정치·행정

16일 이승만이 미국에서 귀국하였다. 이승만은 귀국하는 길에 도쿄에서 맥아더의 환대를 받았다. 하지는 이승만이 귀국한 다음날 신문기자들을 배석시킨 가운데, 그를 '조선의 진정한 애국자'라는 찬사를 보냈다. 이승만은 귀국 제1성으로 "나를 따르시오. 뭉치면 살고 흩어지면 죽습니다"라고 대동단결을 역설했다. 국내 정가에서 신탁통치 문제가 불거져 나오자 10월 30일 아놀드 군정장관은 신탁통치는 군정당국의 의사가 아니라는 기자회견을 했다.

- 2. 제주도 주둔 일본군, 주한 미군에 투항
- 4. 하지, 여운형과 회담에서 식량과 모든 생산기관 운영 문제에 관한 협력 요망
- 5. 군정청 장관 고문에 조선인 11명 임명(위원장 김성수)
  좌우 진영 요인 합작 회담
- 6. 아놀드 군정장관, 3·1 독립선언서 서명인 가운데 재경 6인 초청 간담
- 7. 건국준비위원회, 인민공화국으로 발전 해산
- 8. 안재홍, 38선 철폐와 임시정부 환국에 대해 하지와 요담
- 9. 아놀드 군정장관, 38선 철폐문제에 관한 기자회견
  군정법령 제11호로 치안유지법·예비검속법·출판법 등 폐기
- 10. 아놀드 군정장관, 인공 부인 성명
  32개 정당단체, 38선 철폐와 일인재산 매매금지 등 토의.
- 11. 각급법원 재판권 조선인에게 위임
- 12. 조공·건국동맹·한국·국민 4당 대표, 통일전선문제 논의
- 13. 여운형, 군정고문 사임
- 14. 각 정당행동통일위원회, 일본군 무상해제되는 대로 연합군 조속 철수 요구
- 15. 군정청, 미국인 선교사 3인 고문으로 초빙 결정
- 16. 이승만 환국
  하지, 군정 성격 천명
  군정청, 조선인 법관 70명 임명
- 17. 이승만 환국 제1성으로 전 국민의 대동단결 역설
  인공 중앙인민위원회, 이승만 귀국 환영 담화 발표

151

국민당, 의회제도 수립, 국방군 편성 등 18개항 정책 발표

- 20. 미 국무성 빈센트 극동부장 내한, 조선 신탁관리 의사 표명
  미군정청부대 본격 진주 시작
  중경 임정, 임정의 환국 등 당면 문제 언명
- 21. 허헌·이강국 등 이승만 방문, 인공주석 취임을 요청
  군정청 경무부 창설
- 22. 이승만, 민족단일전선·38선·신탁문제 등에 관한 기자회견
  건국동맹(1944. 8. 10. 결성된 지하조직), 조선인민당으로 개칭
- 23. 조선공산당중앙위원회에서 북조선분국 설립 승인
- 24. 군정청, 일본인 철퇴령 발표
- 25. 미 국무성, 신탁관리제 등 관계국과 교섭중임을 발표
  독립촉성중앙협의회 결성(총재 이승만)
  이승만, 한민당·국민당·장안파공산당 등과 회합
  한민당, 긴급 간부회의에서 신탁관리제 실시 절대 반대 결의
  인공 중앙인민위원회, 신탁관리제 실시 배격 담화
- 26. 정당 사회단체 연합으로 신탁통치 반대성명
  언더우드(원한경), 군정청 고문관 취임위해 서울 도착
- 27. 트루먼 미 대통령, 미국 외교원칙 12개항 발표
- 28. 국민당, 신탁제 반대성명과 결의문 발표
  이승만, 하지와 요담
- 30. 아놀드 군정장관, 신탁통치는 군정당국의 의사 아니라고 기자회견
  조선공산당 대표 박헌영, 민족통일전선 결성
- 31. 이승만, 박헌영과 회담
  건국동맹, 신탁관리 절대반대성명
  천도교 청우당 결성

사회·경제

조선은행 발행고가 폭발적으로 늘어났다. 8월 15일 해방 당시 49억여 원이던 발행고가 9월 26일 현재 86억여 원에 이르러 한 달 남짓 만에 통화량이 70% 이상 증가로 천정부지의 물가고를 불러왔다. 그러자 하지 사령관까지 물가고에 관해 언급했지만 진정될 기미는 보이지 않았다. 해방 직후 조선은행권의 대량 발행은 일본인들이 귀환자금을 조달하기 위하여 발행했다는 설과 조선총독부의 정치자금 필요성 때문이었다는 설 등이 난무했다. 아무튼 조선은행권 남발은 해방 정국의 경제혼란을 가중시킨 주범이었다. 국내에 있던 일본 신궁이 모두 철폐되었다. 일본인은 귀환수송 특별열차 운행으로 24일 현재 17만여 명이 본국으로 송환되었고, 15만여 명의 재일 동포들이 일본에서 귀환했다.

- 1. 조미 환율 50대 1로 결정
  조선비료협회 결성
  군정청, 남조선 광산 접수 개시
- 2. 조선은행 신 백원 권 발행 공고
  하지, 해외 임시정부 귀환 및 물가고에 관해 언급
- 3. 개천절 기념식
- 4. 군정청, 우키시마(浮島)호 사건 진상 발표.
- 5. 조선혁명자구원회 결성
  법령 제9호, 소작료 3분의 1의 '최고 소작료' 결정 공포
  군정청, 식량 통제 해제하고 미곡 시장을 자유화
- 6. 조선항공협회 창설
- 7. 군정청, 어획구역을 각 해안 50리까지 허가
- 8. 일본 신궁 모두 철폐
- 9. 물가, 쌀 1말에 45원·고기 1근에 15원
- 10. 일본정부, 조선인 귀환취급요령 발표
  일본 민간인, 본국 송환 시작
- 11. 군정청, 일인재산 매매 때 정당한 수속 거치면 매입 가능하다고 발표
  오세창 발기로 해방기념탑 건립 준비
  경성방직 총파업
- 12. 인천을 제물포로 개칭
  화신종업원, 최저생활보장 요구하며 농성
  조선출판노조 결성
- 14. 38도선 이남의 쌀 생산량 2천1백만 석 예상

- 15. 인공 중앙인민위원회, 경제대책간담회 개최키로
- 16. 경기도경찰부에 기마경찰대 조직
- 19. 미국의 경축일을 공휴일로 한 공무원 출퇴근 규정 마련
- 20. 송진우·원세훈 등 각계유지 귀국 지사 영접위원회 조직
  서울시민 주최 연합군환영대회 군정청 광장서 거행
- 23. 일인 사유재산 매각 허용, 대금 지불은 군정청 구좌에 예금 지시
- 24. 일본인 귀환수송 특별열차 운행
- 26. 천도교임시대회에서 최린 출교 결의
- 27. 서울시장, 시민의 납세협조 요망
  일본인 철도종사원을 총 사직시킴
- 28. 군정청, 재일동포 귀환자 총 17만 6천 명이라고 발표
- 29. 조선학도대, 11월 3일을 학생의 날로 결정
- 30. 파업·태업 등 노동쟁의를 허용
  폭리에 대한 취체 법규 및 출판 등록에 관한 법령 제1호 발표
  조선의 소금과 미국·일본의 석탄교환 시작
- 31. 조선 전업, 압록강수전·경전·남선 전기 등으로 개편
  조선은행권 발행고 121억 9,770만 원으로 월 평균 6억 2천만 원 증가

문화·생활

해방 후 첫 한글날을 맞아 성대한 기념식이 열렸다. 이날을 맞아 각종 행사와 가두행진, 강연 등이 줄을 이었다. 조선어학회에서는 일제에게 압수되었던 한글사전『우리말광』원고를 경성역(서울역) 창고에서 되찾아 20만 어휘의 '우리말광'을 펴내기로 하였다. 전 배재와 전 휘문학교의 야구대항 경기가 부활하고, 해방경축 종합체육제가 서울운동장에서 개최되었다. 해방 후 한때 화단에서 깡통문화가 유행했다. 미군용 깡통을 잘라 물감을 담은 팔레트를 비롯하여 붓대의 털을 깡통조각으로 묶기도 했다. 또 일반 가

정에서는 미군이 쓰다버린 깡통을 펴서 두레박, 세수 대야 등 온갖 가재도구도 만들었다.

- 1. 경성대 의대, 이재민 구호병원 개원
  군정청, 조선서적인쇄주식회사 접수하여 은행권과 교과서 인쇄
  사립초등학교 개교
  조선체육회 발족
  중등 이상 학교 개교
- 2. 조선어학회, 일제에게 압수되었던 '우리말광' 원고 경성역(서울역) 창고에서 되찾음
  군정청, 매일신보사 접수
- 3. 미군 병사들, 인력거를 타고 시내 관광
- 4. 혁명신문 창간
  동신일보 창간
- 5. 조선 승마협회 설립
  신조선보 창간
  자유신문 창간
  진단학회, 역사 지리교과서 편찬
  고려교향악단(현제명), 서울 약초극장(스카라극장)에서 미국 환영연주회 개최
- 6. 조선레코드문화협회, 레코드 보급에 박차
- 7. 경기매일신문 창간
  군정청, 경성대 총장에 안스테드 임명
  경기고녀에 고황경, 무학고녀에 차사백 등 최초의 여자 교장 탄생
  댄스홀 및 술집 난립
- 8. 인민해방보 창간(부산)
- 9. 한글날 기념식 거행 및 시가행진
  함흥시 조선어학회사건으로 옥사한 이윤재·한징 추도식
  해방일보 창간(조선공산당)
- 10. 대한미술협회 창립
  조선축구협회 창립
  영남일보 창간
- 11. 독립신문 창간
  대구신보 창간

- 14. 전 배재와 전 휘문 야구대항경기 부활
  해방 후 최초로 신문연재 소설 등장(자유신문, 김남천의 '1945년 8월 15일')
- 15. 국립도서관 개관
  경학원 대성전에서 추계 석존제 거행
  조선조정협회 창립
  조선야구협회 창립
  조선도서관사업회 설립
- 16. 군정청, 경성제국대학을 경성대학으로, 공자묘경학원을 성균관으로 공포
  한자폐지실행화 발기준비위원회 조직
- 19. 호남매일신문 창간
- 21. 조선과학자동맹 결성
- 22. 조선음악가협회 결성
  경성여자전문학교를 이화여전으로 환원
- 23. 좌익계 주동의 전국신문기자대회 개최(서울 YMCA회관)
  청년단체대표회 결성
- 24. 군정청, 중앙방송협회장에 W. A. 글라스 중령 임명
  조선문예신보 창간
- 25. 매일신보 제호를 서울신문으로 개제
- 27. 해방경축종합체육제 서울운동장에서 개최(대회장 이상백)
- 30. 미군정당국, 출판등록제 실시
  조선예술극장 창립
- 31. 인천시립박물관 개관

북한

- 1. 평양민보 창간
- 8. 북조선 5도인민위원회 각도 대표자회의 개최(평양)
- 10. 조선공산당 이북5도 책임자 및 열성자연합대회에 김일성 등장
- 13. 조선공산당 이북5도 책임자 및 열성자대회 폐막, 조선공산당 북조선분국 설치(책임자 김일성)
- 14. 평양시 군중대회 개최, 이 대회에서 김일성 연설
- 18. 평양시에서 미곡 배급 개시
- 20. 조선공산당 북조선분국 결성 공포
- 21. 소작료 3·7제에 관한 규정 총칙 발표
- 23. 조선공산당중앙위원회에서 북조선분국 설립 승인
- 28. 북조선 5도행정국 정식 발족(조만식 위원장 취임 거절)
- 29. 북조선, 소련 영화 수입 계약 체결

▶ 연합군 환영 현수막이 걸려 있는
숭례문(남대문). 1945. 10
눈빛아카이브 DB

155

연합국 환영대회에 참석한 조
선인 인사들과 연합군
고위 장교단.
1945. 10. 20
U.S. Army Signal Corps/
NARA

연합국 환영대회. 1945. 10
U.S. Army Signal Corps / NARA

연합국 환영대회 연단석. 중앙에
하지 장군이 앉아 있다.
1945. 10. 20
U.S. Army Signal Corps/ NARA

● 16일 발표한 하지의 미군정 정의

군정청은 일본의 통치로부터 인민의 인민을 위한 인민에 의한 민주주의 정부를 건설하기까지의 과도기간에
38도 이남의 조선지역을 통치, 지도, 지배하는 연합군 최고사령관 지도하에 미국군으로서 설립된 임시정부
이다. 군정부는 남부 조선에 있어서 유일한 정부다. 군정부는 군정청 본부 및 도청, 군을 통하여 설립된 각 기
관을 운영하는 것이며, 군정부의 유일한 정부는 조선의 복리와 조선을 위하여 견고한 정부와 건전한 경제의
기초를 확립하는 데 있다. 조선국민이 군정의 법령에 순응치 않거나 또는 협력을 게을리함은 오직 국가의 완
전독립 시일을 지연시키며 따라서 법령에 순응치 않거나, 또는 고의로 군정을 훼상하는 원인을 만들 뿐이다.
군정부는 인류의 침략자 압제자를 정복한 연합국의 모든 실력으로 지지되어 있다. 따라서 연합국의 명령을
실시하기 위해서는 언제나 실력 행사를 할 준비가 되어 있다. 그러나 실력 발동을 필요치 않도록 희망하는
바이다. - 매일신보 1945. 10. 16

연합국환영대회 후에 거행된
축하 행진.
1945. 10. 20
성낙인 사진

미군정청(조선총독부, 후 중앙청) 광장에서
연합국 환영대회기 열렸다.
단상에는 태극기를 중심으로 미국, 중국, 소련,
영국 등 4대국 국기가 게양된 가운데
연합군이 소개되자 내빈들이
환호하고 있다.
1945. 10. 20
현일영 사진

조선인 내빈 대표로 연합국 환영대회에서
축사를 하고 있는 이승만.
1945. 10. 20
성낙인 사진

연합국 환영대회에서 연설하는
이승만과 이를 지켜보는 하지 장군.
1945. 10
U.S. Army Signal Corps/ NARA

● 이승만 환국 제1성 방송 요지

"조선을 떠난 지 33년 만에 처음으로 돌아와서 그립던 산천과 고국 남녀동포를 만나니 기뻐서 웃고도 싶고 슬퍼서 울고도 싶습니다. … 내가 이번에 이렇게 온 것은 임시정부나 외교관계로 온 것이 아니고, 다만 평민의 자격으로 온 것입니다. 내가 조선에 소문 없이 온 것은 비밀관계나 어떤 정당의 연락이 있어 온 것이 아닙니다. 모든 정당과 당파가 협동하여 우리 조선의 완전무결한 자주독립을 찾는 것이 나의 희망하는 바입니다. 지금 이 기회는 전무하고 또한 후무할 기회입니다. 미국인들이 우리들에게 한 번 기회를 주어 보자는 것이니 우리가 이때에 사감과 사리를 버리고 합심 협력하여 회복을 주장하면 잘될 수 있다는 것을 나는 확신하는 바입니다. 이 말을 일반 동포에게 일일이 잘 알려주시기를 바랍니다.

미국 정부나 국민은 우리의 독립을 절대로 주장하고 있습니다. 일본에서 조선까지 오면서 보니 맥아더 대장, 하지 중상, 아놀드 소장은 모두 우리들의 동정자들이었습니다. 그분들은 말하기를 한인이 차차 배워가며 자치 자립할 능력을 얻을 수 있다고 말했습니다. 끝으로 다시 한 번 부탁할 것은 남녀 여러분은 일심합력으로 이 기회를 잃지 말기를 바라는 바입니다."

군정청 앞에서 열린 연합국 환영대회에서 함께
포즈를 취한 군정장관 아놀드 소장과 이승만.
1945. 10. 20
U.S. Army Signal Corps/ NARA

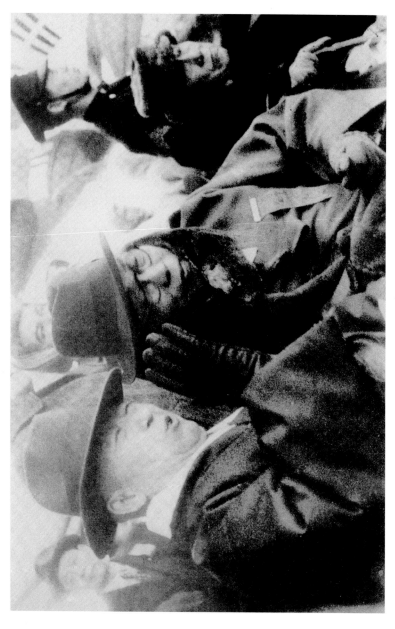

임시정부 환국환영식에 참석한 이승만과 김구.
1945. 12. 1
눈빛아카이브 DB

연설중인 이승만.
1947 U.S. Army Signal Corps/
NARA

이승만이 국회의장으로 선출되자 축하를 받고 있는 프란체스카 여사. 1948. 5. 31 U.S. Army Signal Corps/ NARA

재헌국회에서 대통령으로 선출되어 수락연설을 하고 있는 이승만.
1948. 7. 20 U.S. Army Signal Corps/ NARA

대한민국 정부수립 축하식에 참석한 이승만 대
통령과 맥아더 총사령관, 하지 장군.
1948. 8. 15
U.S. Army Signal Corps/ NARA

뉴욕에서 결혼식을 마친 후
하와이에 도착한 이승만 부부.
1934
ⓒ 이화장

▶ 미국 여행중 와이오밍주에 있는
옐로우스톤 국립공원 입구에 선 이승만.
1933. 9. 17
ⓒ 이화장

이승만과 김일성

박도

1945년 8월 15일 이후부터 1948년 8월 15일, 그리고 그해 9월 9일까지는 해방 공간으로 미소 군정기 및 좌우익이 극심하게 난립한 시기였다. 이 시기에는 해외에서 독립 운동을 하다가 돌아온 지사, 국내 감옥에서, 또는 지하에서 은둔생활을 하면서 해방의 그날을 묵묵히 학수고대한 지사들도 세상 밖으로 나와 새나라 건설에 저마다 힘을 보태고자 했던 군웅할거 시대였다. 그 가운데 신생 대한민국 초대 대통령이 된 이승만과 조선민주주의공화국 초대 내각 수상이 된 김일성은 38 이남과 38 이북에서 단연 독보적 인물이었다. 그래서 '이승만과 김일성'라는 제목으로 두 사람이 38 이남과 이북에서 지도자로 부상한 단면을 정리해 본다.

1. 프로필

이승만(1875-1965)

1875년 황해도 평산군 마산면 대경리 능내동에서 출생하다. 본관은 전주, 초명은 이승룡(李承龍), 호는 우남(雩南)이다. 양녕대군의 16대손으로, 아버지 이경선(李敬善)과 어머니 김해김씨 사이의 셋째 아들로 태어났다.

1877년 서울로 이사해 서당에서 한학을 수학하다가 1895년 배재학당에 입학하였다. 1891년 박승선과 결혼했다. 1898년 만민공동회에 참여하면서 독립협회에 적극적으로 참여하기 시작하였다. 1899년 1월 고종 황제 폐위 음모사건에 연루되어 5년 남짓 한성감옥에 투옥되었다. 1904년 8월 9일 특별사면령을 받고 석방되었다. 그해 11월 민영환과 한규설의 주선으로 한국의 독립을 청원하고자 미국으로 갔다. 1905년 2월 워싱턴 D. C. 조지 워싱턴 대학에 입학한 뒤 그해 8월 루스벨트 대통령과 만났다. 이승만은 이 자리에서 한국의 독립 보존을 청원하였다. 1910년 8월 귀국 후 황성기독교청년회(YMCA) 청년부 간사이자 감리교 선교사로 활동하던 중 1912년 '105인 사건'에 연루되어 일제의 압박을 받자, 그해 4월 다시 도미하였다.

1900년대 초, 옥중에서 만났던 박용만의 도움으로 1913년 2월 하와이 호놀룰루로 활동 근거지를 옮긴 후 한인감리교회의 한인기독학원을 운영하였으며, 『태평양 잡지』를 발간하였다. 하와이에서 박용만이 무력투쟁을 위해 국민군단을 창설하자 이승만은 교육을 통한 실력양성을 주장하면서 서로 대립하였다. 1918년 이승만은 한국을 국제연맹의 위임통치하에 둘 것을 요청하는 청원서를 윌슨 대통령에게 제출하였다.

이승만은 1919년 3·1운동 직후 러시아령 임시정부(1919. 3. 21. 수립)에 외무총장으로 임명되었고, 그해 4월 10일 구성된 상해 임시정부에서는 국무총리로, 4월 23일 선포된 한성 임시정부에서는 집정관 총재에 임명되었다. 1919년 6월에는 대한민국 대통령의 명의로 각국 지도자들에게 편지를 보내는 한편 워싱턴에 구미위원부를 설치하였다. 상해 임시정부 의정원은 1919년 9월 6일 이승만을 임시 대통령으로 추대하였고, 1920년 12월부터 약 6개월 동안 상해에서 대한민국 임시정부 대통령직을 수행하였다. 그는 1921년 5월 워싱턴에서 개최될 군축회의에 참석을 목적으로 상해에서 미국으로 돌아갔다.

1925년 3월 11일, 임시정부 의정원은 이승만을 탄핵해 대통령직을 박탈하였다. 임시정부 인사들은 이승만이 주장한 국제연맹 위임통치안에 대해 강하게 비판한 데다가 상해 임시정부에서 직접 직책을 수행하지 않았다는 사실과 함께 임시정부 의정원의 결의를 무시하였다는 것이 주요한 이유였다. 1933년 1월 제네바에서 열린 국제연맹 회의에서 한국의 독립을 청원하기 위한 활동을 전개하다가 오스트리아인 프란체스카 도너를 만나 1934년 10월 뉴욕에서 결혼하였다.

1933년 11월 이승만은 국제연맹에서의 활동을 인정받으면서 임시정부 국무위원에 선출되었고, 1934년에는 외무위원회 외교위원, 1940년 주미외교위원부 위원장으로 임명되었다. 1942년 8월 29일부터 '미국의 소리(Voice of America)' 방송에서 일본의 패망과 독립운동의 필요성을 강조하는 방송을 시작하였고, 그해 9월에는 미국 육군전략사무처(Office of Strategic Services)와 연락해 임시정부의 광복군이 미군과 함께 작전을 수행할 수 있도록 연결하는 활동을 하였다.

김일성(1912-1994)

1912년 4월 15일 평안남도 대동군 고평면(현, 평양시 만경대)에서 아버지 김형직(金亨稷)과 어머니 강반석(康盤石) 사이에서 장남으로 태어났다. 본명은 김성주(金成柱)다.

어린 시절 보통학교인 창덕학교를 거쳐 1926년 부모가 있는 만주로 건너가 길림에 있는 육문중학교에 입학하였다. 재학중에 타도제국주의동맹·반제청년동맹·공산주의청년동맹 등을 조직하고, 1929년에는 만주지구 공산주의청년동맹 서기로 활동하다가 그해 10월 일본 관헌에 체포되어 길림 감옥에서 6개월간 복역하였다. 1932년 4월에 항일유격대를 조직하여 장백산맥과 송화강 유역에서 항일무장투쟁을 전개하였고, 1934년에 중국공산당 지도하에 있는 항일유격부대와 연합하여 동북항일연군으로 개편, 제1로 2군의 지휘간부로 활동하였다. 제2군은 주로 조선인으로 구성되었기 때문에 조선인민혁명군이라고도 하였다.

1936년에는 통일전선 조직이며 지하혁명 조직인 조국광복회를 조직하고 '10대 강령'을 발표, 국내에 광복회 지하조직망을 구축하는 공작을 전개하였으며, 1937년 6월에는 국내조직과 연계하여 압록강 상류인 혜산진의 보천보(普天堡)를 습격하였다. 이후 두만강 일대의 국경지대에서 유격활동을 하다가 그 뒤 소조활동으로 전환하면서 일본 토벌군의 추격으로 연해주 지방으로 이동, 1945년 8월 소련군의 진격과 함께 대원들을 인솔하고 원산으로 상륙하였다. 이렇게 입북한 김일성을 중심으로 하는 항일유격대들은 북한 권력의 핵심세력으로, 그리고 김일성은 처음부터 당과 국가, 군의 수위(首位)에 있으면서 사회주의혁명과 건설을 주도하였다.

1945년 10월에 조선공산당 북조선분국이 조직되었는데 11월에 분국의 책임비서로 선출되었다. 이에 앞서 10월 14일에는 평양에서 '김일성 장군 개선환영 군중대회'가 열렸다. 1946년 2월 각 지방에 조직된 인민위원회를 바탕으로 정권기관인 북조선인민위원회가 구성, 위원장으로 선출되었다. 북조선임시인민위원회가 밝힌 11개조 당명과업과 20개조 정강에 기초하여 반제·반봉건 과제인 지주제를 청산하는 토지개혁과 일본인 소유인 중요 산업의 국유화를 실시함과 아울러 남녀평등권법령과 노동법을 발표하였다. 1946년 8월 조선공산당은 조선신민당과 합당하여 대중정당인 북조선노동당으로 당명을 바꾸고, 그해 말에 역사상 처음으로 선거가 실시되어 1947년 2월 김일성을 위원장으로 북조선인민위원회가 수립되었다.

1948년 3월에 개최된 제2차 북조선노동당대회에서 부위원장으로 선출되었다. 그해 4월에는 56개 정당과 사회단체 대표가 참가한 남북연석회의를 주도하였다. 그해 9월 9일 조선민주주의인민공화국이 창건되자 내각 수상으로 선출되었다.

2. 집권 배경

이승만

1945년 8월 10일, 일본의 포츠담회담 수락으로 갑작스럽게 종전을 맞은 미국은 한반도 남쪽에 친미정권 수립을 위해 춘추전국시대처럼 군웅할거하는 많은 인사를 하나하나 저울질하였다. 여운형, 김구, 김규식, 이승만 등 쟁쟁한 인사들이 물망에 올랐다. 최종 이승만이 낙점을 받았는데 거기에는 미국 군부의 입김이 크게 작용하였다.

해방 후 이승만의 행적을 살펴보면 그는 해방 후 두 달이 지난 1945년 10월 16일 귀국하였다. 이승만은 귀국 직전 일본 도쿄에서 맥아더 장군, 하지 미군정 사령관과 만났다. 이들과 회합을 한 후 귀국한 이승만은 조선인민공화국의 주석과 한국민주당의 영수 직을 모두 거절하였다. 그 대신 1945년 10월 23일 독립촉성중앙협의회를 조직해 그 회장에 추대되었다. 독립촉성중앙협의회는 초기에 조선공산당과 한국민주당 등 좌우익의 거의 모든 조직들이 참여한 단체였지만, 친일파 처리에 대한 이견과 이승만의 강한 반공주의로 조선공산당을 비롯한 좌익계 인사들은 모두 이 조직에서 탈퇴하였다.

1946년 2월 14일 미소공동위원회의 개최를 앞두고 이승만은 미군정이 조직한 남조선대한국민대표민주의원에 참여해 의장에 선출되었다. 그러나 미군정이 소련군과 타협해 한반도 문제를 해결하려 하자 의장직을 사퇴하고 지방 순회에 나섰다. 그는 미소공동위원회에 반대하며, 1946년 6월 3일에는 정읍에서 "남쪽만의 임시정부 혹은 위원회 조직이 필요"하다고 발언해 38선 이남에서라도 단독정부를 세워야 한다고 주장하였다.

1947년 9월 미소공동위원회가 완전히 결렬되었다. 그즈음 미국은 매카시즘 선풍

이 일었다. 반공 일변도인 이승만은 미 군부에서 가장 선호하는 인물일 수밖에 없었다. 맥아더 등 미 펜타곤(군부)의 지지를 받는 이승만의 집권은 땅 짚고 헤엄치기였을 것이다. 그 무렵 한반도 문제가 유엔으로 이관되자 이승만은 유엔 감시하에서 실시되는 선거에 참여하였다. 1948년 5월 10일 실시된 국회의원 총선거에서 이승만은 동대문구 갑 지역구에 단독으로 출마해, 투표 없이 당선되었다. 1948년 5월 31일 국회가 소집되자 선출된 국회의원 중 가장 나이가 많았던 그가 의장에 선출되었으며, 7월 20일 국회에서 선거에 의해 대한민국 대통령에 선출되었다.

김일성

1945년 5월, 독일은 연합군에게 손을 들었다. 그 이전인 1945년 2월, 소련은 크림반도 알타에서 열린 연합국 정상회담에서 미국으로부터 많은 양보를 얻어 낸 뒤, 180일 이내로 태평양전쟁에 참전키로 서로 양해했다. 1945년 8월 8일은 소련이 미국에게 태평양전쟁에 참전키로 약속한 날이었다. 노회한 스탈린은 대독일 전에서 승전한 뒤 전쟁으로 지친 소련군의 전력을 한동안 추스르며 그동안 느긋하게 일본 관동군이 중국 만주(동북지방)에서 지치도록 죽 동북아 정세를 관망을 하고 있었다. 그런 가운데 1945년 8월 6일 미국이 원자탄을 터뜨려 하루아침에 태평양전쟁의 승기를 거머쥐자 소련은 이때를 기다렸다는 듯이 잽싸게 일본에 선전포고를 하는 기지를 보였다. 소련은 미리 이런 날을 대비하여 일찍이 동북항일연군을 자기네 영내로 받아들인 선견지명에 쾌재를 불렀다.

이런 분위기에 편성하여 소련극동군 소속 동북항일연군 교도려(88여단)는 장차 소련의 조선 진공에 대비코자 290여 명의 조선인으로 '조선공작단위원회'를 조직했다. 이 위원회의는 서기에 최용건, 위원에 김일성·김책·안길·서철·박덕산·최현 등을 선출했다. 최용건을 제외한 나머지 간부와 대원들은 1945년 9월 19일 소련군 선발대와 함께 원산으로 귀국했다.

그때부터 소련은 조선에 세울 친소정권을 누구에게 맡기느냐로 군웅할거하는 인물들에 대한 발탁 작업에 들어갔다. 항일연군 출신 가운데는 최용건·김책 등이 있었다. 최용건은 1900년생으로 김일성보다 나이도, 투쟁경력도 더 많았다. 김책도 1903년생으로 김일성보다 9세나 위였고, 투쟁경력도 결코 그에게 뒤지지 않았다. 그런데도 김일성은 두 사람을 제치고 북한에서 최고지도자로 떠올랐다.

그 까닭은 첫째 최용건과 김책은 주로 북만주에서 활동하여 조선 국내에는 거의 알려지지 않은 데 견주어, 김일성은 주로 동만주와 남만주에서 활동하며 조선 북부로 진공했기 때문에 그의 이름이 국내에 널리 알려져 있었다는 점이다. 둘째 김일성은 소련 군부로부터 절대적인 신임을 받고 있었다는 점이다. 사실은 그 이전 소련 측은 최종으로 김일성과 박헌영을 두고 한때 고심했으나 인텔리겐치아 출신인 박헌영보다 젊은 빨치산 출신 김일성에게 더 호감이 갔다. 일설에는 1945년 9월, 김일성은 소련군 측 특별수송기로 모스크바를 비밀리 방문하여 스탈린 별장에서 네 시간 동안 면담한 뒤 북한의 최고지도자로 낙점을 받았다고도 한다. 아무튼 김일성은 그즈음 소련 군부로부터 두터운 신임을 받고 있었다. 김일성은 입북에서부터 북한에서 정치적 기반을 쌓을 때까지 소련군 군부의 각별하고도 막강한 후원과 배려를 받았다. 젊은 김일성은 이를 바탕으로 북한 최고지도자 자리에 오를 수 있었다.

3. 해방 후 대중에게 첫 등장 장면

고국에는 김일성이 이승만보다 먼저 돌아왔다. 김일성은 귀국한 지 20여 일 뒤에야 비로소 평양시민 앞에 나타났다. 1945년 10월 14일 평양에서 조선해방경축 집회가 열렸다. 이날 김일성은 레베데프 소련정치사령관과 조만식에 이어 세 번째 연사로 나섰다. 그는 '모든 힘을 새 민주조선 건설을 위하여'라는 제목으로 "인민 대중의 이익을 철저히 옹호하며 나라와 민족의 부강 발전을 확고히 담보할 수 있는 참다운 인민정권을 건설하자. … 힘 있는 사람은 힘으로, 지식 있는 사람은 지식으로, 돈 있는 사람은 돈으로 건국사업에 적극 이바지하자"고 연설했다.

이날 평양시민들은 김일성의 연설 내용보다 그가 매우 젊은 데 무척 놀랐다. 하지만 젊은 김일성은 스탈린이 지원을 등에 듬뿍 업고 있었기에 38선 이북 북조선에서 정권을 잡는 일은 탄탄대로였다. 게다가 김일성에게는 든든한 항일연군 동지요, 후원자인 최용건과 김책 등이 굳건히 버티고 있었다.

이에 뒤질세라 미국도 김일성이 귀국한 지 한 달 후쯤인 1945년 10월 10일 상해 임시정부 대통령직에서 탄핵당한 뒤 그동안 미국에 체류중인 이승만을 도쿄의 맥아더

사령부를 경유시켜 10월 16일 맥아더 총사령관 전용기로 귀국시켰다. 나흘 후인 10월 20일 중앙청 앞에서 열린 연합군 환영대회에서 하지 미 주둔군사령관은 이승만을 서울시민들에게 다음과 같이 소개했다.

"이 가운데 조선 사람의 위대한 지도자가 있다. 그는 조선의 해방을 위해 싸웠고, 조선의 자유와 독립을 위해 큰 세력을 가진 분입니다."

하지는 이승만을 극구 치켜세웠다. 그러자 이승만은 귀국 일성으로 "뭉치면 살고 흩어지면 죽는다"고 연설을 했다. 이승만 역시 미국의 적극적인 후원으로 남한에서 정권을 잡는 일은 KTX를 타고 부산으로 가는 일과 같았다.

항일투쟁 시절의
김일성과 김정숙.
눈빛아카이브 DB

위. 항일투쟁 시절의 김일성과 동료들. 해방 후 김일성을 중앙으로 재배치해 사진을 재배포하였다. 아래. 동북항

일연군 시절의 김일성(앞줄 오른쪽에서 두번째). 1943. 10. 5 눈빛아카이브 DB

해방 이후 평양의 자택 앞에서 첫째 아들
김정일과 함께 찍은 김일성 부부 가족사진.
눈빛아카이브 DB

위, 김일성 가족사진
아래, 김정숙과 김정일.
눈빛아카이브 DB

평양에서 개최된 김일성 장군 및 소련군 환영 시민대회 막간에 김일성(가운데)이 소련군 그리고리 메클레르
중좌(오른쪽)와 강미하일 소좌와 함께 기념촬영을 했다. 1945. 10. 14 눈빛아카이브 DB

조선민주의영도자북조선인민위원회
위원장 김 일 성 장군

북조선인민위원회 위원장 시절에
배포된 김일성 공식 사진.
1946. 2
눈빛아카이브 DB

위. 수뇌부와 회의장에 입장하는 김일성. 오른쪽부터 김일성, 박헌영, 김원봉, 허헌, 김두봉.
아래. 평양에서 소련군 지휘부와 함께한 김일성. 1947 눈빛아카이브 DB

위. 평양에서 열린 남북정당사회단체 대표자 연석회의에 참석한 김구를 안내하는 김일성. 1948. 4
아래. 제1차 조선노동당대회에 참석한 김일성(가운데). 그의 오른쪽은 신민당 위원장 김두봉,
왼쪽의 여성은 평남 여성대표 박정애. 1946. 8. 29
눈빛아카이브 DB

185

회의석상에서 연설중인 김일성. 1947-48 눈빛아카이브 DB

23일, 중경에 있던 대한민국 임시정부 요인들이 상해를 거쳐 귀국했다. 이들은 귀국에 앞서 개인 자격으로 귀국을 하며, 이후에도 정부로서 행세하지 않고 미군정에 협조한다는 서약서를 하지 사령관에게 제출해야 했다. 김구 주석과 임시정부 요인들을 초라하게 귀국시켰으나, 초기 미군정은 임시정부를 최대한 활용하려고 했다. 김구의 귀국 이후 하지의 대접은 극진했다. 24일 기자회견장에서 하지는 김구를 "조선을 극히 사랑하는 위대한 영도자"로 소개했다. 김구는 일제강점기의 광산왕 최창학이 제공한 죽첨장(경교장)에 머물며 한동안 미군정의 후대를 받았다.

정치·행정

이승만이 주도하는 독립촉성중앙협의회 결성을 위해 각 정당과 각 단체대표가 회합했다. 이들은 조선의 즉시 독립과 38선 철폐, 신탁통치 절대반대를 천명했다. 전국청년대표자회는 이승만에게 조선인민공화국(이하 '인공') 주석 취임을 요망하는 결의문 전달하였으나 이승만은 이를 거부했다. 중국에서 귀국한 김구는 여운형·허헌 등과 회담하고 인공 내각에 불참할 것을 표명했다. 조선공산당 박헌영은 하지와 회견하고, 미군정에 협력하나 비판과 건의를 병행하겠다고 말했다.

- 1. 군정법령 위반자에 대한 군정재판제도 실시
- 2. 독립촉성중앙협의회 결성 위해 각 정당과 각 단체대표 회합
  언더우드, 군정청 고문에 취임
  건국동맹, 조선인민당으로 개칭 결의
- 4. 독립촉성회 중앙협의회, 미소 양국에 신탁제 거부 메시지 발송
- 5. 임정 주석 김구, 환국에 앞서 담화 발표
- 6. 아놀드 군정장관, 군정 철폐 시기와 일본인 재산처리 문제 등 기자회견
  UP통신, 미소 간 38도 경계선 철폐문제 교섭 중임을 발표
- 7. 전국청년대표자회, 이승만의 인공 주석 취임을 요망하는 결의문 전달
  이승만, 인공 주석 취임 거부
- 8. 경찰관 칼 휴대 폐지 대신에 경찰봉 휴대제도 실시.
  임정, 이청천 휘하 광복군 일본군 가운데 한적 군인을 흡수 총 20만 병력 확보
- 9. 임정 영수환국 환영회 결성
  전국 군사위원회 결성
- 11. 한중협회 설립(총재 김구)
- 12. 조선인민당 결성(위원장 여운형)
  8·15 출옥동지회 결성
- 13. 아놀드 군정장관, 북조선과 물자교류 구상 발표
  사설 군사단체 난립, 11월 현재 30여 개
  군정청, 국방사령부 설치하고 모병
- 14. 조선 진주 미 24군단 병력 7만 명
- 15. 인민당 창당
  박헌영 하지와 회견, 군정에 협력하나 비판과 건의 병행 천명
- 19. 각 당, 임정 환국에 즈음한 견해 발표

- 20. 인공 대표자대회, 인공 해체 반대성명
  국군학교 제2기생 개교식
- 21. 이승만, '공산당에 대한 나의 관념' 방송
- 22. 장안파 공산당 해체 성명
- 23. 임정 김구 주석 외 14명 환국
  조공 장안파와 재건파 합동 통합 결의
- 24. 김구, 환국인사 방송
- 25. 김구, 기자단 회견
  조선건국청년회 등 22개 단체, 임정 환국에 대한 지지성명 발표
- 26. 이승만, 임정을 우리 정부로 지지할 것을 국민에 호소
- 27. 아놀드 군정장관, 인공 비난성명
  하지, 미소 간 모스크바에서 38선 철폐협의 진행 중임을 성명
  김구, 여운형·허헌 등과 회담, 인공 내각에 불참 표명
- 28. 김구와 김규식, 인공 입각설 부인
- 29. 19개 우국청년단체서 독립촉성중앙청년회 결성
  좌익 청년단체 서울시연맹 결성
- 30. 여운형, 인공 해체 문제로 하지와 요담

사회·경제

일제강점기 농민들의 원성의 대상이었던 동양척식회사는 해방과 함께 신조선회사로 변경하여 새 출범했다. 군정청은 국내 거주 일인 88만 명 가운데 33만 명은 송환되고, 재외 한인 111만 명 가운데 35만 명은 귀국했다고 발표했다. 이 무렵 부산항과 인천항에는 일본 중국 등지에서 돌아오는 동포들로 붐볐으며 〈귀국선〉이란 가요가 크게 유행했다. 미 제8군사령관 카 중장은 조선주둔 미 제24군단 병력은 7만 명이라고 발표했다.

- 1. 야간통행금지 단축 실시(22시부터 오전 4시까지를 0시부터 오전4시까지로)
- 2. 일제강점기 일본 고등계 사이가시치로(齋賀七郎) 저격

- 3. 학생의 날 기념식
  군정청, 일본인 신사의 소각과 서류 및 재산의 압수보관 통고
- 4. 대동청년회 결성식
- 5. 독촉청년연합회 결성
  조선노동조합 전국평의회 결성
- 7. 천도교 강당에서 조선민족해방운동 희생자 추도회 개최
- 9. 재일동포 34만7천 명 귀국, 일본인 32만2천 명 송환
- 11. 금융기관을 접수하여 새로이 발족, 조선은행·식산은행·신탁은행 조선인 간부 취임
- 12. 동양척식회사, 신조선회사로 개칭
  군정청, 재조선 일인 88만 명 중 33만 명 송환, 재외 동포 111만 명 중 35만 명 귀국 발표
- 14. 일본인 경찰 저격사건 연일 발생
  체신사업조사위원회 설치
- 15. 남원사건 발생, 인민위원 석방 요구하는 사람에게 발포
  전국청년단총동맹 결성
  조선노동조합 전국평의회 결성
- 18. 신생활협회 창설
  재경 서북인, 38선 철폐촉진대회 개최
- 19. 전남 나주군 궁상면 농민회, 군정청에 동척 토지 반환 진정
- 21. 재일본 조선인거류민연맹, 재일동포 240만 명이라고 발표
- 22. 서울시내 명륜동에서 시청앞까지 정기버스 2대 운행 개시
- 23. 군정청, 남조선 미곡 수확예상고 발표(1천7백만석)
- 24. 경성정화연합회, 일본식 동명 개정 건의안 서울시장에게 제출
- 29. 미국산업시찰단, 조선 실정 조사차 입경
- 30. 전북 군산의 일본 군수품 창고 폭발

문화·생활

체신 공문서에 마침내 일문(日文)을 폐지하고 한글

을 사용하기 시작했다. 한글학회는 『한글 첫걸음』과 『초등 국어교본』 상권을 편찬하여 각 초등학교와 중학교에 배부했다. 해방 후 그동안 불러왔던 애국가를 안익태 작곡의 새 곡조로 부르게 했다. 해방 후 열차는 언제나 초만원이었다. 석탄 부족과 숙련된 기관사 부족으로 객차 운행이 대폭 감소된 데도 그 원인이 있었다. 열차에는 승객이 넘친 나머지 심지어 승강대에 매달리거나 짐을 싣는 선반에도 사람들이 차지했다. 만화가 김용환은 중앙신문에 11월 1일부터 네 칸 만화 '박첨지'를 연재하기 시작했고, 11월 10일 서울 타임즈에 '코주부'를 선보여 높은 인기를 얻었다. 미군 진주 후 서울거리에는 구두닦이(슈샤인보이, Shoes shineboy)라는 신종 직종이 성행했다.

- 1. 극단 서울예술극장 동지 등 발족
- 2. 행방불명되었던 이순신 장군 명량대첩비 찾음
- 3. 조선발명협회, 발명품 현상모집
- 4. 조선역도연맹 결성
- 5. 조선레슬링협회 결성
  중앙신문에 박종화 소설 '민족'을 연재
- 8. 군정청, 민속박물관장 송석하 임명
- 9. 국악원 창설
  문예신보 창간
  조선문화신보 창간
  조선주보기자회 결성
- 10. 군정청, 매일신보 정간 처분
  조선축구협회 결성(회장 여운형)
- 13. 조선인의 해외여행 제한
- 15. 전국유림대회 개최, 성균관대학 설립 결의

농민신문 창간
문화전선 창간
체신공문서에 일문(日文) 폐지하고 한글 사용
- 16. 서울시 극장협회 설립
- 20. 한글학회, '초등 국어교본'(상권), '한글 첫걸음' 출간
  대한배구협회 발족
  조선력비축구협회 설립
- 21. 애국가를 새 곡조(안익태 작곡)로 부르게 함
- 23. 매일신보, 서울신문으로 개제 간행
  조선일보 복간
- 24. 조선빙상경기협회 창립
- 26. 조선체육동지회 발족(위원장 이상백)
  조선체육회 제11대 회장에 여운형 취임
  경성시립도서관(현 남산도서관) 개관
- 28. 군정청 학무국장, 의무교육 방침 기자회견

북한

- 1. 조선공산당 북조선분국, 중앙기관지 '정로(正路)' 창간
- 3. 평양에서 조선민주당 결당 대회(당수 조만식)
- 11. 조소(朝蘇)문화협회 결성
- 18. 북조선민주여성동맹 결성
- 19. 북조선, 5도 행정 10국 조직
- 23. 신의주에서 대규모 반공학생의거
- 27. 민주청년동맹대회 개최
- 28. 북조선 5도행정국 설치
- 30. 조선노동조합 전국평의회 북조선분국 결성
  김구 등 임정요인 귀국 보도로 평양민보 정간
  조선직업총동맹 창립

귀국 직전 장제스 총통 주최 임시정부 귀국 환송식에 참석한 김구 주석.
중경, 1945. 11 우당기념관/ 눈빛아카이브 DB

먼저 귀국한 이승만 박사의 소개로 처음 만난
김구 주석과 하지 중장.
1945. 11
U.S. Army Signal Corps/ NARA

● 24일 김구의 귀국인사 방송

"친애하는 동포들이여! 27년간이나 꿈에도 잊지 못하고 있던 조국강산에 발을 들여 놓게 되니 감개무량합니다. 나는 지난 5일 중경을 떠나 상해로 와서 22일까지 머무르다가 23일 상해를 떠나 당일 경성에 도착하였습니다. 나와 나의 각원(閣員, 각료) 일동은 한갓 평민의 자격으로 들어왔습니다. 앞으로는 여러분과 같이 우리의 독립 완성을 위하여 진력하겠습니다. 앞으로 전국 동포가 하나로 되어 우리의 국가독립의 시간을 최소한도로 단축시킵시다. 앞으로 여러분과 접촉할 기회도 많을 것이고 말할 기회도 많겠기에 오늘은 다만 나와 나의 동료 일동이 무사히 이곳에 도착되었다는 소식을 전합니다."

서울에서 열린 어느 정치집회장 앞에서
입장을 기다리는 청중들.
1945. 11
U.S. Army Signal Corps/ NARA

독립촉성중앙협의회 회의장.
1945. 11
U.S. Army Signal Corps/ NARA

● 귀국선
작사 손노원, 작곡 이재호, 노래 이인권

돌아오네 돌아오네 고국산천 찾아서
얼마나 그렸던가 무궁화 꽃을
얼마나 외쳤던가 태극깃발을
갈매기야 웃어라 파도야 춤춰라
귀국선 뱃머리에 희망은 크다

돌아오네 돌아오네 부모 형제 찾아서
몇번을 울었던가 타국살이에
몇번을 불렀던가 고향 노래를
칠성별아 빛나라 달빛도 흘러라
귀국선 고동소리 건설은 크다

돌아오네 돌아오네 백의동포 찾아서
얼마나 찾았던가 삼천리 강산
얼마나 빌었던가 우리 독립을
이 사람아 춤춰라 구름은 날러라
귀국선 파도 위에 새 날은 크다

미군 수송선에서 짐을 내린 후 해변가에 모여 있는
중국 텐진을 거쳐 인천항으로 들어온 귀국동포들.
1945. 11
눈빛아카이브 DB

임시정부의 씁쓸한 환국

이종찬 ^{전 국정원장}

임시정부 요인들은 귀국하기까지 보름 남짓 상하이에 머물렀다. 임시정부 요인들은 두 차례로 나누어 귀국했다. 1진은 11월 23일에, 2진은 12월 1일에 각각 귀국했다.

임시정부 발상지인 상하이의 교민들은 다양한 행사를 준비했다. 어느 날 백범이 상하이 교민들을 상대로 시국 강연을 한다고 해서 나도 부모님을 따라갔다. 소년인 나는 연설 내용을 제대로 이해하지 못했으나, 연설 중간중간 어른들, 특히 청년들이 킥킥거리며 웃던 기억이 난다.

"미국 대통령 라사복(羅斯福)이가 영국 수상 구길(球吉)이를 만나서 한국의 독립을 보장했습니다. 그러므로 우리는 연합국의 승인하에 고국에 돌아가 한시바삐 정부를 세울 것입니다."

아마 카이로선언을 인용했던 것 같다. 백범이 루스벨트와 처칠 이름의 중국식 음역을 우리식 한자 발음으로 읽는 바람에 청중이 웃었던 것이다. '라사복'이란 중국 발음으로 '루스훠'이니 루스벨트 미국 대통령을 가리키는 말이고, '구길'이라 '저우치'라고 읽히니 '처칠' 영국 총리를 가리키는 말이었다.

백범은 정식으로 학교를 나오지 않아 언변이 어눌하고, 영어는 물론 중국어도 능통하지 못했다. 하지만 그분 말씀은 언제나 나라의 희망과 자주적 정부수립에 관한 것이었다. 아마 훗날 '문화국가론'도 그래서 나온 것일 게다. 이날 연설도 표현이 부족하고 말솜씨가 없었지만 진지하면서 자주와 독립정신으로 가득했다.

"새 나라를 건설할 때 대한민국 임시정부가 중심이 되어 한데 뭉쳐야지 또다시 좌우로 갈라져서는 나라가 분열됩니다. 여기에 모인 모든 분들은 특별히 오늘의 감격과 각오를 그대로 지닌 채 귀국하여 새 나라를 건설할 때 모두 함께 힘차게 전진합시다."

　당시 상하이의 교민들은 일제만 물러나면 나라가 곧 독립할 것이고, 한국은 임시정부가 정식 정부로 되어 금세 지상낙원처럼 발전할 것이라는 희망과 기대에 부풀어 있었다. 그러나 백범은 그때 이미 우리나라 정치의 앞날이 순탄치 않을 것임을 내다보고 있었음이 틀림없다. 국제 정치도 그렇거니와 우리 민족 내부의 사상적 대립도 만만치 않으리라는 인식을 하고 있었던 것이다.

　실제 귀국을 앞둔 임시정부 요인들의 심경은 대단히 착잡했다. 충칭을 떠날 때 백범을 비롯한 임시정부의 국무위원들은 중국 주둔 미군사령관 앨버트 웨드마이어 장군에게 대단히 모욕적인 서약을 해야 했다. 그 내용은 이러했다. 첫째, 임시정부 요인들은 모두 개인 자격으로 귀국한다. 둘째, 국내에 들어가서도 임시정부를 앞세워 정치를 하지 않는다. 셋째, 미군정에 무조건 협조한다.

귀국을 위해 중경에서 상해 비행장에 도착한 임시정부 일행이 기념촬영을 했다. 김구 주석 왼편으로 조완구, 김규식 선생의 모습이 보이고 오른편으로 며느리 안미생, 이규열(이시영 선생의 차남). 이시영 선생. 김구 주석 앞에 이종찬 소년이 태극기를 들고 서 있다. 1945. 11. 5 우당기념관/ 눈빛아카이브 DB

미국이 대한민국 임시정부를 승인은 못할망정 어떻게 처음부터 이런 모욕을 줄 수 있을까? 국내외에 있던 우리 국민들은 임시정부를 유일하게 법통을 갖춘 기구로 알고 있었는데, 미국이 임시정부에 이런 모욕을 준 이유는 도대체 무엇일까? 26년간 임시정부를 지켜온 이들은 그동안 미국을 연합국 가운데 가장 든든한 우방으로 여겨 왔지만, 해방 이후 그들에 대한 첫인상부터 그렇게 구겨졌다. 그렇지만 그들이 제시한 조건을 받아들이지 않으면 귀국조차 하기 어려운 형편이었다.

그러나 다른 한편으로 생각하면, 우리 자신이 독립운동 시기에 사상적으로 갈라져 대립하는 바람에 남의 눈총을 받곤 했으니 이렇게 무시당하는 것이 어쩌면 당연한 일일지도 모른다는 인식도 우리 내부에 없지 않았다. 아버지도 사실은 독립을 위해 싸우는 혁명가들이 좌우로 갈려 충칭과 옌안에서 각각 중국의 국민당과 공산당에 붙어 싸우는 모습을 지켜보며 걱정하곤 하셨다. 임시정부는 장제스 총통이 적극적으로 밀어 주고 있었지만, 옌안파는 중국 공산당과 깊은 연대를 맺고 있었고, 편입되어 싸웠다. 더욱이 해방된 조국에서 남북이 38선으로 갈리고 그 양쪽에 미군과 소련군이 각각 진주해 일본군의 무장을 해제한다는 사실 자체를 아버지는 불안하게 느끼셨다.

되돌아보면 임시정부의 과거도 시도 때도 없이 분열과 통합을 거듭한 시련의 역사였다. 그나마 1932년 윤봉길 의사의 의거 이후 임시정부가 중국 정부로부터 인정받고, 중국군 군관학교에 한인반까지 설치되어 한국 젊은이들에게 훈련 기회가 주어지면서 침체했던 대일항쟁이 활기를 얻게 되었다. 백범은 이 시기에 좌우통합운동을 추진하다가 총도 맞고 배척도 당했다. 하지만 그는 성실한 자세와 몸을 아끼지 않은 투쟁정신으로 분열의 고비마다 접착제 역할을 했다. 그 과정에서 일관되게 백범을 후원한 이가 바로 성재 이시영과 우천 조완구 옹이었다. 두 분 모두 나의 할아버지다.

백범이 임시정부를 이끌면서 가장 중시한 정책은 '화이부동(和而不同)'이었다. 비록 정책은 좌우(요즘 말로 진보와 보수)로 갈릴지언정 민족의 자주와 독립이라는 이름 아래 화합할 수 있다는 굳은 신념이 있었다. 그리하여 임시정부가 채택한 '건국강령'을 보아도 대단히 진보적인 요소를 많이 포함하고 있었다. 그는 충칭 시대부터 이어진 이런 연합의 경험을 귀중하게 여겼기에 해방 이후에도 단독정부 수립을 반대하며 통일정부를 수립하기 위해 남북협상의 길을 선택한 것이 아닌가 나는 생각한다. 물론 그는 냉전 상황이 얼마나 견고한가 하는 현실 인식에는 어두웠다.

임시정부는 여러 차례 국제적인 승인을 받으려 했으나, 미국 정부는 이를 허용하지 않았다. 독립운동 세력이 분열되어 파당이 많은데 임시정부는 그중 하나에 지나지 않는다는 해괴한 논리에서였다. 그러나 나중에 밝혀졌지만 당시 한국을 담당하던 미 국무부의 창구는 소련의 스파이 앨저 히스*였다. 그는 사사건건 이승만의 승인 요청을 각하했다. 당시 영국도 인도를 비롯한 식민지 독립 문제로 한국의 임시정부에 협조적인 분위기가 아니었다. 장제스 총통만이 임시정부 승인 문제에 적극적이었지만, 유감스럽게도 중국의 발언권은 강하지 못했다.

백범은 임시정부를 우리 국민의 유일한 대표기관으로 만들기 위해 여러 가지 양보를 했다. 비록 미국이 '임시정부'를 끝까지 승인하지 않아 '개인 자격'으로 귀국할 수밖에 없었지만, 귀국길에 동행한 임시정부 각료들 중에는 중도좌파에 가까운 김규식 부주석, 김원봉 군무부장을 비롯해, 김성숙, 장건상, 성주식 등 좌파 인사들, 그리고 아나키스트인 유림 등이 모두 포함되어 있었다. 이념을 넘어 대동단결하는 모습으로 귀국한 것이었다.

그러나 누가 알았을까, 귀국 직후부터 5년이라는 그 짧은 기간에 그들 한명 한명의 행동 궤적이 서로 갈리고, 그 결과 각자 허망하게 역사의 뒤안길로 사라지는 운명에 처하게 될지를. 그때 누구도 예측하지 못한 일이었다. 해방의 환희는 잠시였고, 분열, 암살, 폭력, 납치로 점철되는 해방 정국의 어두운 그림자가 우리 머리 위로 서서히 드리우기 시작하는 가운데, 나도 귀국선에 올랐다. - 이종찬 회고록, 『숲은 고요하지 않다』, 한울, 2015, pp. 34-38

---

* 앨저 히스(Alger Hiss, 1904-1996)는 하버드대학 로스쿨을 졸업한 이후 1933년 루스벨트 행정부의 국무부에서 두각을 나타내 1945년 알타회담에 보좌역으로 참여했고, 유엔 창설 때에도 미국 대표의 일원으로 주역이 되었다. 그러나 그는 1934년부터 소련 측에 미국의 극비문서를 전달한 스파이였고, 얄타회담에서 소련 측에 유리하게 처신했다는 사실이 동료 스파이의 폭로로 드러나 처벌을 받았다. 그는 이후에도 스파이 활동을 일관되게 부인했지만, 소련 붕괴 후인 1995년 암호문이 공개되면서 그의 정체가 밝혀졌다. 1942년 이승만이 그를 찾아가 미국의 친소 정책을 비판하자 두 사람은 심한 논쟁을 벌였고, 그 결과 임시정부의 승인은 거부되었다.

주둔지인 전주에 입성하고 있는
미 6사단 20보병연대 사령부 호송대대.
1945. 10
U.S. Army Signal Corps/ NARA

평양에서 벌어진 조선민주당 창당대회.
1945. 11. 3
눈빛아카이브 DB

평안남도 대동군 고평면 인민위원회 현판식.
1945. 11
눈빛아카이브 DB

10월혁명 28주년 기념행사 연단.
원산. 1945. 11. 7
미군 노획문서 중
북한 앨범사진(NARA)

10월혁명 28주년 기념 퍼레이드.
원산. 1945. 11. 7
미군 노획문서 중
북한 앨범사진(NARA)

10월혁명 28주년 기념행사장의 청중들.
원산. 1945. 11. 7
미군 노획문서 중
북한 앨범사진(NARA)

10월혁명 28주년 기념 퍼레이드중인 여학생들.
원산. 1945. 11. 7
미군 노획문서 중
북한 앨범사진(NARA)

영어 수업(경기중). 교사는 미군 측에서 파견했다.
1945. 11

"해방되던 해에 놀음이 심해서요. 자유다 하고 말리는 사람도 없고 그래 노니까 노름이 심해서요. 해방되던 해에 흉년이 졌어요. 그런 흉년을 적(겪)어 본 거는 일생에 처음이라요. 하마(이미) 십이월 전에 양식이 떨어져 가지고 봄에 식량이 곤란해져 가지고, 산에 나무껍질도 베끼고(벗기고), 송구(소나무 껍질)떡도 하고, 강원도 칡이 많아 가지고 칡을 캐 가루를 해(만들어) 가지고 먹었다. 참 사는 게 말할 수 없었어. 해방이 됐다 하니까 좌익이니 우익이니 머-어[떠들었지]. 촌에서는 심하지 않았는데, 서울서는 글때 이승만 박사가 오고, 김구 선생이 오고 머-어 그런 이야기만 들었지. 우리는 높은 사람 구경을 못했지. 오래 있으니까 촌에도 파급되더라고. 머-어 좌익이다, 우익이다 그래 가지고 사람이 분열이 돼요. 서로 적이 되는 거라. 쭉-욱 내려오다가 내중에 극도로 달하는 거라." - 박규택, 『최대봉 1921년 12월 20일생』(한국민중구술열전 34), 눈빛, 2008, pp. 73-74

27일 동아일보는 "소련은 신탁통치 주장"이라는 머리기사 제목으로 모스크바발 3상회의 신탁통치 문제를 왜곡 보도했다. 이 보도는 해방정국을 일대 파국으로 몰았다. 16일부터 미국·소련·영국의 외상이 소련 모스크바에서 회의를 열고 한반도 문제를 협의하였다. 이 외상들은 1943년 11월, 이집트 카이로에서 미·영·중 대표가 협의한 "적절한 과정을 거쳐 조선을 독립시킨다"는 카이로선언을 재확인하였다. 이 회의에서 신탁통치를 먼저 제안한 쪽은 동아일보 보도와는 달리 미국이었다. 미국은 이전 얄타회담에서는 한반도에 30-40년간의 신탁통치를, 모스크바회의에서는 5년간의 신탁통치를 하되, 협의하에 5년을 더 연장할 수 있도록 제안하였다. 이에 소련은 조선임시정부 수립을 제안하였다.

정치·행정

27일 동아일보를 통해 신탁통치 소식이 보도되었다. 해방 후 즉시 독립을 원했던 조선인들은 이 소식을 접하자 마른하늘에 날벼락처럼 놀라움을 금치 못했다. 초기에는 좌우익 모두 신탁통치 반대운동을 펼쳤다. 특히 우파 세력의 반탁운동은 매우 거셌다. 김구를 비롯한 임정계열은 신탁통치에 극렬히 반대하며 임시정부가 과도정부 역할을 맡겠다고 나서기도 했다. 이승만과 한민당도 반탁운동에 앞장섰다. 처음 반탁 의사를 밝혔던 중도와 좌익 진영은 곧 모스크바 3상회의 결정서를 확인한 뒤 찬탁으로 태도를 바꿨다. 모스크바 3상회의의 신탁통치를 계기로 좌파와 우파 간 정면충돌하는 양상이 빚어졌다. 한민당 수석총무 송진우는 신탁통치 문제에 냉정을 기해야 한다고 발언한 다음날 피살당했다. 신탁통치 문제를 둘러싼 좌우간의 공방이 계속되는 가운데 38선 이남과 이북의 조선은 서로 다른 길을 걷고 있었다.

- 1. 임시정부 환국환영대회 거행
- 2. 임정요인 제2진 환국, 홍진(洪震) 의정원 의장 등 23명
- 3. 임정 엄항섭 선전부장, 임정 대내로는 정부 자격으로 환국했다고 언명
  삼일동지회, 임정 절대지지 선서
- 4. 각 정당, 통일기성회 조직
  남조선국군준비대, 광복군과 합류 결의
  한민당 송진우, 임정요인 방문하고 담화 발표
- 5. 조공, 독촉중앙협의회와 결별한다고 연합국에 메시지 발송
  군사영어학교 개교(교장 리스 소령)
- 6. 이승만·김구·여운형·하지, 극비 중요 회담
  조선인민당 여운형, 통일전선에 좌익을 제외할 수 없다고 언명
- 7. 송진우, 김구 방문 인공 즉시 해산 등을 강조
  신익희, 국기·애국가 등을 현행대로 쓰고, 친일파 처단 정부수립 후 타당 언명
- 9. 한민당 송진우, 인공 반대하며 임정지지 기자회견

- 10. 국민당 안재홍, 사회민주주의 이념의 정부가 수립되어야 한다고 주장
- 12. 하지, 남조선 유일 정부는 미군정뿐이라고 인공문제 성명 발표
  덕수궁을 임정 임시정무처로 결정
  박헌영, 민족통일전선에 대한 담화 발표
- 14. 신한민족당 결성(군소 22정당 합동)
- 15. 조선국군준비대, 조선국군학교 통합
- 16. 모스크바에서 미·영·소 3국 외상회의 개막
  신임 러치 군정장관, 취임 위해 입경
- 17. 이승만, '공산당에 대한 나의 입장' 방송
- 18. 한민당 총무 백관수 집에 수류탄 투척사건 발생
- 19. 임정 개선환영대회 서울운동장에서 개최
  하지, 박헌영과 회담
  대한독립촉성 전국총연맹대회
- 22. 조선부녀총동맹 결성
- 23. 독립촉성중앙회의 결성(회장 이승만)
- 24. 조공, 독립촉성중앙협의회와 절연 발표
  인민당 당수 여운형, 통일전선에 대한 견해 피력
- 26. 이승만, 반공 신탁통치 절대반대 방송
  국군준비대 전국대회
  조선공산당, 국민대회 배격 성명
- 27. 모스크바 3상회의 종료
  동아일보, "소련은 신탁통치 주장, 미국은 즉시 독립 주장" 보도
  이승만, 미 통신기자에게 반공 담화
  김구, '삼천만 동포에 고함'이란 제목의 방송
  재미한족연합회, 이승만 반대성명
- 28. 임정 주재하에 사회단체대표, 반탁투쟁을 공동 결의
  서울거리에 반탁 비라 붙고, 산발적인 민중 반탁시위 시작
  국민총동원위원회 설치
- 29. 모스크바 3상회의 협정문 발표
  인공 중앙인민위원회, 탁치배격 담화 발표
  신탁반대국민총동원위원회 조직(위원장 권동진)
  하지, 각 당 영수를 초청하여 신탁관리제 설명

- 30. 미 국무장관 번즈, 조선의 신탁통치는 피할 수 없다고 언명
  신탁통치반대 국민총동원위원회 중앙위원 선임
  한민당 수석총무 송진우 피살
- 31. 신탁통치반대국민총동원위원회 지령으로 전국서 반탁 데모 파업 철시
  이승만, 3천만 동포에게 고하는 담화문 발표

사회·경제

해방 후 쌀값이 천정부지로 치솟아 마침내 사회문제화되었다. 교수 한 달 봉급은 800-900원, 초등학교 교사 봉급은 440원인데 백미 한 가마는 700원을 오르내렸다. 군정청 기자단에서는 군정장관에게 식량대책에 관한 진정서를 제출했다. 그 내용은 첫째 쌀을 풍부하고 값싸게 매매하도록 근본방침을 시행하고, 둘째 악덕 모리상인을 철저히 처단하고, 셋째 철도 기타 운수기관을 동원하여 수송을 원활케 할 것, 넷째 대일 밀수출을 절대 방지할 것 등이었다. 연말 물가가 8·15 때의 30배로 치솟아 서민생활은 크게 위협받았다.

- 2. 38선 이남 잔류 일본인 7만여 명으로 발표
- 5. 쌀값 폭등 사회 문제화
  경무부장 조병옥, 쌀의 대일 밀수출 수사
- 6. 일본인 재산 미군정청에 귀속
  한미간 직통 무선전화 개통
- 7. 쌀값 천정부지로 솟아 시민생활을 위협
- 8. 전국농민조합총연맹(이하 '전농'으로 줄임) 설립, 소작료 현금 납부로 3·7제로 할 것과 인공지지 등을 결의
  노동조정위원회 설치
  신문기자단, 아놀드 군정장관에게 식량대책에 관한 진정서 제출
- 9. 오세창·권동진·안재홍·김성수 등, 대한민국총회 결성하여 운크라(UNKRA, 국제연합조선재건대)의 경제 원조를 미국에 요청
  군정청 농상국, 양잠업 진흥을 위한 5개년 계획 발표

- 10. 대한독립회, 민족반역자 규정 발표
- 11. 군정장관, 쌀값 해결을 위하여 간상배대책·운반대책·밀수출대책 등 기자회견
- 13. 군정청 물산과, 미곡상인에 백미 공급 촉구
- 14. 서울시청에 보건위생부 신설
  서울시 큰길가에 쓰레기통 등장
- 15. 군정청, 38선 이남의 일본인 재산 접수 발표
- 17. 건국산업동맹, 군정청이 압수한 일인 재산의 생필품 18억 원어치 전국에 배급
- 19. 홍사익 중장, 마닐라에서 전범재판 회부
  조선은행 새 10원, 100원권 발행
- 22. 중학생 2만 명 맹휴, 연립정부 수립 요구
- 23. 순국선열추념대회, 서울운동장에서 거행
- 24. 손병희 추모기념식 거행
  용산공작창에서 기관차 제작 성공
  국제통신의 군정청 관리 해제
- 26. 군정청, 상공부 직할 조선차량주식회사 발족
- 27. 전국 초등교육자대회에서 반탁을 결의
- 28. 일본 북해도에 징용 간 동포 3천명 귀환
- 29. 군정청 조선인 직원, 탁치반대 총파업 결의
- 30. 서울시내 상가, 탁치반대 철시 파업
  탁치배격대회, 전 국민의 행동강령 발표
- 31. 서울시청 직원 반탁을 성명하고 휴무
  경기도청 직원 총사직 결정

조선인민보, 테러단에 피습
조선은행권 8억 6천3백만 원 발행
연말 현재 각 금융기관 저축고 15억여 원
전매청 담배 생산 시작
원조물자 수취액 490만 달러
연말 물가, 8·15 때의 30배

문화·생활

해방 후 첫 성탄절인 25일, 전국의 교회와 성당에는 신도들로 입추의 여지가 없었다. 남대문예배당에는 아놀드 전 군정장관 등 미군 장교들이 참석한 가운데 고황경 씨의 피아노 반주로 40여 명의 합창단이 크리스마스 캐럴을 불렀다. 이날 예배당 내에는 다섯 개의 크리스마스트리를 세워 장식하였고, 정면에는 성모 마리아를 걸어놓는 등 일반인의 주목을 끌었다. 그 무렵 대부분 가요인들은 악극단 등 단체에 몸담아 활동했다. 신카나리아·장세정·이난영·김정구·남인수·손목인 등이 맹활약했다. 군정청 학무국은 38도선 이남 학생수를 발표하였다. 6세부터 18세까지의 학동수는 567만여 명인데, 그 가운데 취학아동은 171만여 명이었다.

- 1. 역사학회 설립(대표자 이상백)
  동아일보 복간
  어린이신문 창간
- 2. 아동문학 창간
- 3. 국립박물관 개관
- 5. 교육심의회에서 학제를 새로 결정, 초등학교 6년제
- 8. 한자 폐지운동 활발히 전개
- 10. 조선사연구회 창립(회장 이병도)
- 14. 조선문학동맹, 하지의 인공 부인성명에 대한 담화 발표
- 15. 군정청 학무국, 38도 이남 학생수 발표(6세부터 18세까지의 학동수는 567만여 명 가운데 취학학동은 171만여 명)
  한성신문 창간

기독교방송국 개국

인민해방보 창간(서울)

조선방송협회, 라디오 수신기 가격 2.5배 인상

- 16. 학무국, 초중등 교과서 '한글 첫걸음'과 '한글 초등교본' 배부

  조선문학가동맹 설립(위원장 홍명희)

  조선영화동맹 설립

- 17. 교육심의회서 가을을 신학기로 하는 연(年) 2기의 새 학제 결정

- 19. 조선농구협회 창립

- 20. 조선연극동맹 설립

  조선교육심사위원회, '홍익인간'을 바탕으로 하는 조선 교육의 근본이념 채택

- 23. 임정 환국환영 마라톤대회 개최

- 24. 극단 민예 창립공연

- 27. 조선문화협회 창립(회장 홍명희)

- 28. 연희전문학교장 백낙준 취임

- 29. 조선문학가동맹, 탁치 반대성명

경평(京平) 아이스하키전(서울 창경원)

- 30. 대한야구협회 설립

  대한송구협회 발족

북한

- 1. 각지에 인민재판소 개정

- 6. 학교교육 임시조치요강 발표(소학교를 인민학교로 개칭)

- 10. 북조선항공협회 창설

- 13. 조선독립동맹 김두봉 등 다수 입북

- 16. 평남인민위원회, 일본인 소유 개인재산의 국유화 발표

- 17. 조선공산당 북조선 분국, 제3차 확대회의 개최(책임비서 김일성)

- 22. 평남인민위원회, 부재지주 토지매매 금지

- 24. 연극동맹 조직

● 한민당 송진우 피살

송진우 피살사건은 1945년 12월 30일 새벽 6시 한민당 당수 송진우가 서울 원서동 자택에서 한현우 등 자객들의 피습을 받고 사망한 사건이다. 한민당을 창당하여 수석총무가 된 송진우는 당 조직을 확대했으며, 군정에 협력했고, 그리고 망명 정객들과 연계를 통해 정략적인 활동을 개시했다. 그러나 1945년 12월 27일 모스크바 3상회의 결과 발표된 조선의 미소 양측 5개년 신탁통치 문제에 대해서는 김구의 임시정부와 견해 차이를 나타냄으로써 마찰을 빚었다. 이로 인해 그가 신탁통치를 지지한다고 생각한 한현우(34)와 유근배(21) 두 사람에 의해 피격 암살당했다. 하지는 송진우 암살의 배후로 김구를 지목하였다. 그밖에 장택상도 송진우의 암살 배후로 김구를 지목하였고, 조병옥도 그를 지목했으나 김구는 이를 극구 부인하였다.

미군정청 제2대 군정장관으로 취임한
러치 장군(왼쪽)과 하지 사령관(오른쪽)이 기자회견을 하고 있다.
1945. 12

● 수련은 신탁통치 주징 … 소련의 구실은 38선 분할점령 … 미국은 즉시 독립 주장

워싱턴 25일발 합동 지급. 모스크바에서 개최된 3국 외상회의를 계기로 조선독립문제가 표면화하지 않는가
하는 관측이 농후하여 가고 있다. 즉 번즈 미 국무장관은 출발 당시에 소련의 신탁통치안에 반대하여 즉시
독립주장을 하도록 훈령을 받았다고 하는데, 삼국 간에 어떠한 협정이 있었는지 없었는지는 불명하나 미국
의 태도는 카이로선언에 의하여 조선은 국민투표로써 그 정부의 형태를 결정할 것을 약속한 점에 있는데, 소
련은 남북 양 지역을 일괄한 일국 신탁통치를 주장하여 38도선에 의한 분할이 계속되는 한 국민투표는 불가
능하다고 하고 있다. - 동아일보 1945. 12. 27

임시정부 환국준비위원회가 서울운동장에서
개최한 임시정부 환국환영식에서 답사하는 김구.
1945. 12. 1
눈빛아카이브 DB

● '모스크바 외상회의 협정 결정서 전문' 가운데 조선문제 부분

조선에 주재한 미소 양국 군사령관은 2주간 이내에 회담을 개최, 양국의 공동위원회를 설치하며 조선임시민
주정부 수립을 원조한다. 또 미국·영국·소련·중국 4국에 의한 신탁통치제를 실시하는 동시에 조선임시정부
를 수립케 하여 조선의 장래 독립에 비(備)할 터인바, 신탁탁치기간은 최고 5년으로 한다. 미소공동위원회는
임시정부와 조선 각종 민주적 단체와 협력하여 동국(同國)의 정치적·경제적 발달을 촉진하고 독립에 기여
하는 수단을 강구한다. 이 신탁통치제에 관한 외상 이사회의 제안을 검토키 위하여 미·소·영·화(美·蘇·英·
華) 각국 정부에 회부된다.

국군준비대 전국대표자대회장 입구. 국군준비대는 조선공산당의
광범위한 조직 계획에 따라 장차 편성될 군의 모체가 되리라는 의도로
결성된 좌익 계열의 군사단체이다.
1945. 12. 16
눈빛아카이브 DB

신탁통치 반대운동 대회장.
1945. 12
U.S. Army Signal Corps/ NARA

"이미 미국 군대가 들어와 일본 군대의 총부리는 우리에게서 물러섰으나 삐라가 주던 예감과 마찬가지로 미국은 그들의 군정을 포고하였다. 정당은 누구든지 나타나란 바람에 하룻밤 사이에 오륙십의 정당이 꾸며졌고, 이승만 박사가 민족의 미칠 듯한 환호 속에 나타나 무엇보다 조선민족이기만 하면 우선 한데 뭉치고 보자는 주장에 그 속에 틈이 있음을 엿본 민족 반역자들과 모리배들이 나서 활동을 일으켜, 뭉치는 것은 박사의 진의와는 반대의 효과로 일제시대 비행기 회사 사장이 새로 된 것이라는 국민항공회사에도 나타나는 것 같은 일례로, 민심은 집중이 아니라 이심이요, 신념이기보다 회의(懷疑)의 편이 되고 말았다. 민중은 애초부터 자기 자신들의 모든 권익을 내던지면서까지 사모하고 환성하던 임시정부라, 이제야 비록 자격은 개인으로 들어왔더라도 그 후의 기대의 신망은 그리로 돌릴 길밖에 없었다. 그러나 개인이나 단체나 습관이란 이처럼 숙명적인 것인가. 해외에서 다년간 민중을 가져보지 못한 임시정부는 해내에 들어와

216

군정청 앞의 신탁통치 반대 시위행렬.
1945. 12
U.S. Army Signal Corps/ NARA

서도 화신 앞 같은 데에서 석유 상자를 놓고 올라서 민중과 이야기할 필요는 조금도 느끼지 않고 있었다. 인공(人共)과의 대립만이 예각화되고, 삼팔선은 날로 조선의 허리를 졸라만 가고, 느는 건 깅도요, 올라가는 건 물가요, 민족의 장기간 흥분하였던 신경은 쇠약할 대로 쇠약해만 가는 차에 탁치(託治) 문제가 터진 것이다." – 이태준, 「해방 전후」, 『이태준 단편전집 2』, 가람기획, 2005, pp. 379~380

성조기와 태극기가 엇갈려 걸려 있는 어느 시장통에서
외출나온 미군들이 구경을 하고 있다.
1945. 11. 23
U.S. Army Signal Corps/ NARA

1946. 1

지난해 연말 모스크바 발 신탁통치 결정은 남조선 정국을 벌집을 쑤셔놓은 듯, 연초부터 맹렬한 반탁운동이 펼쳐졌다. 애초 좌익과 우익은 공동으로 신탁통치반대국민총동원위원회를 구성해 공동투쟁의 길로 걷는 듯했다. 그러나 3일, 민전 주최 민족통일자주독립시민대회에서 갑자기 좌익은 모스크바 3상회의 결정 지지를 결의하였다. 3상회의 결정을 계기로 좌우 대립이 날카로워지자 7일 한민당·인민당·국민당·공산당 대표가 간담회를 갖고 "모스크바 3상회의에서 자주독립을 보장한다는 것은 전면적으로 지지하고 신탁문제는 장래 수립될 우리 정부로 하여금 해결케 한다"는 결정(4당 코뮤니케)을 보았다. 하지만 곧 한민당과 국민당이 이 결정을 뒤집어 이후 좌익과 우익은 서로 다른 길을 걸었다.

정치·행정

모스크바 3상회의 결과로 마침내 미소공동위원회(이하 '미소공위' 또는 '공위') 예비회담이 서울에서 열렸다. 이 회담에서는 본 회담 장소와 시일 등이 논의되었다. 미군정청은 14일 남조선 국방경비대를 창설하였다. 이로써 이전의 국군준비대, 건국치안대 등 기존의 군사단체들을 해산시켰다. 국방경비대는 태릉에 있었던 일본군 지원병훈련소에서 660명의 병력으로 문을 열었다. 모스크바 3상회의 결정에 따라, 제1차 미소공위가 16일 서울시 군정청 제1회의실에서 개막되었다.

- 1. 김구, 반탁과 직장 복귀 호소 방송
  군정청 조선인 직원총회, 반탁과 임정지지 결의
  조병옥, 경무국장에 취임
- 2. 신탁통치반대국민총동원위원회, 반탁지도요령 발표
  반탁 전국학생운동준비회 결성(위원장 이철승)
  조공, 3상회담 지지 표명

- 인공 중앙인민위원회, 3상회의 결정지지 전문 발송
- 3. 민전 진영 주최로 모스크바 3상회의 결정 지지 서울시대회
  하지, 반탁시위운동 자중 성명서 발표
- 4. 김구, 비상정치회의 소집 발표
- 5. 한민당, 조공과 인공의 찬탁대회에 반박 성명서 발표
  조선부녀동맹, 3상회의 지지 성명
- 6. 서울신문과 중앙신문, 테러단에 의해 피습
- 7. 한민당, 인민당, 국민당, 공산당의 4당 코뮤니케 발표
  반탁학생연맹, 약 1만 명 반탁 시위
  전국 교육자대회준비위원회, 반탁 실천 성명서 발표
  한민당, 수석총무로 김성수 추대
  이승만, 신탁지지는 망국 음모라고 기자단에 언명
- 8. 러치, 신임 군정장관에 취임
  임정, 대한민국건국강령 발표
  트루먼, 3상회담 성과에 만족
  하지, 미소공위에 대한 성명서 발표
  경기지사, 치안 문란을 이유로 국군준비대 해체 명령
- 9. 미소공위 예비회담 서울에서 개최

인공 중앙인민위원회, 각도 대표자대회에서 3상 결정 지지대책 협의

조선국군학교를 중앙육군사관학교로 개칭 (교장 김원봉)

- 10. 각도 인민대표자대회, 3상 결정 지지 결의
6개 청년단체, 하지 방문 반탁결의 재천명
- 11. 독립촉성중앙협의회, 80여 개 지회 설치
군정청, 국방사령부내에 남조선국방경비대 창설 임시사무소 설치
- 12. 장택상, 경기도 경찰부장 취임
- 13. 좌익계 23단체, 3상회의 결의를 지지하는 공동성명서 발표
- 14. 남조선 국방경비대 창설
이승만, 공산주의자를 매국노로 규정하고 결별 선언
하지, 자문기관 남조선대한국민대표민주의원(이하 '민주의원') 설치
군정청(중앙청) 광장에서 태극기 계양식 거행
- 15. 미소공동위원회 소련 측 대표 73명 입경
미 국무장관대리 애치슨, 조선에 신탁통치 준비중이라고 언명
- 16. 미소공위 군정청 제1회의실 개막(미국대표 아놀드 소장, 소련대표 쉬띄꼬프 중장)
경찰국을 경무부로 승격
- 17. 해군병학교 창설(해사 전신)
- 18. 반탁전국학생총연맹, 시가행진중 충돌
독립촉성부인회, 군정청 앞에서 반탁시위 전개
- 19. 제5연대 A중대, 부산시 감천동에 창설(중대장 참위 박병권)
전국 유림대회, 반탁 결의
민주주의민족전선('민전') 결성 준비위원회 개최

경기도 경찰부, 학병동맹 본부 포위하고 140명 검거

- 20. 국내외 18개 단체 대표 과도정권수립을 위한 비상정치회의주비회의 개최
- 21. 군정청, 국방경비대를 제외한 사설 군사단체에 해산명령
하지, 반탁 시위 중지 요청
- 22. 군정장관 러치, '조선국민에 고함' 성명서 발표
반탁전국학생총연맹, 공산당 비난 전단 살포
타스통신, 미국이 배후 조종하는 남한의 반탁운동을 비난
- 23. 미소공위 회담 중간 발표
소련대표 환영시민대회 개최
- 24. 조선탁치기간 미국 10년, 소련 5년 주장(모스크바 방송)
이승만, 미소공동위의 토의문제에 대해 전국방송
- 25. 미 정부, 조선의 신탁통치 포기 가능성 시사
미 국무차관 애치슨, 신탁문제 최초 제안자는 미국임을 언명
- 26. 미소공위 소련 측 대표, 3상회의 결정내용 발표 기자회견
- 29. 하지, '조선국민에게 고함' 성명서 발표
러치, 군표 발행문제와 미소공위문제 등에 대해 기자회견
- 30. 미소공위, 제1차 공동성명서 발표

사회·경제

미군정 실시 이후 쌀 품귀현상이 날로 심해지자 서울 시민들은 시청앞으로 몰려와 쌀을 달라는 데모를 벌였다. 이에 서울시에서는 그 대책으로 쌀과 석탄의 배급을 실시하고 미곡수집령을 공포하여 전면 통제에 들어갔다. 곧 미곡 자유시장을 폐지하고 강제로 미곡을 수집하여 배급하겠다는 것이다. 31일 음력설을 앞두고 쌀 4천 석이 경성(서울)역에 도착하여 당국은 그 가운데 3천 석을 각 가정에 배급키로 했다. 배급량은 5인 이상 가구는 한 말, 5인 이하는 5 되였다.

- 1. 조선노동조합 전국평의회에서 테러 반대성명
  군정청, 쌀 공정가격 제도를 실시(1말 당 74원)
- 3. 맥아더사령부, 조선 내 일본인 예금 동결령
- 4. 서울시내에 식량배급 실시
- 7. 좌익테러단, 반공극우지 대동신문 습격으로 5일간 휴간
  서북협회 결성, 반탁 결의
  경기도경찰부, 위조지폐단 12명 검거
  석탄배급제 실시
- 8. 시청앞에서 쌀 달라고 군중이 요구
  자유신문, 테러단의 폭발물 투척으로 시설 파손
- 9. 조선애국부녀동맹, 반탁과 임정지지 선언문 발표
  재경학생행동통일촉성회 결성
- 10. 경찰의 복장과 직명 변경(순사를 순경으로)
  전국자동차 일제등록 실시
- 13. 러치 군정장관, 식량난 해결을 위한 포고문 발표
  42인조 강도단, 종로서에 체포
- 14. 재산의 반출입금지령 발표
- 17. 연합국구제부흥위원회(UNRRA) 조사단 내한
- 18. 우리 기술진에 의하여 전차 제작 시운전

- 20. 서울시내 각 공장대표 100여 명 집회, 노동자들의 식량 요구
- 22. 조선적십자사 창립 발기대회 개최
- 24. 광복군을 사칭하고 일본인 재산을 강탈한 일당 일망타진
- 25. 미곡수집령 공포
- 27. 미국에서 이재민구호품 도착
- 28. 조선특허국 신설
- 30. 새 담배이름을 무궁화(1등), 공작(2등) 백두산·거북선(3등)으로 결정
- 31. 교통국, 경부선 2개 열차에 한하여 신문, 생선류 소화물 취급 개시

문화·생활

새해 1일부터 우리말 전보가 개시되었다. 해방 4개월이 지났지만 기술문제로 일본어 전보를 전폐치 못하고 그동안 사용하다가 1일부터 비로소 우리말 전보를 취급하게 되었다. 군정청 광공국에서는 발전시설, 전선배치와 수리유지비 등으로 38도선 이남의 전력요금을 150퍼센트 인상함으로써 물가폭등의 원인이 되었다. 미군 당국의 후의로 조선 이재민에게 보내는 구제품이 인천에 들어와 음력 세모를 맞이한 요구호 대상자에게 보내졌다. 구제품은 쌀 1천 가마, 콩 5백 가마, 빵 통조림 등 500궤짝, 밀가루 1천 부대 등이다. 이런 어려운 가운데도 서울에는 요정이 500여 곳 성업중으로 기생들의 수입은 하루 평균 3백 원이라고 한다. 그 원인은 남발된 조선은행권이 지하 정치자금으로 흘러간 때문이나. 해방 후 대표적인 종합잡지는 서울신문사에서 발간한 『신천지』였다.

- 1. 체신국, 한글전보 취급 개시
  전기요금 150% 인상
- 4. 잡지 신천지 간행 허가
- 5. 한글 교수지침(교사용) 편찬
- 6. 경성음악학교 설립

- 8. 조선미술협회 창립
- 10. 조선육상경기연맹 창설
- 14. 군정청, 성인교육협의회 개최
- 17. 악극단동맹 결성
- 19. 해방경축 종합경기대회 동계대회 개최
  항공조선(월간) 창간
- 22. 조선인 전화가입자 성명 변경
- 23. 초등용 국사와 공민교과서 배부
- 24. 대한력비축구협회 창립
- 25. 해동역경원 창설, 팔만대장경 번역 착수
  조선고미술협회 창립
- 26. 교육심의회, 의무교육 실시요강 결정
  조선미술가협회 창설
  한글 서도연구회 창설
  창경원 개원
- 27. 광복 후 취학학생 37만 명 증가
- 29. 서울시내의 초등학교 71개교. 중등학교 약 55개교
- 31. 서울에 요정 500여 곳 성업중, 기생 수입 하루 평균
  3백 원

북한

- 1. 조만식, 소련군사령부의 신탁통치안 지지 강요 거절
- 2. 조공북조선분국 노동조합전국평의회 등 5개 정당단체 3상회의 지지성명 발표
- 3. 북조선행정국회의, 모스크바 3상회의 결정 지지
- 5. 평남인민위원회 전체회의, 조만식을 비롯한 민족진영 3상회의 결정에 반대
  조만식 조선민주당위원장, 고려호텔에 감금
- 6. 평양에서 대규모의 3상회의 지지 시위대회
- 8. 소련군사령관, 10일내 미소공동위 개최의사 표명
- 13. 북조선, 김일성 참석하에 3상회의 결정 지지 군중대회 개최
- 15. 북조선중앙은행 창설
- 17. 조선민주청년동맹 북조선위원회 결성
- 23. 평남인민위원회 확대회의 개최, 공산당 일색의 인민위원을 임명
  연극음악연구소 창립

▶ 서울 근교 남동부.
1946. 1
눈빛아카이브 DB

덕수궁 미소공동위원회 첫 회담장.
1946. 1
U.S. Army Signal Corps/ NARA

● 법령 제45호 미곡수집령 요지

군정청은 기아, 영양불량, 질병, 민심불안을 제거하기 위하여 북위 38도 이남의 조선에 있는 미곡을 수집하되, 적당한 가격을 지불한다. 각 부윤(시장), 군수, 읍면 동회장은 미곡수집소를 설치한다. 본령은 1946년 2월 1일 오전 0시에 효력을 발생한다. – 1946년 1월 25일 미 육군 소장 러치

미소공동위원회 첫 회담에 참석한
미국 측의 하지 중장(왼쪽)과 소련 측의 쉬띄꼬프 대장(오른쪽).
1946. 1
U.S. Army Signal Corps/ NARA

● 반탁전국학생총연맹, 시가행진중 충돌

모스크바 3상회의에 따른 한반도 신탁통치 문제를 둘러싸고 찬탁과 반탁으로 좌우익의 투쟁이 한창이던
1946년 초 찬탁파인 좌익계 '학병동맹원(學兵同盟員)'들이 반탁을 외치며 시위하던 우익계 학생단체인 '반탁
전국학생총연맹(위원장 이철승)'계 학생들을 습격하여 2-3일간 서로 치고받아 사상자를 낸 좌우익 충돌사건
이다.

덕수궁 미소공동위원회 회의장 앞에 도열한 미군 헌병대.
1946. 1
U.S. Army Signal Corps/ NARA

미 주둔군 총사령관 관저(후에 경무대, 청와대) 정문에서
경계근무를 서고 있는 미군 헌병.
1946. 1
U.S. Army Signal Corps/ NARA

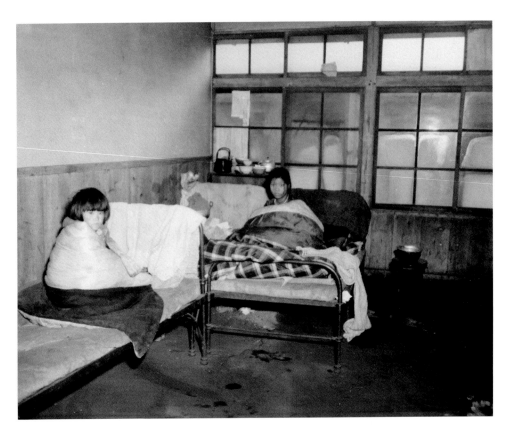

서울의 한 병원에 입원한 천연두 소녀 환자들.
1946. 1. 12
U.S. Army Signal Corps/ NARA

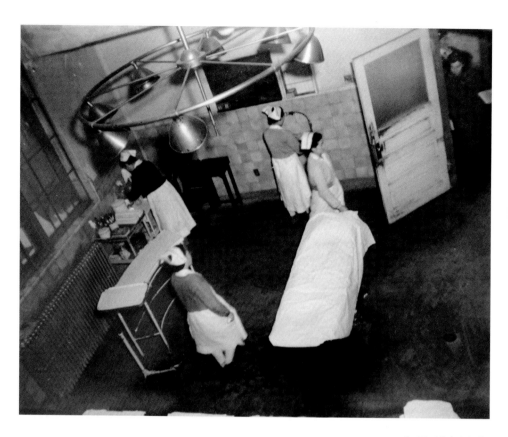

세브란스병원 수술실.
1946. 1
U.S. Army Signal Corps/ NARA

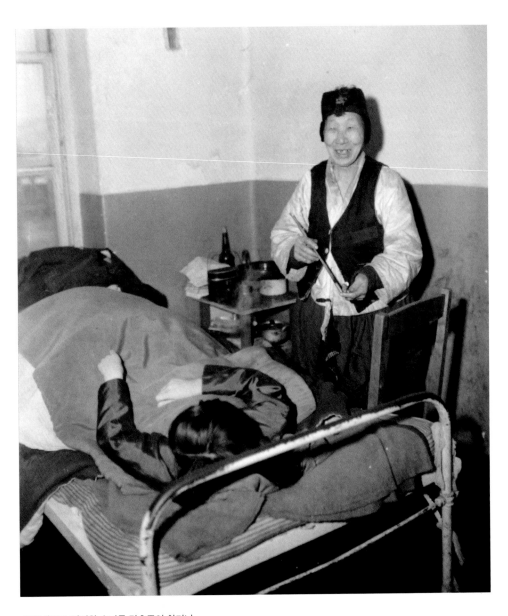

교통사고로 입원한 손녀를 간호중인 할머니.
1946. 1
U.S. Army Signal Corps/ NARA

모스크바 3상회의에서 결정한 신탁통치 문제로 좌우익의 대립이 극심했다. 1일 이런 가운데 임정 김구 주석이 과도정권을 수립하기 위하여 소집한 비상정치회의는 비상국민회의로 명칭을 바꿔 개막하였다. 이 비상국민회의에는 좌익도 초대했으나 그들은 참여치 않았다. 비상국민회의는 과도정부의 내각에 해당할 최고정무위원회를 구성했다. 14일 미군정청 제1회의실에서 군정청 최고 자문기관인 남조선대한국민민주의원(이하 '민주의원')이 결성되었다. 민주의원 의장에 이승만, 부의장에는 김구·김규식 등이었다. 이에 맞서 다음날 좌익은 좌익대로 민주주의민족전선(이하 '민전') 전국결성대회를 열었다. 민전에는 공산당·인민당·독립동맹 등이 참여했는데, 의장에 여운형·박헌영·허헌·김원봉·백남운 등이 선임되었다. 민전 또한 과도적 임시정부 역할을 선언했다.

정치·행정

지난달 16일부터 모스크바 3상회의에 따른 미소공위가 2월 5일, 제2차 공동성명을 발표했다. 이날 미국 측 아놀드 소장, 소련 측 쉬띄꼬프 중장 등 두 수석대표의 서명으로 발표된 공동 코뮤니케는 미소공위 종료 후 1개월 이내에 조선임시민주주의 정부수립을 설립하여 그 사명 달성에 착수할 것을 천명했다. 이승만을 총재로 추대한 대한독립촉성중앙국민회(이하 '독촉중앙회' 또는 '독촉')가 발족되었다. 이 독촉중앙회는 반탁운동, 미소공위 반대, 반좌익운동을 펼치며 이후 이승만이 직계조직으로 그 역할을 담당했다.

- 1. 임정 주도 비상국민회 개막, 46단체 169명 참석
  인민당, 하지의 개인 자문위원회에 대표 파견
- 2. 각계 대표로 민족최고영도자회의 구성
  주소(駐蘇) 미 대사 해리만, 하지와 회담차 내한
- 3. 비상국민회의, 13부 임원 결정

중국에서 광복군 500여 명 환국
- 4. 인민당, 민전 결성 4원칙 발표
  비상국민의회, 헌법 선거법 초안 작성
- 5. 미소공위, 제2차 공동성명 발표
  독립동맹 서울특별위원회 결성(위원장 백남운)
  한민당, 7개 항목의 정책세목 발표
- 6. 미소공위 소련 대표단, 평양 향발
- 7. 뉴욕타임스, 미소공위 성명 만족스러운 것이 못 된다고 논평
  제7연대 A중대, 충북 청주에서 창설(중대장 참위 민기식)

- 8. 대한독립촉성중앙국민회 발족(총재 이승만)
  천도교청우당 결성대회(당수 김달현)
- 10. 미·영·소 3국에서 얄타협정 내용 발표
  미소공위 사무실을 덕수궁 석조전으로 정함
  독립동맹 임시강령 발표
- 11. 하지, 미소공위에 대한 조선국민에게 보내는 담화 발표
  아펜젤러 등 미국인 11명, 군정청 특별정치고문 자격 내한
- 12. 5개 정당, 3·1기념행사 통일거행에 대한 공동성명서 발표
  한민당, 민전 불참 담화
- 13. 이승만·김구 등 비상국민회의 최고정무위원회 구성
  조선공산당, 민전 결성 참가를 강조하는 성명 발표
  해안경비대 발족
- 14. 군정청, 최고자문기관인 민주의원 구성(의장 이승만, 부의장 김구·김규식)
  민주의원, 덕수궁 석조전을 의사당으로 결정
  인민당, 민주의원 탈퇴 성명 발표
- 15. 좌익진영, 민전 결성(의장단 여운형·박헌영·허헌 등 15인)
  제4연대 A중대, 전남 광산에서 창설(중대장 부위 김홍준)
- 16. 민전, 중앙의원 제1회 총회(여운형·박헌영·허헌·김원봉 등 집행위원 47명 선출)
- 18. 천도교 청우당, 정당으로 발족
  제6연대 A중대, 대구 중동에서 창설(중대장 참위 김영환)
  민주의원 본부 창덕궁으로 결정
- 19. 러치 군정장관, 질서유지에 협력 당부
- 22. 남조선국방경비대 총사령관 원용덕 참령 취임
- 23. 군정청, 법령 제55호로 정당에 관한 규칙 발령
  위싱턴 동포 발행 '조선의 소리' 통일문제 국내지도자에게 양보하라고 발표
- 24. 민주의원, 의장 등 간부 선임
- 25. 조선민주당, 본부를 평양에서 서울로 이전(당수 조

  만식, 부당수 이윤영)
  독립동맹 등 정당에 관한 규칙 반대성명
- 26. 제3연대 A중대, 전북 이리에서 창설(중대장 부위 김백일)
- 27. 13개 언론사 대표, 3·1절 행사 준비 두 단체에 통일안 전달
  독립동맹(좌익 측), 3·1기념일을 맞아 성명서 발표
- 28. 기미독립선언기념식 전국대회(우익 측), 3·1기념 행사에 관해 성명서 발표
  제2연대 A중대, 충남 대전에서 창설(중대장 정위 이형근)

사회·경제

군정청은 미곡수집령 공포에 따른 쌀의 강제매상 실시계획을 발표했다. 이에 따르면 1가마 120원으로 강제 수매하기로 했다. 하지만 군정청의 미곡정책 실패로 쌀 품귀현상은 당분간 호전될 기미가 보이지 않았다. 조선은행은 1946년 1월말로 해방 후 5개월간 물가지수를 367(해방 당시 100)으로 발표하였다. 이러한 물가고는 조선은행권 발행고가 89억 원을 돌파하여 해방 당시 발행고 46억 원보다 거의 배로 늘어난 데 그 근본 원인이 있었다. 이런 조선은행권 남발은 패전한 일본인들이 미군 진주가 지연된 것을 기화로 그들의 귀국자금을 마련하기 위한 조선은행권 남발로 빚어진 현상이다. 2월말 전국의 실업자가 160만 명으로 전국 거리마다 구직자로 넘쳤다.

- 1. 미곡수집령 발동, 1가마 120원으로 강제 수매
- 2. 각 도에 노동조정위원회 구성.
- 3. 군정청, 미곡수집령에 따른 쌀의 강제매상 실시 계획 발표
- 4. 군정청, 미곡정책에 협조요망
- 5. 이왕직(李王職)의 명칭, 구왕궁사무청으로 변경
- 6. 조선은행, 해방 후 물가지수 367로 발표(1946. 1.)
  징용동포 3천 명, 남양에서 귀환
- 10. 군정청, 타도(他道)로 미곡 반출 금지

강원도 삼척지방 식량난으로 아사자 속출

대구전매노조 쟁의

- 11. 조선은행 발행고 89억 원 돌파

  국립조선항공회사 설립
- 13. 경기도 경찰부, 한글학자를 고문한 악질 친일경찰 구속

  한성상공회의소 창립 발족
- 15. 한민당, 미곡 최고가 철폐 자유반입 허락 건의

  서울 시내 전화 17,346대
- 16. 광복 후 제작한 기관차 건국 제1호 시운전
- 18. 군정청, 3월 1일을 국경일로 결정

  38선에 막힌 우편물 80만여 통, 창고에 보관
- 20. 민주의원 제3차 회의, 미곡문제 대책 등 결의
- 21. 일본은행권 동결법령 발표

  신한공사 창립
- 22. 한미상업회의소 창립

  군정청, 저금령 공포
- 26. 용산 삼각지 전 일본군부대 탄약고 폭발
- 28. 전국 실업자 160만 명

문화·생활

군정청 학무국에서는 신교육제도 실시를 위해 학제 개혁(초등학교 6년, 중학교 3년, 고급중학 3년, 대학

4년제로 결정)을 단행했다. 이와 아울러 1946-1951 년까지 6개년 계획으로 의무교육을 실시할 계획도 발표했다. 초등학교에서 전문학교까지 남녀 학생은 170여만 명이며, 서울시 인구는 896,957명이었다. 해 방 후 화급했던 초등 국어교본 중·하권이 편찬 완료 되었다. 매주 토요일마다 서울의 현직 판검사들도 한글 강습을 받고 있다. 이 무렵 출판계에서는 박문 문고, 정음문고, 을유문고 등 문고본 발간이 활발했 다.

- 1. 경성법학전문학교 개교

  경기도 경찰학교 신설

  초등 국어교본(중·하) 편찬
- 4. 대구방송국(HLKG), 출력 500W로 증강

  주간 소학생 창간(조선아동문화협회)
- 7. 초등학교에서 전문학교까지 남녀 학생 170여만 명
- 8. 국립과학박물관 개관

  전국문학자대회 개막
- 9. 학위령 발표(학사·석사·박사·명예박사 규정)

  조선소년체육협회 창설

  서울의 판검사에게 한글 강습 실시

  경성음악학교 설립(교장 현제명)
- 10. 조선궁도회 재건

  새싹(월간지) 창간(대구)
- 12. 국어문화보급회 창립

  대종교 총본사 본국 귀환
- 14. 조선조각가협회 결성
- 16. 서울시 인구 896,957명
- 17. 조선방송협회, 라디오 청취료 전납제(前納制) 중지

  조선교육자협회 결성

  파고다공원 13층 석탑 복구
- 18. 조선어학회 이극로, 정계 은퇴 성명
- 21. 신교육제도 실시 위해 학제개혁(초등학교 6년, 중 학교 3년, 고급중학 3년, 대학 4년제로 결정)

  의무교육 실시계획 발표(1946년-1951년까지 6개년 계 획)

- 23. 조선미술가동맹 결성
- 24. 조선문화단체총연맹 결성
- 26. 한성일보 및 자유민보 창간
- 28. 조선조형예술동맹 결성대회

- 11. 김일성, 여운형과 회담
- 16. 평양에서 조선독립동맹을 조선신민당으로 개편
- 24. 북조선민주당 제1차 대회(당수 최용건)
- 28. 한글판 조선신문을 창간

북한

- 5. 조선민주당 열성자협의 개최(조만식 세력 퇴진, 임시
  당수 강양욱)
- 8. 북조선임시인민위원회 결성(위원장 김일성)
  인민군 간부 양성기관인 평양학원 창설

1946년 2월 8일 눈오다

미군 철로계의 증명서를 가졌으므로 미군 전용차에 타려다가 다른 군정청 조선인 관리들과 함께 가슴패기를 몹시 얻어맞았다. 가슴이 사뭇 떨리고 눈에 눈물이 핑 돈다. 개도야지처럼 함부로 얻어맞고 쫓겨나서 화차에 가까스로 설 자리를 비집을 수 있었다.

소년 시절에 왜인 경찰에게 무지스레 얻어맞았고 이제 다시 미국 군인에게 이 봉변을 당했다. 약소민족의 설움이 새삼스레 뼈에 사무친다. 그래도 그때는 일정(日政)을 반항하다가 얻어맞았지만 이번엔 미군정에 빌붙어서 좀 편한 자리를 얻으려다가 이 봉변이다. 그들의 만행을 책하기보다도 내 지지리 못났음이 한스럽다.

아무리 몸이 고달프더라도 다른 동포들과 함께 붐비는 중에 고생하는 것이 옳은 것을, 그들의 증명서를 이용하려던 내 태도가 근본적으로 잘못이었다. 떠나기 전에 아내가 그 비루칙칙한 증명설랑은 쓰지 말라던 것을, 그 말이 옳다고는 생각하면서도 몸의 컨디션이 좋지 못함을 양심에의 변명으로 삼고 차중의 안일을 얻고자 한 내 생각이 무엇보다도 잘못이었다.

가뜩이나 늦게 떠난 차가 김천에서 또 기관차의 고장으로 여러 시간 지체하고 용산역에 내리니 여섯시가 넘었다. - 김성칠, 『역사 앞에서(한 사학자의 6·25 일기)』, 창작과비평사, 1993, p. 28

군정청에서 열린 남조선대한국민대표민주의원 발족식에 참석한
김규식, 이승만, 김구.
1946. 2
U.S. Army Signal Corps/ NARA

과도정부 수립 촉진과 한국의 완전독립 실현을 위해 구성된
남조선대한국민대표민주의원 개원식에 참석한 김구(왼쪽)와
이들드 소장(가운데, 미소공위 미 대표), 그리고 김규식(오른쪽).
1946. 2. 14 눈빛아카이브 DB

3·1절 기념식이 우익은 서울운동장에서, 좌익은 탑동공원에서 따로 거행되었다. 이날 아침 남대문로, 을지로 입구에서는 좌우익 세력 간 군중 유치경쟁을 치열하게 벌였다. 하늘에 계신 선열께서 이 광경을 내려다보신다면 매우 가슴 아파할 작태였다. 5일, 38선 철폐를 요구하는 국민대회가 서울운동장에서 개최되었다. 그러자 하지 중장은 "38선 분할은 미소 양군의 군사적 목적에 따른 것"이라는 성명을 발표했다.

정치·행정

모스크바 3상회의에 따른 제1차 미소공동위원회가 덕수궁 석조전에서 20일 개막되었다. 미소공위는 개막과 동시에 미소 양측의 입장 차이로 난관에 부딪쳤다. 소련 측은 반탁투쟁을 한 정당·사회단체를 임시정부 구성에서 배제할 것을 강조했고, 미국 측은 민주의원 중심으로 임시정부를 구성할 것으로 주장했다.

- 1. 3·1절 기념식, 우익은 서울운동장에서 좌익은 남산공원에서 별도 거행
  재미동포, 각주에서 3·1절 행사 거행
- 3. 하지, 주한미군에게 미군명예를 옹호하는 포고 발표
- 4. 조선해군 창립총회
- 5. 38선 철폐요구 국민대회 개최
- 6. 하지, 38선 분할은 군사적 목적에 따른 것이라는 성명 발표
  조선신민당 발족
- 7. 군정청, 미소예비회담 성과 발표
- 8. 중앙경찰청 신설
- 10. 대한독립노동총연맹 발족(의장 전진한)
- 11. 하지, 미소공위 앞서 미국 입장 표명

이승만, 미소공위 등 당면문제에 대한 기자회견
- 13. 군정청, 미소공위 소련 측 대표 미착으로 연기 발표
- 17. 민주의원, 노동·납세·토지·교육 등 임시정책 발표
- 18. 미소공위 소련 측 대표 입경
- 19. 이승만, 민주의원 의장 사료로 김규식 대행
- 20. 제1차 미소공위 개막(덕수궁)
  한국독립당 개편(위원장 김구, 부위원장 조소앙)
- 21. 미소공위 공동성명 제1호 발표, 의사 진행방식 의견일치
  민전, 미소공위에 3상안 반대세력 배제 등의 담화 발표
- 22. 한국독립당과 국민당 합동 선언
- 23. 미소공위, 정부수립과 정당대표 참가 등의 제2호 공동성명
  신민당 등 23개 단체, 신한공사령 철폐와 정당등록법 수정 요구
- 24. 민주의원, 미소공위에 파견할 대표 5인(김규식·조소앙·안재홍·원세훈·김준연) 선정
- 26. 박헌영, UP기자에게 남한에 공산당원 3만 명이라고 언명
- 30. 미소공위 성명 제3호 발표, 3분과회 설치
  이승만, 각 단체 통일하여 독립을 촉성하자는 성명서 발표

사회·경제

군정청은 경성부(서울시)내 쌀 배급 방침을 발표했다. 배급량은 1인당 하루 2홉이었다. 군정장관 러치 소장은 미곡수집을 촉성시키고자 비상조치를 강구하는 중임을 발표했다. 그 대책의 하나로 쌀 부정소유자를 적발하는 사람에게는 쌀 한 가마니에 30원의 상금을 주기로 했다. 7일부터 경부선에 특급열차가 운행되기 시작했다. 민주의원은 경성부 구 및 각도 도로 명칭이 일본식으로 된 것을 시급히 고치고자 개정위원회 설치를 제안했다.

- 1. 한강 연안 미곡 수송선에서 쌀을 빼앗는 해적선 출몰
  조선항공사업사, 대한국제항공사로 개칭
- 4. 조선생활필수품영단을 식량관리국으로 개편
- 5. 남북 간 우편물 교환
  담배 값 인상, 승리 5원
- 6. 안중근 의사 동상건립기성회 기금 모집
  미국으로부터 매월 350만 갤런 유류수입 계획 발표
- 7. 대중오락장에서 일본가요 음반사용 금지
- 8. 민주의원, 서울시 구 및 각도 도로명칭 개정위원회 설치 제안
  국제 부인의 날 행사

중국동포 약 5천 명 귀환

- 9. 남한에서 소련영화 상영 금지
- 10. 민전, 일인재산방매 허가령은 모리 행동을 조장한다는 담화 발표
- 11. 체신국, 국내 무선전신 설비에 착수
  신한공사령 발표
- 12. 민전, 신한공사령 일부 철폐를 주장하는 성명서 발표
  새 우표와 엽서의 도안 결정
- 14. 군정 당국, 미곡 배급 방침 발표(배급량 1인당 하루 2홉 배급 통장제)
- 15. 군정청, 일본인 소유 토지방매에 대해 발표
  개성에서 제1회 남북 우편물 교환 실시
- 16. 군정청, 해운 증강을 위해 미 해군용 선박 LST 15척 대여
  조선경제협의회 결성
- 18. 보건후생고문위원회 설치
  서울의 기생 여급에 대한 검진제도 실시
- 19. 경기도경찰부, 서울시내 집회 허가제 실시
- 20. 환율 결정(미화 1달러 대 조선은행권 120원)
- 21. 남산 '황국신민서사탑' 시파식 거행
- 22. 중국과의 무역계획 수립 중임을 상무국이 발표
- 25. 철도운임 대폭 인상, 여객 2배 화물 4배
- 27. 군정장관 러치, 미곡수집 촉성 목적으로 비상조치 강구 중임을 발표
- 28. 맥아더, 일본 기관차 292대 조선 수송을 명령
  쌀 부정소유자 적발에 상금제 실시
  남태평양제도 징용동포 귀환
- 29. 개성우편국에서 제2차 남북우편물 교환 시행
- 30. 파고다공원에서 전국학생비상궐기대회 개최

문화·생활

조선부녀총동맹은 하지 사령관에게 공·사창제 폐지 결의안을 제출했다. 조선부녀총동맹은 이 결의안에서 "해방은 형식적인 입으로만 되어서는 안 된다. 민주주의 국가에서 공·사창제를 공인하고 인신을 매매시키며 사람을 기계처럼 상품화시키는 것은 다시

없는 죄악상으로 이를 숙청하고 근절시킴이 마땅하다"고 그 이유 여하를 불문하고 공사창제 폐지를 하지 중장에게 요청했다. 13일 전 조선문필가협회가 결성되었다. 해방 후 귀국한 해외동포들과 38선 이북에서 내려온 월남민으로 가옥이 매우 모자랐다. 모리배들은 일본인들이 남기고 간 적산가옥을 불하받고자 정상배들 곁을 기웃거렸다.

- 1. 국민일보·경남일보·남선경제(대구매일신문 전신) 창간
  체신국, 국내에서 일문 전보 취급 중지
- 3. 조선정경학회 결성
- 5. 서울시내 학생 하숙비 800원
  조선사진예술연구회 설립
- 6. 조선부녀총동맹, 공사창제 폐지 요구
  덕수궁 박물관 일반 공개
  조선수상경기연맹 발족
  조선체조경기연맹 발족
- 10. 인천관상대의 기상방송 시작
  조선공예가협회 설립
  제1회 전국 중고교 서울-수원 간 왕복 역전경주대회
- 11. 대한연주협회 결성
- 12. 어린이 날 행사 전국준비위원회 결성
- 13. 서울시내 초등학교 아동에게 우유 무료배급 실시
  조선문필가협회 발족(위원장 정인보)
  조선과학여성회 결성
  교육문화사절단 미국으로 출발
- 15. 조선상업미술가협회 설립
- 16. 전남신보, 호남신문으로 개칭
- 17. 단군전봉건회(檀君殿奉建會), 중앙집행위원회 개최
- 18. 합동신문 창간
  한라산학술조사단 귀경

- 20. 조선신문협회 발족
- 21. 학무국에 고전문화를 부흥 계승하기 위한 번역과 신설
- 24. 국립극장 운영위원 임명(극장 서항석)
  무대예술연구회 설립
- 25. 현대일보 창간(주간 이태준)
  경·평 축구전 개최, 제1차전 서울팀이 2-1 승(서울)
- 26. 장충단에 전재민구호연합회본부 설치
  안중근 선생 추도회 개최(서울운동장)
  쌀 요구 시민 300명 시청에 쇄도
- 27. 경·평 축구전 개최, 제2차전 평양 팀이 3-1 승(서울)
- 28. 명량대첩비, 전남 해남군 문내면으로 이전
- 29. 이조실록 간행회 조직
  걸 스카우트연합회 발족
  법령 제65호 '제차 도보자의 통행규칙' 공포(기차를 제외한 모든 차량 우측통행)
- 30. 조선 유도회(儒道會) 총본부의 임원 선정(위원장 김창숙)
- 31. 문맹 퇴치를 목적으로 한 중앙성인계몽협회 결성
  대한신문 창간

북한

- 5. 임시인민위원회에서 토지개혁 법령 발표
- 8. 강원도에서 토지개혁 착수
  북조선인민위원회, '토지개혁법령에 관한 세칙' 발표
- 23. 김일성, '20개조 정강' 발표(북조선 헌법의 기초)
- 25. 북조선예술총연맹 결성
- 30. 평양의 조선독립동맹, 조선신민당을 결성(위원장 김두봉)

미소공동위원회가 열린 덕수궁의 국기게양대.
1946. 3
U.S. Army Signal Corps/ NARA

▶ 위, 서울 덕수궁 석조전에서 개최된
미소공동위원회 개회식.
아래, 미소공동위 1차 회담에서
소련 대표 쉬띄꼬프 중장이 연설하고 있다.
1946. 3. 20
U.S. Army Signal Corps/ NARA

서울, 1946
눈빛아카이브 DB

차량에 승차하여 시위를 하고 있는 3·1절 기념행사를 마친 일부 군중들.
부산. 1946. 3 눈빛아카이브 DB

레닌의 초상화가 걸린 원산 시내의 3·1절 기념 아치.
1946. 3. 1
미군 노획문서 중
북한 앨범사진(NARA)

원산 시내의 3·1절 기념 아치와 행렬.
1946. 3. 1
미군 노획문서 중 북한 앨범사진(NARA)

원산의 3·1절 기념 행사.
1946. 3. 1
미군 노획문서 중
북한 앨범사진(NARA)

◀ 3·1절 기념 행진중인 원산의 여학생들.
1946. 3. 1
미군 노획문서 중
북한 앨범사진(NARA)

남산 산책.
1946
김한용 사진

● 경평(京平)축구전 개막

38도선의 장벽을 넘어온 원래의 평양축구단을 맞이하여 8·15 이후 처음으로 열리는 전서울 축구단 대 평양 축구전은 장안의 인기를 총집중한 가운데 오늘 25일 오후 1시 서울운동장에서 그 막을 열게 되었다. 역사적 으로 이름 높은 '경평축구전'은 조선축구계뿐 아니라 전조선운동계에 최고봉으로 실로 억센 조선을 쌓아올리 는 원동력이 되어 왔다고 해도 과언이 아니다. 경평전은 그동안 왜정의 탄압으로 중단되어 오던 가운데 이번 본사와 조선축구협회의 공동주최로 이를 부활시키게 됨에 그 개최의 의의는 자못 큰 것이 있다. 이 뜻깊은 대회를 찬조하여 특히 학생축구계의 기린아 연희전문과 보성전문의 오픈게임이 첫날인 25일 개최되어 장안 축구애호가들에게 좋은 경기를 보여주게 되었고, 또 제2일에는 휘문 배재 두 학교의 경기가 있어 비단 위에 꽃을 곁들이게 되었다. 이들 모두 오후 1시부터 오픈게임을 하며 오후 3시부터 장엄한 입장식이 거행된 후 경평정기전 경기로 들어가게 되었다. - 자유신문 1946. 3. 25

1946. 4

외신(샌프란시스코 6일 AP발 합동)에 따르면, 미군정청은 남조선 단독정부 수립에 착수했으며, 이승만은 단독정부의 주석이 될 것이라고 보도하였다. 이에 러치 군정장관은 남조선 단독정부 수립 외신보도를 전혀 사실 무근으로 부인하였다. 다음날 미 국무부는 남조선 단정수립설에 대해 "미 정부는 1945년 12월의 모스크바에서 결정된 조항에 따른 전조선의 통일민주주의 정부수립에 찬의를 표한다"고 성명했다. 이 보도에 대해 이승만은 "뭐라 말할 수 없다"는 견해를 표명했다.

정치·행정

18일 미소공위는 모스크바 3상회의 결정을 지지하여 미소공위에 협력한다면 과거 반탁행위를 불문에 부치고 임시정부를 수립하는 데 협의대상으로 하겠다는 제5호 공동성명을 발표했다. 김구 등이 이 공동성명에 거부하자 미소공위는 더 이상 진전 없이 장기 휴회로 들어갔다. 이승만은 민주의원 의장 자격으로 남조선 각 지방순회차 서울을 출발했다.

- 1. 제8연대 A중대 춘천에서 창설(중대장 부위 김종갑)
- 3. 비상국민회의 의장 홍진, 시국문제 회견
  조선공산당 총비서 박헌영, 식량대책 등 언명
- 4. 러치, 식량배급에 관한 대책 성명서 발표
- 5. 여운형 인민당수, 미소공위에 관한 담화 발표
- 6. 러치, 남조선단정수립을 제의하였다는 외신보도 부인
- 7. 남조선에 단독정부 수립설
  미 국무부, 남조선 단정수립설에 대해 성명
- 8. 미소공위 공동성명 제4호 발표
  제주도 모슬포에서 국방경비대 제9연대 창설(연대장 장창국)
  하지, 맥아더와 조선문제 협의차 도일

- 이승만, 남한 단독정부 수립설에 대한 견해 발표
- 9. 우익 4당(한독당·국민당·한민당·신한민족당 등) 합동문제 결렬
  경기도경찰부, 송진우 암살범으로 한현우·유근배·김의현 체포
  대한민주청년동맹 결성(회장 유진산)
- 10. 미소공동위 개최중 시위행진 금지
- 11. 이승만, 민주의원 의장에 복귀
  미 육군부, 맥아더를 현역 원수에 임명한다고 발표
- 12. 하지, 맥아더와 회담 마치고 귀임
- 13. 민주의원, 트루먼에게 조선독립 강조에 대한 감사 전문 발송
  방미중인 김활란, 탁치 불필요성 등에 대해 강조
  비상국민회의 의상 홍진, 통일정부수립에 관한 담화 발표
- 14. 민주의원 요인, 미소공위 미국 측 대표 브라운과 중대협의
  이승만, 워싱턴스타지에 조선문제에 관한 기고
- 15. 제8관구 경찰청 신설
- 16. 러치 군정장관, 미국의 대한원조 참 뜻을 천명
  이승만, 남조선 각 지방순회차 서울 출발
  한민당 선전부장 함상훈, 탁치 전제되지 않은 정부수립 촉구

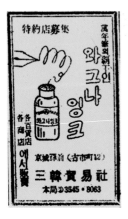

특약점모집

萬年筆外新發賣

와 크 인

앵 나

크

第2493號

各百貨店에서販賣

京城深井（古市町12）

三韓貿易社

本局③3545・8063

- 17. 번즈 미 국무장관, 조선 등 점령지정책 조정에 관한 새로운 방침 발표
  조공 창립 21주년 기념식 거행
- 18. 미소공위 제5호 공동성명 발표
  한독·국민·신한민족당 외 4개 단체, 합동집행위원회 구성 후 성명서 발표
- 19. 민주의원 의장 이승만의 암살음모 범인 체포
- 20. 민전 제2회 중앙위원회 개최
- 21. 하지의 고문 굿펠로우, 유성에서 이승만과 회담
- 22. 하지. 미소공위 5호 성명서에 대해 담화 발표
  서울민주청년동맹 결성
- 23. 민주의원과 비상국민회의, 미소공위 5호 성명에 대해 검토
  무정부주의자전국대회 개최
  제2회 전국인민위원회대표대회 개최, 미소공위 지지
- 24. 미소공위 제6호 공동성명 발표
- 25. 조선민주청년동맹 결성
  조선민주당 본부를 평양서 서울로 이전
- 26. 정당등록법 일부 수정으로 당원 명부 제출 폐지
- 27. 하지, 공위가 요청한 정당 사회단체의 선언 서명에 관한 특별담화 발표
- 29. 대한독립촉성전국청년총연맹 전국대표자대회 개최
  민전 사무국, 산하 가맹단체의 조직 인원 800만 명이라고 발표

사회·경제

4일 러치 군정장관은 쌀배급에 대하여 성명을 발표했다. 그러자 다음날부터 서울의 쌀값이 하락할 기미를 보였다. 군정청은 경기도와 강원도 도내 일인 토지 64만 평을 농민에게 대여키로 하였다. 군정청은 1946년도 예산세목을 발표했다. 세출 118억여 원

에 세입 80억여 원으로 37억여 원이 부족했다. 러치 군정장관은 부족액을 차입하는 데 염려할 바 없다고 말했다.

- 1. 국립관측소, 조선표준시를 세계 표준시로 변경
- 3. 제1차 남조선 도지사회의, 미곡수집과 미곡배급에 관한 방책 토의
  조선상공회의소 창립 발기준비위원회 결성
- 5. 군정장관의 식량배급 성명(4. 4.)으로 서울의 쌀값 하락
- 6. 경기도와 강원도 도내의 일인 토지 64만 평을 농민에게 대여
- 7. 대한독립노동총연맹 결성
- 8. 서울시민에게 식량 배급(1인 1일 1홉)
- 10. 소방서 증설(5개에서 50개로)
  호남선 직통열차 운행
- 11. 민전 산하 40여 단체, 미소공위 환영과 민주정부수립촉성시민대회 개최(서울운동장)
- 15. 민정장관, 새로운 도량형제 실시 발표
- 16. 군정청, 1946년도 예산세목 발표(세출 118억여 원, 세입 80억여 원)
- 17. 미곡 생산 5개년계획 수립(생산 목표 1천9백만 석)
- 20. 춘천지방에 페스트(흑사병) 발생
- 24. 서울시에 특별 미곡령 공포
- 25. 상해 출발 동포 3천3백여 명, 부산 상륙
  윤봉길 의사 유품, 서울 도착
- 26. 제4차 남북 우편물 개성우편국에서 교환
- 27. 법령 제76호로 세관 행정 공포
- 28. 경기도 농상부, 자진 미곡 기증자 표창 계획
- 29. 윤봉길 의사 추도식 거행(서울운동장)
- 30. 중국의 남경항공협회, 상해-서울 간의 항공로 개설

문화·생활

러치 미 군정장관은 현재 교사(校舍)와 교원수로 보아 6세부터 12세까지 아동의 반수 정도 의무교육을 실시할 수 있다고 말했다. 이를 위해 교원양성과 교사 신축 또는 증축을 위해 8천5백만 원을 예산에 포

함시켰다고 발표했다. 문교부에서는 의무교육계획 실시를 앞두고 미취학아동을 각 초등학교에 입학 조치케 했다. 서울시내에서만 2만여 명의 아동이 이 혜택을 받았다. 소설가 채만식은 이 무렵의 시대상을 반영하는 작품 〈논 이야기〉를 발표했다. 그는 이 작품을 통하여 농민들의 분노와 체념을 드러내었다.

- 1.『한글』속간 개시
  월간『아동』창간(대구)
  문학신문(주간) 발행
  인천시립박물관 개관
- 4. 조선청년문학가협회 결성
- 6. 보이스카우트 결성 허가
- 7. 국어강습소 1백여 개소 개설
- 11. 도미 조선인교육위원 일행, 워싱턴 도착
- 12. 활동사진의 취체 공포
  제2회 전국조선신문기자대회, 군정당국에 우익지 폐간 결의
- 13. 조선스키협회 창립
- 15. 조선문화단체연맹, 민족문화건설전국회의 개최 (-19일)

- 17. 대종교 남도 본사, 단군어천절(檀君御天節) 기념식 거행
- 19. 문교부, 의무교육제 실시를 위해 미취학아동의 취학부터 실시키로
  중외신보 창간
  성공회 주교 세실 쿠퍼 다시 부임
- 21. 조선언어학회 창설
- 24. 러치, 의무교육실시에 대해 담화
- 25. 국립민족박물관 개관
- 26. 전남도민, 이충무공 유적복구기성회에 성금
- 29. 의무교육계획 실시를 앞두고 미취학아동 각 초등학교에 입학(서울시내 2만여 명)
- 30. 조선신문협회 제1차 전국대회 개최
  법령 제89호로 조선해방기념우표의 발행을 공포

북한

- 7. 조선어문연구회 결성
- 13. 토지개혁, 몰수 토지 100만여 정보 무상분배 농가 71만 호

조선호텔 앞을 경비중인 미군 헌병.
1946. 4
U.S. Army Signal Corps/ NARA

서울에 처음 개업한 미군 상대의 성조 카페.
1946. 4. 18
U.S. Army Signal Corps/ NARA

항아리를 이고 가는 여인.
1946

1946년 코리아의 일상
이 사진은 미 제24군단 소속 미군이 외출시 흑백
슬라이드로 촬영한 것으로, 해방 이후 서울과 근교의
서민들의 일상을 볼 수 있다.
눈빛아카이브 컬렉션

▶ 광주리를 이고 가는 여인들.
1946

머리에 짐을 이고 가는 여인들.
1946

광주리를 이고 가는 여인들.
1946

가게 안을 들여다보는 아이 업은 여인.
1946

서울 시내를 통과하는
기독교식 장례행렬.
1946

서울의 시장통.
1946

▶ 서울 도심 번화가.
1946

짐을 가득 실은 수레.
1946

264

신작로와 자가용.
1946

동생을 업은 소년.
1946

◀ 미군과 아이들.
1946

빨래하는 여인들.
1946

빨래를 마치고 귀가하는 여인들.
1946

서울역 앞에서 대기중인 인력거꾼들.
1946

외출.
1946

한복을 입은 사람.
1946

길가의 소년.
1946

기념상 위의 소년들.
1946

▶ 가재도구를 지고 가는 지게꾼.
1946

조혼비.
1946

276

미소공위 소련측 대표 쉬띄꼬프 중장 일행은 반탁 단체와 더 이상 임시정부 수립을 협의할 수 없다고 9일 특별열차로 서울을 떠났다. 이로써 미소공위는 무기휴회에 들어갔다. 3월부터 두 달을 끌었던 미소공동위원회 회의가 아무런 성과 없이 끝나자 남북한은 서로 다른 길을 걸을지 모른다는 우려가 높아졌다. 그러자 25일 군정청의 알선으로 김규식·여운형 등의 인사들이 좌우합작 접촉을 시작했다.

정치·행정

미소공위가 휴회 기미를 보이자 국민회·한민당·한독당 등 우익진영은 독립전취국민대회 폐회 후 좌익계 신문사와 공산당 전평 민청 등을 습격했다. 썰렁한 정가에 정판사 위폐사건이 발생했다. 경찰은 조선공산당원이 조선은행의 지폐 발행 평판을 훔쳐서 300만 원 이상 위조지폐를 발행했다고 발표했다. 하지만 조선공산당에서는 이는 공산당 위신을 추락시키려는 계획적인 행동으로 아무 관련이 없다고 주장했다.

- 1. 민전, 미소공위 참가 결의문 발표
  경기도 양주군 태릉에 남조선 국방경비사관학교 설치 (교장 이형근 참령)
- 2. 비상국민회의 및 휘하 단체, 공위 제5호 성명에 서명 합작 결의
  반파쇼공동투쟁위원회, 전체회의 개최 진용 보강
- 3. 미소공위 본회의 속개
- 4. 법령 제72호로 군정위반에 대한 범죄 공고
- 6. 미소공위 무기 휴회
- 7. 미소공위 제7호 성명, 시문(試問)에 응할 단체 결정
  조봉암, 박헌영에게 공산당의 운영합리화를 요청하는

사신 발송
- 8. 독립노농당 결성
  공보부차장 크린, 아이젠하워 조선 내방 발표
  경무부장 조병옥, 위조지폐단 검거에 대한 담화 발표
- 9. 하지, 미소공위 휴회 경위 성명
  미소공위 소련 대표 쉬띄꼬프, 반탁 단체와 더 이상 협의할 수 없다고 서울 떠남
  여운홍, 조선인민당 탈퇴
- 10. 하지, 이승만·김구와 요담(미소공위 무기휴회 대책)
  반탁전국학생총연맹, '반탁은 독립운동이다'는 성명서 발표
  조선민주청년동맹 중앙위원회, 미소공위 무기휴회에 대한 성명 발표
- 11. 이승만, 지방 인사들은 자율정부수립을 살망한다고 언명
- 12. 국민회·한민당·한독당 등 우익진영, 독립전취국민대회 개최
  독립전취 테러단 국민대회 폐회 후 좌익계 신문사와 공산당 전평 민청 등 습격
  대한독립촉성전국청년총연맹, 독립정부수립과 38선 철폐 주장 성명서 발표
- 13. 독립전취국민대회장 오하영, 폭력행위와 무단 시위

혐의로 구속

민전, 산하 단체에 단결 등을 강조하는 지시문 하달

- 15. 정판사 위폐사건 발표

  미 육군참모총장 아이젠하워 원수 내한

  외무처, 영해나 영공 이외의 불법여행 금지

  대동신문, 좌익요인 암살교사 및 군정청 비방혐의 3주간 정간처분

- 16. 조선공산당, 공보부의 정판사 위조지폐사건 발표에 대해 성명 발표

  대법원장 김용무 유임, 노진설·양대경 대법관, 검사총장 이인 임명

  조공, 공보부의 정판사 위폐사건 발표에 대해 성명 발표

- 17. 이청천 등 5천여 명의 광복군 개인자격으로 귀국 예정

- 18. 러치 군정장관, 조선공산당 기관지 해방일보 정간 처분하고 정판사 폐쇄

  미 국무차관 애치슨, 공위 재개에 대한 미국입장 천명

- 20. 민주의원의장 이승만, 미소공위 재개 요망 담화 발표

- 22. 사회민주당 결성

- 23. 군정청, 민간인의 38선 무허가 월경을 금지

  조공, 3상회의 결정사항에 관한 각급 당부에 주는 지시서 공개

- 24. 경무부, 여자경찰관제도 설치를 결정하고 간부 16명 채용

- 25. 군정청의 알선으로 김규식·여운형 등 좌우합작 접촉 개시

- 27. 한민당, 지방유세대 조직하여 각지에 파견 결정

- 31. 독립전취국민대회, 3상회의 결정 제2조 철회 요구

사회·경제

해방 후 고국으로 돌아온 동포들은 23일 현재로 약 278만 명이다. 하지만 아직도 해외에 200만 명은 더 있을 것으로 예상되었다. 이날 현재 일본에서 귀국한 우리 동포는 163,367명이고, 고국으로 돌아간 일본인은 723,442명이다. 전국 각지에 콜레라가 만연하여 관계당국은 그 대책을 강구하고 있다. 서울·부산 간에 특별 급행열차 조선해방자호가 운행을 시작했다. 이 열차는 서울-부산 간을 9시간 36분에 주파하고 있다. 해방 후 창씨를 버리고 본 성명을 쓰고 있으나 공적인 경우는 아직도 창씨명을 써야 했다. 호적 사무협의회는 이런 불편을 해소하고자 창씨개명을 완전히 말살해 달라고 군정청에 진정서를 제출했다.

- 1. 광복 후 첫 메이데이, 노총과 전평이 별도 행사를 거행

  연료 및 부속품 고갈로 경부선 및 각선 열차 일부 운휴

  쌀 재고량 18만 석이라고 발표

- 3. 조선섬유산업협회 창립

- 4. 국제연합구제부흥사업국(UNRRA) 허버트 후버 회장 입경

  미 배상조사위원회 포레 일행 파견

- 5. 어린이날 제16주년 기념

  싱가포르에서 동포 2천 명, 프랑스령 인도지나에서 동포 124명 귀환

- 6. 전신전화건설국 설치(서울·대전·군산·부산·대구·광주)

- 7. 조선철도의 통일 공포

  신한공사 창립을 공포

- 8. 5월중 서울 시내 육우도살 740마리로 할당량 규정

- 10. 경의선 열차 문산까지 단축운행

  해안경비대사령부, 진해로 이전

- 11. 조선공업구락부 설립

- 12. 상해동포, 일본에 끌려간 조선여성 구제

- 13. 공설욕탕 및 음식점의 허가 공포

제5차 남북우편물 교환이 개성에서 이루어짐
- 15. 윤봉길 등 7의사 유해 귀국
  해원(海員)양성소 개교(통영)
- 17. 법령 제82호로 대외무역 규칙 공포
- 19. 경부 특급열차 '해방자호' 지정 좌석 및 기차표 예약
  제 실시
  조선상공회의소 창립
- 20. 법률 제87호로 부산시의 특별 미곡령 공포
- 21. 서북협회 주최로 재경서북인대회 개최
  해방 후 3월까지 범죄가 8천여 건에 이름
- 24. 첫 외국무역선 중국서 35척 인천에 입항
- 25. 각지에 콜레라 만연, 관계당국 대처
- 서울의 명칭이 경성부로 존속
- 26. 해방 후 현재까지 귀환 동포 발표
  미국 시사평론가 올리버, '신지도자'라는 잡지에 "조선은
  해방된 민족으로 대우를 받지 못하고 있다"고 논평
  대외무역에 허가제 채택
- 27. 서울시내 공창 폐지
  서울·부산 간에 특별 급행열차 조선해방자호 운행
- 28. 러치 군정장관, 조선에 외국 투자 필요성 언명
  군정청, 법령 제90호로 경제통제 공포
  하곡 수집 예상고 200만 석
- 29. 호적사무협의회, 창씨개명 말살을 군정청에 제출

문화·생활

공사립 전문학교가 대학으로 승격했다. 이미 결정된 대학 중에 그 이름부터 특이한 학교는 보성전문이 고려대학이라 한 것이다. 그밖에는 대개 전 교명에 단과대학으로 고쳤다. 연희전문은 연희종합대학으로, 중앙전문은 중앙여자대학으로 각각 승격하여 교명을 바꿨다. 문교부는 의무교육 실시계획을 발표함과 아울러 미취학 성인을 위해 각 군과 면에 공민학교를 설치했다. 5월 17일부터 법령 제70호로 서울시내 공창제도(성매매를 국가가 인정하고, 국가가 관련산업을 관리하는 제도)가 폐지되었다. 해방 후 서구의 민주주의, 남녀평등사상이 들어오면서 여성의 지위가 향상되고 있었다. 여성을 대상으로 하는 부녀신문이 창간되었다.

- 1. 독립신보 창간
  조선서화동연회 결성(회장 손재형)
- 3. 부산신문 창간
- 4. 한성기생조합대표들, 조합원을 착취하는 조합제도 배격 진정서 제출
- 5. '초등 중등 공민' 편찬
  국사관 신설
- 6. 민족문화연구소 창립(소장 백남운)
- 8. 인류학회(이극로) 발족
  이조실록 제1권(영인본) 배본 시작
- 12. 부녀신문 창간
- 17. 청년해방일보 창간
  법령 제70호로 부녀자의 매매금지 공포로 공창제 폐지
- 18. 최초의 야간대학 국민대학 설립
- 19. 체신부, 북조선에 보내는 편지는 '38 이북'이라고 붉은 글로 쓰게 함
- 20. 공사립 전문학교 대학으로 승격
- 23. 극예술연구회 부활(대표 유치진)
- 28. 문교부, 의무교육 실시계획을 발표
- 29. 법령 제88호로 신문 및 기타 정기간행물 허가에 관한 건 공포
  문교부, 미취학 성인 위해 각 군 면에 공민학교 설치
- 30. 대한승마협회 창립

북한

- 8. 북조선체육총연맹 결성
- 14. 평양시 각 정당 사회단체 연석회의 개최
- 19. 북조선 전역에서 조선임시정부수립촉구 민중시위대회 개최(참가자 450만 명)
- 23. 중앙예술공작단 결성

경찰이 압수한 조선정판사 위폐사건의 증거물들.
1946. 5
U.S. Army Signal Corps/ NARA

● 조선정판사 위폐사건

1946년 5월 조선공산당이 당비를 조달할 목적으로 위조지폐를 만들어 시중에 유통시켰다는 죄목으로 기소된 사건이다. 15일 군정청 공안부 발표에 따르면, 공산당 기관지 해방일보 사장 권오직과 이관술은 일제강점기 말 조선은행 백원 권을 인쇄하던 지카자와(近澤)인쇄소의 후신인 조선정판사 사장 박낙종과 부사장 송언필에게 위폐 제작임무를 맡겼고, 박낙종의 지시를 받은 조선정판사 평판과장 김창선이 위폐를 인쇄하여 시중에 흘렸다가 경찰에 발각되어 관련 당 간부 등 16명이 체포, 기소되었다. 군정청은 사건 발표 후 공산당본부를 강제수색한 다음 정판사를 폐쇄시켰으며, 해방일보를 무기 정간시켰다. 이에 대해 조선공산당은 이 사건은 고의적 날조이며, 조선공산당은 이 사건과 전혀 관계가 없다는 성명을 발표했다. 이 사건을 계기로 군정청은 공산당에 대해 강경책을 펴게 되었고, 이때부터 남조선에서 공산당 활동은 약화되기 시작했다. - 한국현대사사전

이봉창, 백정기 의사의 유골을 봉환하는 행렬.
부산, 1946. 5. 18
눈빛아카이브 DB

● 상해 동포, 일본에 끌려간 조선 여성 구제

태평양전쟁중에 일본인이 저지른 가장 큰 죄의 하나로서 조선의 딸들을 여자정신대 혹은 위안부대라는 미명으로 일본은 물론 멀리 중국 남양 등지에 강제로 혹은 기만하여 보낸 사실을 지적할 수 있을 것이다. … 전쟁이 끝나자 상해를 비롯하여 중국 각지에는 이러한 조선 여성들이 갈 바를 모르고 헤매고 있었다. 이것을 본 공돈·권후원·강대형·임영호 등 4씨는 만약 그네들이 불의의 행동으로 조선민족의 수치가 될 것을 두려워하여 작년 11월 상순부터 부녀공제회를 조직하여 최초에는 공돈의 사유주택에 부녀자 27명을 수용하고 극력 보호하며 한편으로 이러한 외로운 부녀자의 수용에 전력하였다. 이렇게 하여 2월 말일까지는 약 700명을 수용하게 되어 장소도 예배당을 빌려서 적극적으로 노력하여 왔었다. 그간의 경비는 전부 전기 4씨가 부담하였으며 중국 화폐로 약 100억 원을 써 왔다고 한다. 이 부녀공제회의 존재는 상해 재류동포 간에서도 자못 평판이 높았으며 전기 4씨에 대한 일반의 칭찬은 높았었다. 지난 4월 25일 귀국한 공돈은 다음과 같이 말한다. "처음 그들을 수용하고 보니 대부분이 악질 화류병과 피부병에 걸려 있어 보기에도 비참할 정도였습니다. 고국에 돌아오면 이런 사람을 구제할 기관이 있는 줄 알았더니 전혀 없다고 할 정도이어서 매우 낙담하였습니다. 지금 상해에는 약 50명밖에 남지 않았는데 돌아온 그들이 어떻게 생활해 갈 것인지 매우 걱정됩니다. – 서울신문 1946. 5. 12

용산역에서 출발하는 시범운행 열차.
1946. 5
U.S. Army Signal Corps/ NARA

미소공위가 무기 휴회되자 이승만은 이를 기다렸다는 듯 3일 정읍환영강연회에서 남조선만의 단독정부 수립을 주장하는 연설을 했다. 이른바 '정읍 발언'이란 이승만의 발언에 대해 좌익은 물론 한독당도 반대성명을 냈다. 미소공위가 결렬된 데다가 이승만의 단독정부 수립 발언으로 통일국가 수립은 점차 멀어져 보였다.

정치·행정

미군정은 미소공위가 무기휴회로 들어가자 김규식 등 개혁적인 중도파 중심으로 한 좌우합작을 구상했다. 이에 따라 김규식·원세훈·여운형·허헌 등은 4자회담을 열고 좌우합작 문제를 협의했다. 초기에 좌우합작은 순조롭게 진행되었다. 좌우에서 각각 5인의 대표를 선임하고 김규식과 여운형을 공동대표로 선출했다. 21일 워싱턴발 AP 합동에 따르면, 미 육군성은 항구적인 해외기지 설치 계획을 실행하기 위하여 3억여 달러의 예산을 계상하고 있는데, 여기에는 조선도 들어 있다고 했다. 이에 대해 조선주둔군 하지 총사령관은 항구적인 미군기지를 설치할 의도가 없다고 부인했다.

- 1. 러치, 정판사위폐사건에 대한 특별성명
  조선여자국민당 대의원 겸 전국여성대회 개최(위원장 임영신)
- 2. 전국애국단체연합위원회 발족
- 3. 이승만, 정읍에서 단정수립 필요성 주장
  광복군 참모장 이범석 귀국
- 4. 이승만, 남조선 단정설에 관한 기자회견
  조공, 남조선 단독정부 수립반대 담화
- 5. 이승만 남한단정 수립에 대하여 한국독립당 등 각계

반대 담화 발표
이범석, 김구 방문 후 기자들에게 담화 발표
- 6. 대한독립촉성국민회, 미소공위 개최를 요청하는 성명서 발표
  독립노동당 발기인총회 개최
- 7. 한민당, 좌익계열의 남조선 단독정부수립설 비난에 대해 반박 성명
- 8. 하지, 미소공위 무기 휴회에 대해 특별방송
- 10. 민전, 6·10만세운동 20주년기념 및 미소공위 속개 촉진시민대회 개최
- 11. 러치, 남한 단독정부 수립 반대 기자회견
- 12. 이승만, 민족통일사령부 설치하여 독립전취운동 전개 계획
- 13. 대한독립촉성국민회(총재 이승만), 12부 책임자 선정
- 14. 김규식·여운형·허헌 등 좌우합작회담 개시
  민전 의정단회의 개최
  한민당 선전부장 함상훈, 자주정부수립에 관한 담화 발표
- 15. 종래의 국방부가 통위부로, 남조선경비사관학교가 조선경비사관학교로 개칭
  해군병학교, 해안경비대사관학교로 개칭
- 16. 국립 서울종합대학안 발표
- 17. 김규식·원세훈·여운형·허헌 4자 회담을 열고 좌우

합작 문제 협의

조선인민당 총국장 이여성, 통일정부수립과 좌우합작 등 담화 발표

- 18. 러치 군정장관, 포스터 비라 등 중지 언명
  법령 제72호 실시중지로 피검자 일제 석방
  독촉애국부인회 전국대회
- 19. 미소공위 속개하고자 소련군 장교 입경
  비상국민회의 부의장 최동오(崔東旿), 좌우합작 등에 대해 협력 담화 발표
- 20. 독촉애국부인회 전국대회, 탁치반대와 민주정부수립 주장 결의 후 폐회
  민전 사무국장 이강국, 좌우합작 결과에 대한 기자 문답
- 21. 한민당 선전부장 함상훈, 좌우합작과 남북통일에 대한 입장 발표
  군정청, 경성부윤(서울시장)에 김형민 임명
- 22. 민주의원·민전 대표자, 미소공위 미국 측 수석대표 아놀드와 회담
  조봉암, 공산당 반대성명 발표
- 24. 맥아더사령부, 재일 미귀국조선인은 일본인으로 대한다고 특별 포고

소련정부, 주서울 소련영사관 철퇴 결정

- 25. 하지, 항구적인 미군기지 설치계획 부인 성명 발표
- 29. 이승만, 민족통일총본부 설치
- 30. 하지, 김규식·여운형의 좌우합작 추진 적극 찬동 특별성명

사회·경제

부산에서 콜레라가 창궐하여 남조선 전역에 퍼졌다. 6일 중앙방역본부의 콜레라 사망자 발표에 따르면, 전국 256명 발생에 91명이 사망했다고 한다. 3일 개성에서 남북우편물 교환이 있었다. 그동안 북행 우편물 누계 60만5천여 통, 남행 우편물 누계 15만6천여 통으로 모두 76만여 통이 교환되었다. 지난 3월말 기준 물가지수는 524(1945. 8. 15. 100)로 해방 후 일반 국민들은 계속 물가고에 시달렸다.

- 1. 신한공사, 이모작의 소작료 폐지를 건의
  물가지수(1946년 3월말 기준) 524(1945. 8. 15. 100)
- 2. 부산에서 콜레라 창궐, 남한 전역에 만연
- 3. 남북우편물 교환(누계 북행 우편물 60만 5천여 통, 남행 우편물 15만 6천여 통)
- 5. 경전(京電) 승무원 동맹파업
- 6. 중앙방역본부, 콜레라 사망자 발표(전국 256명 발생에 91명 사망)
- 7. 야간 통행금지 시간 단축(오후 11시-오전 5시)
- 9. 조선자동차상공조합연합회 결성
- 10. 여자 경찰관 응모자 1백 명, 국립경찰학교 입소
- 12. 전매국, 새 담배 무궁화(10개비 8원) 백두산(20개비 8원) 판매
  북조선의 대남 송전량 약 9만kw
  화폐발행고 942억 2,299만 원
- 13. 군정장관, 하곡 매상 판매가격 결정 발표
- 15. 권농일 기념행사
  생필품 가격통제
  서울 시내 택시 요금 결정, 3km 40원 초과 km당 12원
- 16. 불우여성 선도를 위하여 향린원에 경생료 설치
- 17. 장택상 경기도 경찰부장, 교육자들의 부정행위에

대해 경고
- 18. 조선상공회의소, 대일배상요구청원서를 포레 배상
  조사위원에게 제출
- 19. 살인강도사건에 극형 언도
- 20. 인력거 요금 책정, 1km 20원 추가 km당 15원
- 21. 하곡(보리)수확 5백만 석으로 예상
  남조선 콜레라 환자 1,335명
- 25. 물가고에 따른 일반 여론 고조
  러치, 일인 토지 불하문제 및 위폐사건 관련자 검거 발
  표
- 26. 폭우로 수해 발생
- 27. 경기도 경찰부, 사교단체 정민회 일망타진
- 29. 이봉창·윤봉길·백정기 등 3열사 봉도회(奉悼會)
  법요의식 거행
  러치, 수해복구에 총력 집중 호소
  조선노동조합전국평의회(이하 '전평'), 국제노동조합연
  맹에 가입

문화·생활

문교부는 윤석중 작사 정순철 곡 〈잘 있거라 아우들
아〉를 초등학교 졸업식 노래로 만들었다. 초등학교
졸업식장은 이 노래로 울음바다를 이루기도 했다.
박목월·조지훈·박두진 3인 시집 『청록집』이 발간되
어 우리말의 아름다움을 한껏 드러냈다. 문교부는
전문대학 수업연한을 3년에서 4년으로, 중학교는 4
년에서 5년으로 연장했다. 이 무렵 학생들은 새로운
교복을 제정하여 착용했다.

- 1. 예술신문 창간
- 2. 조선국세문화협회 설립
- 6. 문교부, 윤석중 작사 정순철 곡 〈잘 있거라 아우들아〉
  초등학교 졸업노래로 제정 발표
  박목월·조지훈·박두진 3인 시집 『청록집』 발간
- 7. 조선불교중앙총무원, 만해 한용운의 대상법요 거행
- 8. 조선무용예술협회 설립
  고등교육제도의 임시조치 발표
- 9. 한글가로쓰기연구회 창립총회 개최

조지훈·박목월·
박두진 3인이
을유문화사에서
시집 『청록집』을 발
간하다. 이
시집으로 이들
3인의 시인을
'청록파'로
부르는 계기가
되었다.
1946. 3. 6

- 12. 문교부, 전문대학 수업연한을 3년에서 4년, 중학교
  는 4년에서 5년으로 연장
- 15. 전국 국산품전람회 개최
  만담가 신불출, 태극기 모독사건으로 경찰에 구금
- 16. 서울시 학무과, 초등학교 결식아동에게 점심 실비
  제공
- 18. 전문대학교장회의, 농어촌계몽대 조직 결의
  한성일보 창간
- 20. 조선청년문학가협회, 예술의 밤 개최
- 21. 조선관상대, 천기도를 개정 사용
- 22. 진단학회, 중등학교 국사 교과서 배부
  국립 서울대종합대학안을 학생대회서 반대성명
- 23. 한미문화협회 결성(회장 장건상)
  과학교육동우회 조직(회장 이태규)
- 24. 경향신문사 허가
- 28. 민주신보사 허가
- 29. 국제신문 창간

북한

- 3. 북조선공산당 중앙당학교 개교
- 4. 평양민보를 민주조선으로 개칭
- 20. 중앙정치간부학교 개교
  북조선노동법령, 북조선인민위원회 통과
- 27. 북조선임시위원회, 수확고의 25% 농업현물세 실
  시

식량난으로 굶주린 사람들이
쌀배급소를 약탈하려고 몰려들자
미군 헌병들이 제지하고 있다.
부산, 1946. 6. 6
U.S. Army Signal Corps/ NARA

▶ 위 아래. 중부지방의 호우로 한강이 범람하여
침수된 마포 일대.
1946. 6
U.S. Army Signal Corps/ NARA

덕수궁에서 열린 그네타기
경연장에 수많은 구경꾼들이
모여들었다.
1946. 6
U.S. Army Signal Corps/ NARA

하지 중장은 김규식·여운형 양씨의 좌우합작 노력을 전적으로 찬성한다는 담화를 발표했다. 그러자 이승만은 잔뜩 긴장을 하며 김규식·김구, 그리고 자신은 유기적 관련이 있는 이신동체(異身同體)라고 강조했다. 러치 군정장관은 하지 중장에게 남조선입법기관 설치를 건의했다. 그러자 좌익 민전계는 즉각 이에 대한 반대성명을 발표했다. 이 무렵 한국여론협회에서 초대 대통령에 대한 여론조사 결과에 따르면 이승만이 가장 높았다.

정치·행정

법령 제94호로 전라남도에서 제주도를 분할 설치케 되었다. 문교부에서 국립서울대학교 신설을 발표하자 국립서울대학교안 반대공동대책위원회가 조직되는 등, 국립서울대학안 반대운동이 일어났다. 전국학생총연맹이 결성되어 대표의장에 이철승(고려대학), 의장 채문식(서울대학)·박용만(유학생 동맹) 등이 주도했다.

- 1. 하지의 좌우합작 찬성 담화에 돈암장 긴장
  러치 장관, 하지 중장에게 남조선입법기관 설치 건의
  민전계, 민족통일총본부 반대성명
- 2. 법령 제94호로 전라남도에서 제주도 분할 설치를 공포
  한독당, 좌우합작 지지
- 3. 민전 세 입법기관 설치 반대성명
- 6. 하지, 조선민중에게 미국독립기념일 축하한데 대해 사의 표명
  조선정판사 위조지폐사건에 대해 진상 발표
- 9. 하지, 입법기관설치에 찬의 표명하는 성명서 발표
- 10. 비상국민회의부의장 최동오, 미소공위 재개 강력히 주장

- 법조계, 인권 옹호를 위해 3심제 부활 및 법령 제72호 철폐를 진정
  조공 중앙위원 이주하, 좌우합작 3대 원칙 제시
- 11. 이범석, 국방경비대 고문에 취임
- 12. 군정청, 사법부장에 김병로(金炳魯) 임명
- 13. 좌우합작 제1차 회담
  국립서울대학교 신설 발표
- 14. 좌우합작촉성회, 미소공위 양측 대표에게 메시지 전달
  좌우합작에 대한 설문조사 결과 발표
- 15. 전국애국단체대표대회, 민족통일총본부 절대지지
- 16. 러치 장관, 신문인 습격을 엄벌한다고 발표
  신한민족당, 좌우합작지지 담화 발표
- 17. 여운형 피습, 암살 미수
  좌우합작회담 우익대표 최동오, 합작 활동에 최선 다짐
- 18. 러치, 용지 부족의 비상조치로 신규 간행물 허가금지 발표(등록 간행물 242건)
- 19. 8·15 해방기념행사 좌우익 합동 거국적인 행사로 거행하자는 운동 대두
  송진우 암살범 한현우에게 사형 구형
  인민당, 여운형 당수 피습에 대해 성명 발표
- 20. 인민당 여운형과 신민당의 백남운, 좌우합작에 초지일관 다짐

- 22. 좌우합작위원회(김규식, 여운형) 예비회담 공동선
  언문 발표
  조공, 하지에게 정판사위폐사건의 재판공개 및 보도자
  유 등을 요망
- 24. 사법부장 김병로, 위폐사건 왜곡보도 경고
  러치 장관, 대일배상에 조선은 적용치 않는다고 언명
- 25. 좌우합작위원회, 1차 회의
- 26. 민전, 삼상회의 결정지지, 미소공위 속개, 토지개혁,
  불순분자 배제 등 좌우합작 원칙 재천명
- 30. 위폐공판 소동사건에 각계 여론 비등
- 31. 전국학생총연맹 결성(위원장 이철승)
  국립 서울대학교안 반대 공동대책위원회 조직
  하지, 8·15기념행사 통일을 호소

사회·경제

전국에 콜레라가 만연하여 환자 3천8백 명 가운데 1
천8백여 명이 사망했다. 경기도 경찰부에서는 120만
서울시민을 울리는 쌀 중간 모리배를 소탕하고자 식
량사찰본부를 설치해 악질 모리배를 검거했다. 남조
선 실업인구가 83만여 명에 이르고 있다. 미등록 실
업자도 상당수에 이르러 심각한 사회문제로 대두되
고 있다. 2일 서울의 소련영사관이 철수했다. 이는
역사적으로 소련과의 관계를 일단락 짓는 것을 의미
했다. 정동 소련영사관 건물은 한때 고종이 피신했

- 1. 한미간 우편통신 재개
- 2. 해방탑 건립준비위원회 조직
- 4. 외국무역 통제에 관한 법령 제93호 발표
- 5. 조선상공회의소, 무역협회설립준비회 결성
- 6. 군정청, 재미 조선인 동결재산 해제 발표
  중앙식량행정청, 서울·인천에 밀가루 배급 재개
- 7. 이봉창·윤봉길·백정기 의사 국민장 거행
  6개 도시에 중앙보건소 신설
  인천 금항(禁航) 해제
- 9. 탁치반대전국학생총연맹, 하기학생계몽대 파견
  수해이재민 4만 이상 발생
  러치, 신한공사 해체 명령
- 12. 조선항공기술동맹 결성
  외국무역규칙 제1호 발포
  수출입 항구로 인천·부산·군산·목포·묵호 지정
  대한잠사회 설립
- 13. 전국 콜레라 환자 가운데 1,800여 명 사망
- 14. 경기도 경찰부, 식량사찰본부 설치 후 가두 식량사
  찰 단행
- 15. 생필품 가격 통제(고무신 45원, 성냥 2원)
- 16. 군정청, 조선적십자사의 만국적십자사 가입 인가
  세계무역회사 스태거스 사장, 조선과 미국의 통상협정
  을 독점한다고 발표
- 17. 선박, 38선 이북으로 항행 금지
- 18. 서울시내 전화 5할 감축
- 19. 남한 실업인구 83만9,783명
  남한 노동조합 227개
  대외무역 면허 신청을 8월 1일부터 접수한다고 발표
- 20. 용산·목포간 식량열차 운행
  민전, 8·15기념행사 통일준비위원 5명 선출
- 21. 100만 달러 구제품 들어올 예정 발표
- 22. 서울시내 교통량 조사
- 23. 러치, 식량배급과 테러방지책 및 위폐사건 등에 대
  해 언급
- 24. 귀국전재동포구제회 중앙본부 창립총회

하곡수집 협력농가, 생필품 우선 지급 발표
- 25. 공창 존폐 문제에 대한 찬반론 대두
  조선상공의소의 폐지 공포
- 27. 조선적십자사 창립총회(총재 김규식)
- 28. 전평, 국제노동조합총연합회 가입
- 29. 조선정판사 위폐사건 공판, 방청 군중의 혼란에 발
  포로 경동중학생 1명 사망 50명 검속
- 31. 조선무역협회 업무 개시

문화·생활

광복 후 첫 대학입시가 치러졌다. 각 대학 법학과가 최고경쟁률을 보였다. 러치 군정장관은 중등학교 입학난을 해소하기 위해 공사립 중등학교에 야간부 개설을 권장했다. 해방 후 신식 결혼식이 늘어났으며, 신식 결혼식에 따른 주례사나 축사의 예문이 들어 있는 『문장독본』이 출판되기도 했다. 이 시절 애연가들은 '승리' '무궁화' 등을 즐겨 태웠다. 이 무렵 여성, 특히 여대생들은 개량 한복으로 곧게 주름 잡은 통치마에 흰 스타킹과 검은 구두를 신고 다녔다.

- 1. 합동통신 설립
- 3. 교통통신 창간
- 4. 조선여론협회 발족
- 5. 경성대학의학부 학생, 국립서울대학교 합동안 반대
  부산인민보 창간

- 10. 광복 후 첫 대학 입시
- 11. 교수단연합회, 러치 장관에 교수의 사회지위 및 연구자유보장 요청
- 12. 시조연구회 설립
- 15. 제14회 올림픽대책위원회 임원 선출(위원장 유억겸)
- 21. 체신부, 해방 기념우표 발행 예정
  조선연식야구연맹 발족
- 22. 국민개학(國民皆學) 강조주간 실시(-28일)
- 23. 러치, 입학난을 해소하기 위해 공사립 중등학교에 야간부 개설
- 25. 오대산 태백산 학술조사(송석하)
- 28. 조선장학회 조직

북한

- 4. 평양-원산 간 직통전화 개통
- 16. 평양에 종합대학 설립(9.1 개교)
- 21. 북조선 보안간부학교 개교
  북조선 물자 조사차 국제연합구제부흥사업국(UNRRA)
  사절단 출발
- 22. 북조선민주주의민족통일전선 결성
- 29. 북조선공산당과 신민당 합당, 북조선노동당으로 새로이 발족
- 30. 북조선 남녀평등법령 공포

- 서울시내 교통량 조사
연발하는 교통사고를 과학적으로 방지하고자 군정청 보안과에서는 시내 각 네거리의 교통량을 조사하였다. 22일 하오 4시에서 5시까지 한 시간 동안 남대문 앞을 대상으로 종류별로 보면 미군 화물차 288대, 미군 승용차 313대, 일반 화물차 156대, 일반 승용차 130대, 소형 화물차 24대, 소형 승용차 21대, 오토바이 30대, 우마차 138대, 손수레 150대 등 도합 1,248대다. - 동아일보 1946. 7. 26

부산에서 개최된 미국 독립기념일 축하 시가행진.
1946. 7. 4
U.S. Army Signal Corps/ NARA

● 초대 대통령은 누구? – 조선여론협회조사 발표
지난 17일 서울시내 종로, 남대문, 종로4가 세 곳에
서 통행인 6,671명에게 다음과 같은 설문으로 여론
을 조사하였다.

질문: 제1차 대통령은 누구인가
이승만(1916) 29%
김구(702) 11%
김규식(694) 10%
여운형(689) 10%
박헌영(84) 1%

기타(110) 2%
모르겠다(2476) 37%

● 좌우합작에 대한 설문조사 결과 발표
조선여론협회에서는 김규식· 여운형 양씨의 좌우합
작 교섭에 대하여 여론을 조사하고자 12일 서울시내
통행인 7,709명에 대하여 다음과 같은 설문을 물었
는데 그 조사 결과는 다음과 같다.

1) 신탁논의는 정권수립 후에 하고 우선 좌우합작을
하자는데 어떻게 생각하는가?

부산에서 개최된 미군의 독립기념일 축하 시가행진.
1946. 7. 4
U.S. Army Signal Corps/ NARA

절대 찬성(3,825) 50%

실효가 없을 것이다(196) 2%

모르겠다(3,688) 48%

2) 3상(三相) 결정을 총체적으로 지지하는 원칙을
세워야 한다는데 어떻게 생각하는가?

탁치는 천만부당(2,726) 35%

탁치 지지(704) 9%

김·여 양씨에게 일임(591) 7%

모르겠다(3,688) 49%

- 동아일보 1946. 7. 23

하동(夏童).
1946
구왕삼 사진

3·1절 기념식에 이어 8·15해방 1주년 경축대회도 좌우익이 따로 개최했다. 한미공동 주최 8·15 평화 및 해방 1주년 경축대회(우익)가 군정청 광장에서 거행되고, 민전 주최 좌익진영 해방 1주년 기념대회는 서울운동장에서 거행되었다. 이날을 맞이하여 일본에 약탈당한 대한제국 국새가 정식으로 조선에 반환되었다. 군정청 공보부는 입법기관에 대한 법령 제108호 전문을 발표했다. 입법기관의 명칭은 조선과도입법의원으로 임시조선민주정부가 수립될 때까지 군정청의 전속기관으로 관선 45명, 민선 45명 총 90명으로 구성케 되어 있다. 미소 양군 사령관은 교환 서한 내용을 공개하였는데 양측은 서로 다른 의견으로, 소련 측은 모스크바협정에 반대하는 정당과 단체와는 상의할 수 없다고 회답했다.

정치·행정

북조선에서 공산당과 신민당이 합당을 하자 남조선에서도 좌익 각 당의 합당운동이 일어났다. 인민당의 여운형 당수는 공산당과 신민당에게 3당 합당을 제의했다. 이에 조선공산당의 박헌영은 인민당의 제의를 승낙했다. 군정청 여론국은 조선인민은 어떠한 종류의 정부를 요망하는지 여론조사를 했다. 군정청 공보부는 경성부를 서울시로 변경한 뒤 특별시로 승격한다고 발표했다.

- 1. 제주도 전남에서 분리, 지사에 조선인 박경훈과 스타우트(T.A. Stout) 임명
  언더우드 군정장관 보좌관으로 임명
  조봉암, 조공과의 관계에 대한 기자회견에서 계급독재 부인
- 3. 맥아더, 5월 정례보고에서 "미소공위 무기휴회로 남조선 인민들은 미군정의 계속을 원하고 있다"라고 발표
  인민당 여운형, 공산당과 신민당에게 3당 합당 제의

- 여운홍, 사회민주당 결성
- 4. 조선공산당, 인민당 합당제안을 수락
  독촉국민회, 좌익 제정당의 좌우합작방해 언동 비난
  동학당연맹준비위원회 개최(오지영)
- 5. 위폐사건 공판 방해범에 유죄 언도
  재미 한길수, 맥아더의 5월 정례보고는 허위라고 언명
- 7. 경기도경찰부, 좌익요인 검거 가택수색
- 8. 조선민족혁명당 김원봉, 좌익 3당과는 별도 독자노선 천명
- 10. 민주의원, 파리강화회의에 메시지 발송
  해안경비대사관학교, 해안경비대학으로 개칭
- 11. 민전, 미국의 대조선 차관 설정 반대
- 13. 군정청여론조사국 조사
  조선여론협회, 좌익합당문제 및 군정에 대해 여론조사
- 14. 서울시 헌장 발표, 경성부를 서울시로 하고 특별시 승격
  민족통일총본부, 민족통일과 자주독립에 관한 성명서 발표
- 15. 한미공동 주최 8·15 평화 및 해방1주년경축대회,

군정청광장에서 거행

민전 주최 좌익진영 해방1주년기념대회, 서울운동장에서 거행

일본에 보관 중이던 대한제국 국새, 조선에 반환

- 16. 인민당 확대위원회, 3당 합당 가결
- 17. 민주의원, 미국의 대조선 차관에 찬성 표명
- 18. 홍명희 중심의 민주통일당, 제1회 발기준비회 개최
- 22. 군정, 법령 제102호로 국립 서울대학교 설치
- 24. 조선과도입법의원 창설 공포
  독촉간부 이승만의 권유로 총사직 결의
  하지, 좌우합작 대표 여운형과 김규식에게 친서 전달
- 27. 조공 박헌영, 미국에서 물자도입·경복궁내 미군병 사숙소 건축 등에 반대 피력
- 28. 미소 양군 사령관, 교환서한 내용 공개(양측 서로 다른 의견, 소련 측은 모스크바협정 반대하는 정당과 단체 상의할 수 없다고 회답)
- 31. 하지, '조선민중에게 보내는 말' 메시지 발표
  미 의원단 일행 6명 방한

사회·경제

해방 후 해외동포의 귀국으로 인구가 대폭 늘어나 남조선 인구는 1,936만 9,370명(여 957만 7,563명)에 이르렀다. 미국은 조선에 매월 3만2천 톤의 미곡을 지원하는 한편 2,500만 달러 차관을 발표했다. 또한 전재동포원호회(UNRRA) 본부는 조선의 긴급구제 정책으로 100만 달러의 구제품 수송을 승인했다. 그 동안 천정부지로 치솟던 쌀값도 하락세로 돌아섰다. 해방 후 무차별 도벌로 산야가 벌거숭이로 황폐화하여 산사태와 하천 범람의 요인이 되고 있다.

- 1. 체신부, 8·15부터 기념우표와 그림엽서 발매 예정
- 2. 송진우 암살범 한현우, 무기징역 언도

- 3. 생활문제로 조선인들, 일본에 밀입국
- 4. 영친왕 이은, UP 통신기자에게 38선 철폐 등 고국에 대한 심경 토로
- 6. 러치, 하곡수집에 대한 교서 발표
  중앙물가행정처, 저물가정책 수행에 시민 협조 요망
  러치, 조선은행권 103억여 원 유통(남조선 70억여 원, 북조선 33억여 원)
- 7. 8·15평화 및 해방준비위원회 조직
- 8. 미국, 대조선 미곡 수송량을 매월 3만 2천 톤 수송 언명
  미국, 대조선 2,500만 달러 차관 설정 발표
- 9. 군정청, 38선 해로로 넘어오는 모리선박 철저 단속
- 10. 전국 항공단체통합대회 겸 조선항공건설협회 창립 총회
- 12. 군정청, 추곡수집령 공포
  한미 양국, 우편물 교환
- 14. 전재동포원호회(UNRRA)본부, 조선의 긴급구제정 책으로 100만 달러의 구제품 수송 승인
- 15. 전매국, 새 담배 공작을 서울시내에서 자유판매
- 16. 도미교육사절단 귀국
- 18. 호남신문과 동광신문(전남), 포고령 위반으로 폐간
- 20. 러치 장관, 26일부터 1인당 쌀 2홉 배급한다고 확언
- 21. 광복 이후 미국으로부터 수입물자 총액은 3천 5백만 달러
- 22. 제1관구 경찰청장 장택상, 상품매석 혐의로 화신상회 박흥식 취조
- 23. 북조선 체류 일본인의 불법 월남 증가
  서울시, 극빈자 위한 미군종합식료품 부정배급으로 빈축
- 25. 북조선 체류 일본인 1천9백여 명, 밀선으로 월남
  국내의 일인 농토 43만 4,615정보(남조선 33만 4,370정보)
  남조선 인구 1,936만 9,370명(여 957만 7,563명)
- 27. 실업자 구제책으로 서울-부산간 간선도로 및 도로 보수공사 시작
- 28. 쌀값 하락

해방 후 무차별 도벌로 산야가 벌거숭이로 황폐화함
경기도, 주택난 완화를 위해 서울시내에 750호 신축 결정

- 29. 국치일기념국민대회 후 행정권 이양 요구하며 시위
- 31. 미곡 수집령 폐지 공포
  서울의 실업자 20만 명으로 날로 증가

문화·생활

10일부터 각선 열차운행이 전면적으로 개정되었다. 종전의 특급 해방차 제1·2호가 부활되는 것을 비롯하여 서울-목포 간 급행열차도 운행하기 시작했다. 조선체조연맹은 기본체조를 제정하여 '국민보건체조'로 보급했다. 각 문화단체대표들은 하지를 방문하여 경복궁내 미군 숙사건립 중지를 요청했다.

- 3. 가극협의회 설립
- 7. 조선영화동맹, 전국영화인대회 개최
  악극협회 결성
  조선속기문화협회 창립
  조선마라톤 보급회 조직

- 11. 조선체조연맹, 국민보건체조 제정
- 12. 조선무용협회 창립 공연
- 15. 연희전문 이화전문, 대학으로 승격
- 17. 손기정, 동아일보사를 통해 승리투구 독일에서 찾아줄 것을 요망
- 20. 베를린올림픽 마라톤제패 10주년 기념식
- 21. 각 문화단체대표, 하지를 방문하여 경복궁내 숙사건립 중지 요청.
- 25. 국립 서울대학교 총장 및 대학원장 단과대학장 내정

북한

- 1. 민전, 평양시위원회 결성
- 7. 민법 작성
- 9. 북조선임시인민위원회, '공민증 발행에 관한 건' 공포
- 10. 주요 산업의 국유화 실시
  북조선, 제1차 방소(訪蘇) 사절단 일행 25명 출발
- 28. 북조선노동당 창립대회
- 31. 북로당 제1차 중앙위원회, 위원장 김두봉, 부위원장 김일성·주영하 선임

● 각 문화단체대표, 하지를 방문하여 경복궁내 숙사건립 중지 요청

이조 5백 년의 궁궐로서 모든 고적 유물의 집결처인 서울 경복궁 안에 미군의 병사(兵舍)를 짓는다는 소식이 한 번 전하자 고적 보존의 관계자는 물론, 일반사회 문화 각 단체에서는 고적 유물의 손상을 두려워하여 군정청당국을 비롯하여 미 주둔군 당국에 병사건축계획의 철회를 요망하였으나, 작금에는 이미 공사청부업자의 손에 의하여 공사가 착착 진행되고 있으므로, 24일에는 각 문화 각 단체대표자들이 하지 중장을 방문하고 선처하기를 요망하였던바, 조사한 결과 될 수 있는 대로 좋도록 하겠다고 회답을 얻었으며, 또 26일에도 문화단체를 대표하여 송석하가 미군 참모장을 방문한 결과 이날 오후 송씨 입회 아래 현장을 실지조사하여 보고 선처하겠다는 회답을 얻었는데 그 결과가 주목된다. - 조선일보 1946. 8. 27

● 군정청 여론조사국 조사

군정청 여론조사국에서는 조선인민이 어떤 종류의 정부를 요망하는가를 규찰하기 위하여 30항목의 설문을 열거하고 여론을 조사하였는데 설문에 반영된 민의는 다음과 같다.

문 1. 일신상의 행복을 위하여 가장 중요한 것은 어느 것이라고 생각합니까?

(가) 생활안정을 실현할 기회 3,473인(41%)

(나) 정치적 자유 4,669인(55%)

(다) 모릅니다 311인(4%)

문 2. 귀하께서 찬성하는 일반적 정치형태는 어느 것입니까?

(가) 개인독재(민의와는 무관계) 219인(3%)

(나) 수인독재(민의와는 무관계) 323인(4%)

(다) 계급독재(타 계급의 의지와는 무관계) 237인(3%)

(라) 대중정치(대의정치) 7,221인(85%)

(마) 모릅니다 453인(5%)

문 3. 귀하의 찬성하는 것은 어느 것입니까?

(가) 자본주의 1,189인(14%)

(나) 사회주의 6,037인(70%)

(다) 공산주의 574인(7%)

(라) 모릅니다 653인(8%)

● 조선여론협회, 좌익합당문제 및 군정에 대해 여론조사

조선여론협회에서는 11일 오전 11시부터 시내 3개처(종로, 명동, 노량진)에서 통행인 4,782인에게 다음과 같은 설문으로 여론을 조사하였는데 결과는 다음과 같다.

설문 1. 공산당 해소에 따르는 좌익정당 합동문제를 어떻게 보느냐?

퇴세(頹勢)를 만회하기 위한 모략이다. 3,203인(67%)

합동은 부득이한 사정일 것이다. 622인(13%)

합동은 당연한 노선이다. 383인(8%)

기권 574인(12%)

설문 2. 군정에 대하여 잘했다고 생각하는 점은 무엇인가?

위생시설 96인(2%)

기권 4,686인(98%)

설문 3. 잘못했다고 생각하는 점은 무엇인가?

식량정책 2,534인(53%)

산업운영과 주택관리 1,482인(31%)

기권 766인(16%)

실업자

오기영[*]

해방된 지도 어언 일 년이 가깝지마는 아직도 해방 직후 정돈된 산업기관의 부흥은 까마득하여 실업자 구제대책은 의연히 시급하고 중대한 문제의 하나다.

이미 관중은 싫증이 났는데도 불구하고 정치무대에서는 여전히 파쟁극만을 연출하고 있으니 이들의 눈에는 민족반역자와 반동분자와 빨갱이 극렬분자만 보이는 모양이고 그 많은 실업자는 눈에 보이지 않는가 보다. 이 실업자들이야말로 일제의 잔재가 아니라 일제의 희생자요, 파쇼분자도 아니며 민족을 반역한 일도 없는 소박하고 선량한 조선 동포들인데 어찌하여 민중을 위하노라는 애국자들인 정치가들에게서 이 가엾은 동포들이 간과되고 있는지 알다가도 모를 일이다.

가만히 생각하여 보면 천만 가지 화려한 이론이 제각기 제가 옳고 남이 그르다고 주장하지마는 실상은 제가 정권을 잡아야 한다는 것이 이론의 골자인 양하다. 제가 정권을 잡는 것이 대중의 복이 되는 것이요, 남이 정권을 잡으면 대중은 불행하리라는 것이 주장의 알맹이가 되어 있다.

그럴는지도 모르기는 하다. 하지마는 그렇게 대중을 사랑하는 정치가들이면서 어찌하여 실업대중은 몰라 보며, 조국을 위한다면 그 조국이 '실업자국'이 될 지경으로 지금 인민의 대부분이 실업자가 되어 있는 현실을 광구할 역량을 발휘하지 않고 있는가 의문이다.

하물며 이 실업자들도 정권을 맡길 사람을 선택할 권리의 소유자들이요, 이들의 투표도 인민의 의사로써 표현될 것이고 보면 이들에게 아무런 생활의 방도도 열어 주지 아니하고 그저 덮어놓고 내가 잘났으니 나를 대통령으로 투표하라는 주문은 천부당만부당한 몰염치가 아니겠느냐 생각해 볼 필요가 있다.

민은 식이 위천[民食爲天]이라니 먹을 것 주는 이가 우선 대통령이 되어야지

---

[*] 1909년 황해도 배천 출생으로 동아일보 기자 역임. 해방 후 조선일보 등 신문에 칼럼 기고. 정부수립 후 월북.

이론만으로 배가 부르지 않는 것 아닌가. 독립도 고목에 필똥말똥한 꽃인지 될듯 말듯한데 정치가의 극성스런 아우성 틈에 배곯은 실업자의 처지로서는 밥 주는 곳으로 쫓아가는 수밖에 없이 되어 있다.

그런데 괘씸한 것은 "내가 정치가요" 하는 점잖은 양반들이 이들 실업자를 정당한 방법으로 구제할 생각은 아니하고 밥을 미끼로 하여 자기 대신 제 욕심대로 폭력주의를 행사하는 것이다. 테러에도 색별이 자연한 듯하여 백색 테러니 적색 테러니 하지마는 실상은 폭력행사자 자신에게는 이런 사상적 근거보다도 배고픈 원인이 좀 더 정당한 원인이라 보아야 옳을 상 싶다. 배고픈 사람에게 한 때 밥을 주니 은혜요, 게다가 동지의 명예와 애국자의 공명까지 곁들여 주면서 "저놈이 나쁜 놈이다, 쳐라!" 하니, 안 치는 사람보다는 치는 사람이 많은 것도 사리에 그럴 듯하다.

이래서 이들은 실업한 탓으로 배고픈 약점에 잡혀 모략에 이용되고 저도 모르는 새에 동포상잔의 죄를 범하는데, 한 번 더 괘씸한 것은 이들을 이렇게 이용하면서도 언제 제게도 남이 이용하는 테러가 닥칠지 몰라서 테러는 금물이라고 바로 점잔을 빼는 양반들이다. 뱃속을 들여다보면 내 테러는 애국심에 불타는 의거요, 저편의 테러만은 배격하자는 것일거니 사리가 여기 이르면 가위 언어도단이다.

이런 인물이 정치무대에서 날뛰는 날까지는 암만 민중이 속을 태워도 통일은 무망이요, 독립도 피안의 신기루다. 이따위 정치가는 자기의 정치적 실업을 겁내서 정작 민중의 실업을 고려하지 않는 것인데, 하기는 내 코가 석자면 하가(何暇)에 남의 걱정을 하리요마는, 그런지라 이따위 정치가는 모조리 면직처분을 하지 않으면 안 된다.

모략과 욕설과 폭력 지도에는 우등생이요, 정작 정치에는 낙제생인 자들에게 이용되고 있는 실업자가 가엾다면 이것은 조선 전체의 불행이지 결단코 한 개인 개인의 불행이 아니다. 더구나 사흘 굶어 담 넘어가지 않는 사람 없다고 절도, 강도가 부쩍 늘었는데 이것을 그저 국민의 도의심이 없어진 탓이라고 간단히 밀어버리고 바로 장탄식을 하는 도의정치가들은 우선 자기 자신이 한 사날 굶어 보란 말이다.

노예로는 36년이나 살아 견디었지만 밥을 굶고야 무슨 수로 견딜 수 있겠는가.

한 번 체험해 보게 되면 어시호(於是乎) 배곯은 민중에게 도덕을 요구하고 비판을 요구하고 그뿐인가, 지지를 강요하니 때는 정히 민주주의 시대로서 그도 케케묵은 옛날의 자본가적 민주주의가 아니라 가장 진보적 민주주의 시대라면서 이건 막 민중을 일종의 도구로 알지 않고는 못할 노릇이다.

그 많은 직장 그 많은 일감을 내놓고 왜놈은 쫓겨 갔으니 응당 일자리가 많아지고 사람이 귀해야 옳겠는데, 어떻게 된 심판인지 사람은 똑같이 천하고 일자리만 귀하니 무슨 요술판인지 모를 일이다. 이만하면 아심즉하니 정치가 여러분은 제발 민족반역자 반동분자 극렬분자만 찾지 말고 죄 없는 실업대중을 건져낼 도리를 차리라. ─ 오기영,「진짜 무궁화」,『신천지』제1권 제7호(1946년 8월), 성균관대학교 출판부, 2002, pp. 15-18

8·15해방 1주년 기념

북조선 민주주의 건설 사진첩

8·15해방일주년기념중앙준비위원회

1946 평양

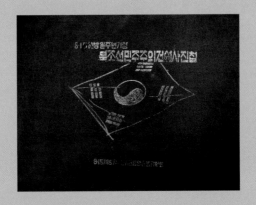

이 사진집은 한국전쟁 당시 미군에 의해 노획되어
현재 〈미군이 한국에서 노획한 문서(Records Seized by U.S. Military Forces in Korea)〉라는
제목으로 미국 국립문서보관소(NARA) 북한 노획문서군에 소장되어 있다.
5×7인치 정도 크기의 흑백인화 사진을 마분지에 붙여
앨범 형식으로 만든 것으로 보아 대량 인쇄해 보급한 것이 아니라
고위층 열람 및 보관용으로 소량 제작한 것으로 보인다.
촬영자는 미상이나 북한의 사진가가 해방 후 1년간 지속적으로
촬영한 것으로 추정되며, 사진설명은 앨범에 기록되어 있는
내용을 그대로 적었다. 아직 한글 전용 이전이어서
간단한 한자도 사용하고 있으며,
오른쪽의 그림은 앨범 속 사진마다에
붙어 있는 삽화이다.

북조선 임시 인민위원회의 전경.

위, 북조선 주둔 붉은군대 제25군
사령관 치쓰짜꼬브(쉬띄꼬프) 대장.
아래, 우리의 영도자 김일성 장군.

304

정권 이관(일본이 소련군에게)의 광경 : 1945년 8월 26일 밤 청도호텔에서.

붉은군대 평양에 입성.

붉은군대 입성 환영의 광경.

붉은군대 입성 환영 대회장에 모인 군중.

붉은군대 입성 환영대회 광경.

도시 민중대회의 김 장군.

도시 민중대회에 모인 군중.

광주학생사건 기념대회, 그의 一.

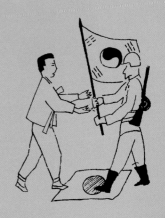

광주학생사건 기념대회, 그의 二.

十月혁명 기념대회, 그의 一.

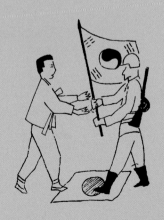

十月혁명 기념대회, 그의 二.

모스크바 삼상회의를 절대 지지하자, 그의 ㅡ.

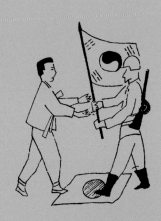

모스크바 삼상회의를 절대 지지하자, 그의 二.

모스크바 삼상회의를 절대 지지하자, 그의 三.

북조선 임시 인민위원회 성립 경축대회, 그의 一.

북조선 임시 인민위원회 성립 경축대회, 그의 二.

북조선 임시 인민위원회 성립 경축대회, 그의 三.

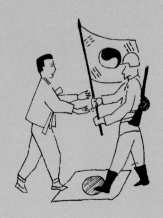

피의 날 삼월 일일 기념대회, 그의 一.

피의 날 삼월 일일 기념의 가두.

피의 날 삼월 일일 기념대회, 그의 二.

土地는 農民의 것. 땅을 받은 농민.

역사적 토지개혁의 농민대회, 그의 二.

자기 땅을 가는 농민들.

볏모 심는 농민.

五—절 기념 시위 행렬, 그의 —.

五一절 기념 시위 행렬, 그의 二.

五一節 기념 시위 행렬, 그의 三.

五一절 기념 시위 행렬, 그의 四.

五一절 기념 시위 행렬, 그의 伍.`

五一절 기념 생산 돌격, 그의 一.

五一절 기념 생산 돌격, 그의 二.

五─절 기념 생산 돌격, 그의 三.

위, 五一九 시위, 그의 一.
아래, 五一九 시위, 그의 二.

五一九 시위, 그의 三.

노동법령 실시 경축대회, 그의 一.

노동법령 실시 경축 시위 행렬, 그의 二.

노동법령 실시 경축 시위 행렬, 그의 三.

노동법령 실시 경축 시위 행렬.

왼쪽, 개수공사 전의 보통강 전경.
오른쪽, 개수공사 후의 보통강 전경.

보통강 개수공사는 김 장군의 첫 삽으로.

왼쪽, 보통강 개수공사의 돌격은 계속한다.
오른쪽, 보통강 개수공사의 야간 돌격.

보통강 개수공사의 학생들.

해방된 여성들.

산업, 교통, 운수, 체신, 은행 등의
국유화에 관한 법령 발표.

8·15해방 1주년 기념 경축대회.

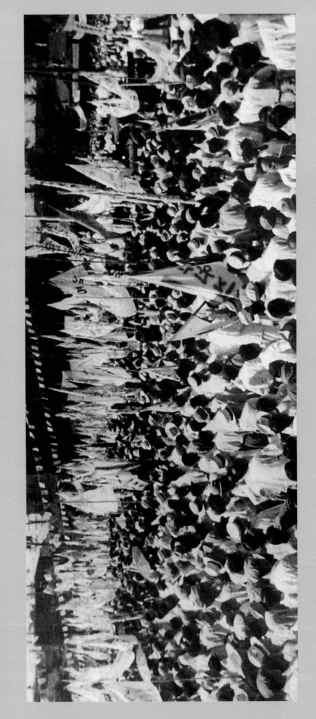

8·15해방 1주년 기념 경축대회.

인민당, 조선공산당, 신민당 등 좌익 3당은 합당결정서를 가결하고 남조선노동당(이하 '남로당')을 결성했다. 남로당은 일본인과 지주의 토지를 무상 몰수하여 토지가 없는 농민에게 무상분배하는 토지개혁 등 12항 강령 발표했다. 24일 남조선 전역에 철도종업원들이 총파업에 돌입했다. 이에 수도경찰청은 총파업 농성중인 철도노조원 1천여 명을 연행하였다.

정치·행정

군정청 경무국은 조선공산당 서울 중앙인민위원회의 중요한 비밀서류를 압수했다. 제1관구(경기도) 경찰청은 박헌영·이강국·이주하 등을 지명수배하여 이주하·김상룡을 검거했다. 맥아더 포고령 제2호 위반으로 미군정청에서 체포령이 내린 조선공산당 중앙위원 이강국은 평양으로 월북하여 세간의 비상한 관심을 모았다. 군정청 장관 러치는 군정청의 행정 및 지휘권을 조선인에게 이양하고 영어로만 써오던 공문서와 표지판을 한글로 쓸 것이라고 발표했다. 12일 아침, 돈화문 앞 교차점에서 이승만은 괴한에게 4발의 권총 저격을 받았으나 탄환이 차창을 뚫지 못해 별다른 피해는 없었다.

- 2. 방한 미 하원군사위원회 의원, 미군 철퇴와 미군 주둔 양론
- 3. 제1관구 경찰청장 장택상, 치안유지 등에 새 노선 천명
  정판사 위폐사건 공판 속개
- 4. 좌익 3당 합당 결정서 가결, 남조선노동당(이하 '남로당'으로 줄임) 준비위 구성
  남로당, 토지 무상몰수 무상분배 등 12항 강령 발표

공보부, 애치슨의 대조선 미국정책에 대한 특별 발표
- 7. 군정청 경무국, 조선공산당 비밀서류 압수
  제1관구 경찰청, 박헌영·이강국·이주하 등을 지명수배
- 8. 하지, 미군진주 1주년기념일 맞아 성명 발표
  군정청 경무부, 조공 이주하·홍남표·김삼룡 체포
- 9. 김규식, 우선 남한만이라도 좌우합작 희망
- 11. 러치, 군정청의 행정 및 지휘권 조선인에게 이양하고 영어로만 써오던 공문서와 표지판을 한글로 쓸 것이라고 언명
- 12. 대한독립청년단 결성
  이승만 저격사건 발생
  민족통일총본부, 하지의 미군 진주 1주년 기념 성명 및 방송에 감사
- 15. 8개 군소정당의 합동으로 신진당(新進黨) 결성
- 16. 이승만, 좌우합작 지지 담화
- 17. 수도경찰청 신설(청장 장택상)
  하지, 좌우합작 지지 성명 발표
  러치, 입법기관 설치문제에 대해 담화 발표
- 18. 체포령이 내린 조공의 이강국 월북
- 19. 남조선 입법의원 내용 발표
  경무부장 조병옥, 친일 경찰 선도방침 천명
- 20. 장교 양성을 목표로 한 최초의 사관학교 공덕리 국방경비대 병영에서 개교
- 21. 민전, 입법기관 설치와 좌우합작 반대 담화

이승만, 하지 중장 방문 요담

인민당 여운형, 당내 문제 수습

- 22. 조공, 입법기관 설치 반대성명서 발표

  신민당 위원장 백남운 사직
- 23. 미소공위 미국 측 수석대표 아놀드 사임 귀국

  남로당 결성

  여운형 이북 향발
- 24. 남조선 전역의 철도종업원 총파업
- 25. 브라운 소장, 미소공위 미국 측 대표에 임명
- 26. 하지, 총파업 중인 철도종업원의 복귀 요망
- 28. 군정당국, 대한노총 파업 해결안 수락

  조선군경비대총사령관 대리에 이형근 참령 임명
- 29. 미 하원군사위원장 세리단 단장, 하지 경질 요구 일축

  러치, 파업 철도원 일부 직장복귀 환영 담화
- 30. 수도경찰청, 총파업 농성중인 철도노조원 1천여 명 검거

  자유신문사와 조선공산당 민전본부 등 피격 파괴

사회·경제

조선인 가운데 일본으로 밀항하는 자가 날로 증가하고 있다. 쓰시마해협을 초계중인 영미 함선은 1개월 반 동안 불법으로 일본에 다시 건너가려는 밀항자 1만 5천 명을 검속하였다. 19일 부산에서 여수로 가던 여객선이 전복하여 5백여 승객 중 4백여 명이 실종되었다. 사회민주당이 미곡 자유반입 및 매매단속으로 식량난이 심각하다고 비난하자 제1경무총감 장택상은 "우리는 모리성 있는 쌀만 압수할 뿐이다"라고 말했다.

- 1. 조선인 일본 밀항자 날로 증가
- 2. 전재동포위원회(UNRRA)의 제1차 구제품 도착

  건국학생연맹 결성

  소년노동법 제정
- 3. 13개 전재민구호단체 통합, 전재동포총동맹 결성
- 5. 전국 콜레라 차츰 사라짐

중국인 밀수상 일당 검거

- 6. 중앙식량행정처, 서울시민에게 소맥분(밀가루) 배급 발표
- 7. 백만 원 금품요구 어린이 유괴사건 발생(부산)

  한중(韓中)협회, 동북 만주 140만 전재동포 구제책 협의
- 9. 189명의 미군 가족 조선 상륙

  대한생명보험회사 창립
- 10. 매국노 등의 조사 규찰을 위한 신한정의사 설립
- 11. 남조선 면포 생산 증가 발표(매주 1만 3천 마 생산)
- 13. 전재동포위원회(UNRRA) 구제품 도착

  철도 경성공장 종업원 3천7백 명, 월급 지불 요구
- 14. 일본 밀항자 1만 5천 명 검속(1개월 반 동안)
- 15. 중앙식량행정처, 미국에서 8천 톤의 밀가루 수입
- 16. 하지, 미국세계무역회사의 한미통상 개시설 부정
- 18. 서울 가옥 시세, 상 2만 5천 원, 중 2만 1천 원

  쌀값 5되에 600원으로 급등
- 19. 부산에서 여수로 가던 여객선 전복, 승객 4백여 명 실종

  미곡 자유반입, 매매단속으로 식량난 심각
- 20. 조선자전거경기연맹 설립
- 22. 무역업 적격자 30명에 인허증 교부

  각 정당 사회단체에서 미곡 자유반입 및 판매 등 식량대책 건의
- 23. 중앙식량규칙 제3호로 소작료 전부 금전 납입을 공포

  조선은행 총재에 민규식 임명
- 24. 러치, 재일 한인 소유재산 반입 결정 발표
- 25. 대구 40여 공장 파업
- 26. 재일조선거류민협회 창설(도쿄)

  출판노동조합의 파업으로 신문 휴간

  경성상공회의소 창립
- 27. 러치, 조선적십자사 해산 명령
- 28. 중앙전신전화국원 파업(식량배급과 봉급인상 조건)

  흥사단 제1차 국내대회 개최
- 30. 철도종업원, 일부 취업으로 경부선 등 운행

문화·생활

학제 변경(6·6·4제)에 따라 새 학년도가 시작되었다. 문교부는 새 학년도를 맞아 초중등학교에 교과서 24만여 부를 배부했다. 그 무렵 한글은 모두 세로쓰기로만 썼는데, 한글가로쓰기연구회는 한글 가로쓰기 건의서를 문교부에 제출했다. 국립서울대학이 8개 단과전문·치전을 합쳐 국립종합대학으로 개강하고, 연희·고려·이화전문도 사립대학으로 체제를 갖추고 개강하였다.

- 1. 학제 변경(6·6·4제)에 따라 새 학년도 개시
- 2. 건국학생연맹 결성
- 5. 조선미식축구협회 발족
  문교부, 초중등학교 교과서 24만여 부 배부
- 6. 조선인민보·현대일보·중앙신문 등 3개 신문, 정간처분
- 7. 남선신문(군산)을 포고령 위반으로 무기정간 처분
  후버연구소 의뢰로 일제치하 조선 연구자료 수집
- 8. 조선어학회, 한글반포 5백주년기념준비회 결성 결의
  한글맞춤법 통일안 3차 수정 완료
- 10. 한글날을 공휴일로 결정
  부산일보 허가

- 12. 국립도서관, 광복 이후 출판물전시회 개최(-19일)
- 14. 서울대학교 총학생수 4,730명에서 8,217명으로 증가
  조선아동문화보급회, 아동순보 창간
- 15. 서울시, 성인교육 실시(문맹퇴치)
  교향악협회 설립
- 18. 국립 서울대학교, 8개단과 대학에서 개학식 거행
  한글가로쓰기연구회, 한글가로쓰기 건의서 문교부에 제출
- 25. 문교부, 성균관대학 설립 인가
- 28. 서울 중앙방송국, 아나운서 공개모집

북한

- 1. 공민증 교부 개시
  북로당 강령 발표
  로동신문 창간
- 5. 북조선임시인민위원회, 평양을 특별시로 하는 결정서 공포
- 9. 평양음악학교 개교
- 15. 김일성 종합대학 개교(총장 김두봉)
- 20. 북조선무역위원회 조직, 대외무역 업무 통제
- 22. 평양에서 미군정반동정책 반대 군중대회

● 체포령이 내린 조공의 이강국 월북

맥아더 원수 포고령 제2호 위반으로 미군당국에서 체포령을 받고 있는 조선공산당중앙위원 이강국의 행방이 주목되고 있던 중, 그는 이미 38선을 넘어 평양에 가 있는 것이 18일 밤9시 평양방송으로 알려졌다. 그는 방송을 통하여 38선 이남에 다시 해방이 와야 된다는 연제로 강연을 하였다. - 동아일보 1946. 9. 20
이강국은 1946년 9월 미군정의 정책을 규탄하는 선언서를 발표하여 체포령이 내려지자 미 군사고문 베어드 대령의 정부 김수임의 도움을 받아 월북하였다. 그는 이강국의 애인으로 알려져 있으며, 이강국이 월북 후 그의 지령을 받아 남한에서 간첩 활동을 한 인텔리 여성으로 1950년 3월 19일 체포되어 6월 16일 사형(총살형)선고를 받았다. - 동아일보 1950. 6. 18

북한 지역인 철원군의 미군 총독정치
반대시위 군민대회.
1946. 9. 22
미군 노획문서 중
북한 앨범사진(NARA)

만원 전차에 앞다투어 오르는 승객들.
1946
눈빛아카이브 DB

● 해방 후 이혼 상황

경성지방법원 호적계의 조사에 의한 동관내의 이혼사건은 해방 전 1년간의 861건에 비하여 그 반수도 못되는 422건(작년 8월 15일부터 금년 8월 15일까지)이란 숫자를 보게 되었다. 해방 직전의 이혼건수가 많았던 것에는 여러 가지 이유가 있으나 그 가운데 몇 가지를 보면 소위 대동아전쟁이 격렬할 즈음 일제가 조선의 젊은 청년과 청장년들을 강제적으로 징병·징용·지원병 등을 끌어가서 장기간에 걸쳐 혹사한 관계와 징용·징병 등으로 인하여 생명을 잃고 돌아오지 못한 관계, 또 가족의 생활난 기타 여러 가지 관계에서 발생한 이혼사건이 다수를 점한 것을 볼 수 있다. 그리고 이상의 숫자는 법정에 의한 소송사건에서 나타난 것이지만 법적 소송을 떠난 이혼사건이 전쟁 중에 얼마나 격증되었던가를 상상할 수 있는 것이며 해방 후 세상의 구구한 억측을 물리치고 내 고향 내 가정을 지키면서 오직 민주적인 여성해방운동에 진발하는 조선 여성의 정조 내지 부도(婦道)의 착실함을 이혼소송 사건의 숫자에서 비로소 알 수 있게 된 것이다. - 동아일보 1946. 11. 3

한성부漢城府를 서울시로 개칭하다

김형민 1907-1998, 미군정기 서울시장

나는 취임 즉시 서울시의 이름을 한성부에서 서울시로 개칭했다. 여기에 대해 반대하는 이들이 많았다. 서울시는 한자로 쓸 수 없지 않으냐는 것이었다. 그러나 나는 우리나라 수도 이름을 우리 한글로 표시하는 것에 자부심을 느꼈다. 또 서울은 수도(首都)를 의미하는 보통명사이지 고유명사가 될 수는 없다는 논리도 있었다. 그러나 수도 이름을 서울로 하면 이것이 곧 고유명사가 되는 것이라고 믿었다. 지금도 서울은 누구나 좋아하는 우리의 수도 이름이다.

한때 우리 정부가 수립된 이후로 초대 대통령인 이승만(李承晩) 박사의 아호인 우남(雩南)으로 서울시의 이름을 바꾸자는 운동이 이 박사께 과잉 충성을 하던 무리들 속에서 일어난 적이 있었다. 그러나 그 운동은 결국 성사를 보지 못했고, 당시 민간인 기부금으로 세종로에 회관을 지어 이름을 우남회관(雩南會館)이라고 했었다. 그러나 이 건물은 화재로 소실되고 지금은 그 자리에 세종문화회관이 들어서 있다. 4·19혁명 후로는 서울 곳곳에서 있던 이승만 대통령의 동상이 하나도 남김 없이 자취를 감춘 것을 볼 때, 수도의 이름을 우남시(雩南市)로 했더라도 그 이름이 지금까지 그대로 보존되었을지는 의문스러운 일이다. 그렇다면 한자로 표기가 안 된다는 구실로 반대로 하던 그 '서울'이라는 이름이 오늘날까지 그대로 유지해 내려오면서 시민들의 변함없는 사랑을 받고 있다는 것을 얼마나 다행스런 일인가.

그 다음으로 내가 손을 댄 것은 시대의 각 동명(洞名)을 우리식으로 고치는 일이었다. 일본인들은 우리 동명에 동(洞)자 대신에 정(町)자를 써서 일본말로 '마치'라고 불렀다. 그래서 이 '마치'를 동(洞)으로 바꾸는 일에 착수했다. 그리고 조선조 시대에 쓰던 서울의 각 동리 이름을 되찾는 데에 힘을 기울였다. 그래서 이 일을 하는 데 우리나라 역사학자 34명을 임명하였다. 서울에서 오래 살아 옛날 동리 이름을 잘 아는 분들을 찾아다니기도 했다. 예컨대 지금의 용산구 후암동을 일본인들은 삼판통(三坂通)이라고 했었는데, 이곳이 옛날에는 두터운 바위골이라고 불리었다

360

는 것을 알게 되어 후암동(厚岩洞)이란 이름을 붙이게 된 것이다.

　이외에도 서울에는 일본식 동명이 많았다. 황금정(黃金町), 본정(本町), 원정(元町) 등등이 그것이다. 그래서 이 거리의 이름들을 우리나라 말로 알기 쉽고 뜻있게 고치기 위해 우선 몇 가지 원칙을 세웠다. 첫째 우리나라 역사에서 가장 공이 큰 무장(武將)의 이름을 고르기도 한 것이다. 그래서 을지문덕(乙支文德) 장군의 이름을 황금정에 대신해서 을지(乙支)라 했다. 그리고 이충무공(李忠武公)을 일본인촌 본정(本町)의 이름으로 대신케 하였다. 그리고 우리 조선조에서 가장 뛰어난 성왕(聖王)인 세종대왕(世宗大王)의 이름을 바로 중앙청 앞 옛날 광화문통에 붙였고, 용산구 원정(元町)에는 우리나라 불교에서 이름 높은 원효대사(元曉大師)의 이름을 따서 원효(元曉)라 했다. 그리고 서대문의 죽첨정(竹添町)에는 한말에 나라를 위해 목숨을 바친 민충정공(閔忠正公)의 이름으로 대신했다. 또 소화통(昭和通)은 우리나라 유교에서 명망 높은 학자인 퇴계(退溪) 선생의 이름으로 고쳤다. 그래서 세종대왕, 을지 장군, 충무공, 원효대사, 민충정공, 그리고 이퇴계 선생 등의 이름을 쓰는 곳은 동(洞)이 아니라 로(路)자를 쓰기로 했다. 그러나 종로(鐘路)는 옛날부터 쓰던 이름을 그대로 두었다. 내가 서울시장직을 떠난 후에도 서울시가 확장되면서 새로 이루어지는 행정구역에 우리나라의 역사적 인물들의 이름을 찾아 쓰

덕수궁에서 바라본 해방 후의 서울시청. U.S. Army Signal Corps. NARA

미소공동위원회의 파티석상. 왼쪽부터 이승만, 말리크(주한소련대사관 서기관), 쉬띄꼬프 중장(주한 소련군사령관), 김형민(서울시장), 안재홍(민정장관). 1946 사진: 김형민 전 서울시장 소장

는 것을 볼 때면 마음이 흐뭇하지 않을 수 없다.

내가 서울시장에 취임해서 첫 번째로 한 일은 이렇게 왜색 이름들을 우리 이름으로 개칭하는 일이었다. 한 가지 유감스러운 일은 종로구·동대문구 하는 그 구(區)라는 명칭이다. 그 구(區) 자는 일본인이 붙인 일본식 이름이다. 조선조에는 구가 아니고 부(部)였다. 이 부(部)라는 지역 명칭은 고려때부터 내려왔다. 그래서 구를 부로 고치려고 했으나 그때 지방행정 책임자에게는 동명(洞名)까지는 개정할 권한이 있어도 구역 명칭을 고칠 권한은 없었다. 그것은 내무부 소관으로 법이 규정하고 있어서 할 수 없이 이 문제는 내무부에 상신하는 수밖에 없었다. 그러나 끝내 허락을 받아 내지 못해 구(區)는 오늘날까지 그대로 살아남게 된 것이다.

여기서 한 가지 특기할 일은 지금까지 경기도에 예속되어 있던 서울시가 경기도에서 이탈, 도(道)의 수준으로 승격되어 독립하였다는 것이다. 이에 대한 증서로 서울시는 새 헌장(憲章)을 군정장관에게서 수여받았다. 이 수여식은 7월중에 있었고 따라서 서울시는 특별시(特別市)라는 새 간판으로 바꾸어 달게 되었다.

- 김형민, 『김형민 회고록』, 범우사, 1987, pp. 226-229

9월 철도노조의 총파업은 대구에서 10·1 소요사태(10월항쟁)를 빚었다. 10월 1일 대구에서 쌀을 달라는 시위대와 경찰이 충돌하여 사망자가 발생했다. 이튿날 이에 항의하던 시위대에게 경찰이 발포하자 시위대는 무기를 탈취하여 경찰에 대항하였다. 미군정청은 탱크를 동원하여 시위대를 해산시키고 계엄령을 선포했다. 대구에서 발생한 시위는 삽시간에 경북 전역으로 퍼졌다. 이 시위의 배경은 식량 부족과 친일 경찰과 관리의 횡포, 하곡 수집 등 미군정에 대한 불만이 누적된데다가 조속히 민족국가를 세우지 못한 데 그 원인이 있었다. 7일, 좌우합작 대표들이 모여 좌익 5원칙과 우익 8대 원칙을 절충하여 좌우합작 7원칙을 발표하였다.

정치·행정

미 국무장관 대리 애치슨은 "미국은 조선의 통일정부가 수립될 때까지 주둔을 계속할 것이다"고 말했다. 남조선 입법기관 설치에 관한 법령 제118호가 발표되고, 21일부터 입법의원 대의원선거가 실시되었다(관, 민선 각 45명). 이범석을 단장으로 조선민족청년단(이하 '족청')이 결성되어 청년들을 모아 훈련시켰다. 장택상 수도경찰청장은 치안유지에 만반을 기하고자 신예 기관총중대의 신설을 발표했다. 군정청 경무부장 조병옥은 소요수습책과 경찰행정 쇄신에 대한 담화를 발표했다.

- 1. 대구에서 10·1 소요사태(10월 항쟁) 발생
  여운형, 김규식을 방문하고 좌우합작에 관하여 요담
  미 국무장관 대리 애치슨, 통일까지 미군 주둔 언명
- 2. 대구, 노동자와 학생 경찰서 점거로 계엄령
  수도경찰청장 장택상, 파업사태에 경고하는 포고문 발표
- 3. 경북 일대에 소요 만연, 경찰관 피살자 53명

대구사건대책위원회 조직, 군정에 건의서 제출
- 4. 여운형, 북조선 시찰 후 기자단 회견
  이승만 저격범 김광영, 범행 일체 자백
- 5. 경무부, 대구소요사태 경과 발표
- 7. 이승만, 좌우합작에 당분간 침묵을 지키겠다고 담화
  경무부, 대구·경북소요사태 대체로 정상 복구되었다고 발표
- 8. 하지, 좌우합작과 입법기관 설치에 대한 성명서 발표
  좌우합작위원회 합작 7원칙 발표
- 9. 장택상 수도청장, 기관총중대 신설 발표
  경주·영일에 계엄령
  소요 경남으로 파급

전 미 국무차관 섬너 웰스, 미군정 신랄히 비판

- 11. 하지, 김구를 초청하여 좌우합작과 입법기관에 절대협력 요청
  군정당국, 언론인을 초청하여 식량난 타개책 협의
- 12. 아놀드 군정장관, 미소공위 속개 주장
  남조선 입법기관 설치에 관한 법령 제118호 발표
  민족청년단 결성(단장 이범석)
- 13. 한민당 합작 7원칙 반대성명을 계기로 당원 탈당을 인정하고 기구개혁 결의
- 14. 입법의원 법령에 대하여 각 정당단체 견해 발표
  이승만·김구, 좌우합작 성립에 관하여 담화 발표
  공위 미 대표 브라운 소장, 좌우합작에 관하여 성명
- 15. 재미조선사정협회장 김용중, 38선 즉시 철폐와 미소 양군의 철퇴 주장
  좌익 우파, 사회노동당(위원장 여운형)으로 통합
  미군정, 남조선과도입법의원 설치 절차 발표(관, 민선 각 45명)
- 18. 미소 양 정부, 공위 속개 요청 서한 교환
  맥아더사령부, 입법의원 설치 지지
  하지, 김두봉과 개성 회담설 부인
- 20. 대구 경북소요사태 경기·충남·황해 등지로 파급

- 21. 입법의원 대의원선거(-31일)
  입법의원 개원 선거사무지연으로 연기 전망
  대구 소요사태 파급으로 경기도 개성경찰서 관내 지서 피습
- 22. 서울 종로에서 청년, 학생, 노동자들 "쌀을 달라" "입법기관 설치를 반대한다"고 시위
- 23. 군정청, 좌우합작 대표와 소요대책 협의
- 24. 하지, 파괴적인 소요사태 중지 호소
- 25. 입법의원 인천시 대의원선거 실시
- 26. 민전, 소요사태 해결방안 제안
  조미(朝美)공동소요대책위원회 성명서 발표
- 27. 한민당, 얄타협정과 3상회의 결의조항 파기를 4국 외상에 요구
- 28. 입법의원 서울시 선거
  독촉전국청년회 결성
- 29. 경찰 친일파 배제문제 등 조미(한미)회담
- 30. 조병옥, 소요수습책과 경찰행정 쇄신 담화 발표
- 31. 전남에 소요사태 파급

사회·경제

서울시내 행정구역 명칭이 종래의 정(町)을 동(洞)으로, 통(通)을 로(路)로, 정목(丁目)을 가(街)로 고치는 한편, 왜색 명칭은 일제히 떼어 버리고 조선의 충신, 무장, 기타 조선 고적에 인연이 있는 이름 등을 붙였다. 서울 시내의 야간통행금지 시간이 밤 10시-새벽 6시로 연장되었다. 도시 영세민을 돕고자 미곡 이중가격을 실시하였다. 소두 한 말 매상 118원에 배급 85원으로 차액은 국고로 보조하기로 했다. 6-8월 3개월간 대외무역 수입초과액이 6천7백만 원이고, 10월 말 조선은행권 발행고는 121억 9,770여만 원으로 월평균 6억 2천만 원이 증가했다.

- 1. 전평회관 피습
  민전 파업대책위원회, 피검 노동자의 석방 요구를 성명
  서울시내 행정구역 명칭 변경
  이승만 저격범 용의자 체포

- 2. 창씨개명 환원 수속에 관한 법령 발표
  서울의대 총파업
- 3. 경북도청 총파업
  군정청 광장 앞에서 군중들, 쌀 요구 시위
- 4. 각 지역 열차 운행 정상화
  선원 1만여 명 총파업
  부산 전신국 파업
- 5. 서울중앙전신국, 파업해제로 업무 재개
- 6. 피검철도 파업원 1,700명 서대문형무소로 이감
  철도파업 여파로 서울시민에게 보리 대신 밀가루 지급
  예정
- 7. 경성부를 서울특별시로 승격, 부윤을 시장으로 개칭
- 8. 철도파업단 복직을 조건으로 600명 석방
- 11. 법령 121호 발포로 48시간 노동제 확립
- 12. 콜레라 만연으로 중단되던 남북우편물 교환 재개
- 16. 경부선 급행과 호남선 준급행 운행
- 18. 면화 수매가 1근(1등) 18원
- 19. 일본정부에 재일거류민단 등록
  외국무역 허가건수 259건
- 21. 서울 야간통행금지, 밤 10시-새벽 6시로 연장
- 22. 전국상공업자대회, 미소공동위원회의 속개 건의
- 23. 법령 제122호 '조선 성명 복구령' 공포
  미곡 이중가격 실시 발표, 매상 118원 배급 85원 차액 국
  고보조
- 24. 6-8월(3개월간)의 대외무역 수입초과 6천7백만
  원
- 29. 조선신탁주식회사를 주식회사 조선신탁은행으로
  상호 변경
  무역협회, 수출 가능 물품조사 개시
- 30. 화순탄광 파업
- 31. 조선은행권 발행고 121억 9,770여만 원(월평균 6
  억2천만 원 증가)

문화·생활

군정청에서는 한글날 500주년 기념일인 9일을 공휴
일로 정하고 각종 기념행사를 개최했다. 16일부터 20
일까지 제1회 조선올림픽(전국체육)대회가 열렸다.

16종목 4,950명의 선수들이 참가했다. 군정청 상무부
는 쌀 소비를 줄이고자 전면적인 양조금지령을 내렸
다.

- 4. 서울대학 문리대 맹휴
- 6. 경향신문 창간
- 9. 한글날 500주년 기념행사 개최
  한글 반포일, 공휴일로 제정
  '훈민정음 해례본' 영인
- 16. 제1회 조선올림픽(전국체육)대회 개회(-20일), 16
  종목 4,950명
- 18. 영화허가제 공포
  서울 중앙방송국, 1일 10시간 30분 방송 실시
- 20. 조선영화사 창립발기인 총회 개최
- 22. 전면적인 양조금지령 발표
- 26. 조선학생유도연맹 결성
- 27. 개천절봉축대회 거행
- 29. 신익희, 자유신문사 사장으로 취임
- 31. 담배 배급제 실시
  대한자전거경기연맹 발족

북한

- 1. 북조선토지개간 법령 공포
- 11. 북조선기자동맹 결성
- 15. 북조선문학예술총동맹 결성(위원장 이기영)
  북소친선맹, 국제민주여성연맹 가입(허정숙, 프라하대
  회 참석)
- 25. 평양-원산 간 직통열차 운행
- 28. 북조선기독교도연맹 결성

시위 이틀째인 1946년 10월 2일, 대구 태평로 삼국상회 부근에서
진압을 벌이고 있는 경찰과 왼쪽의 쓰러진 시위 군중들.
NARA

● 대구 10월항쟁

1946년 10월 1일 대구에서 시작된 대규모 시위운동으로 '대구 10·1사건' '대구 10·1항쟁' '10월항쟁' 등으로도
불린다. 10월 1일, 대구에서는 쌀을 달라는 시위대와 경찰이 충돌하여 사망자가 발생했다. 다음날 이에 항의
하던 시위대에게 경찰이 발포했다. 그러자 시위대는 무기를 탈취하고 경찰에 보복했다. 미군정은 탱크를 동
원하여 이들을 해산시키고 계엄령을 선포했다. 시위대는 식량난 해결, 친일경찰 처벌, 토지개혁 등을 요구하
며 공출을 담당하던 경찰서와 행정기관을 습격했다. 당시 경상북도에서만 전체 인구의 25% 정도인 77만여
명이 시위에 참여했으며, 남한 전체에서는 230만 명이 시위에 참여했던 것으로 추산된다. 당시 미군정은 이
사건으로 사망 20명, 중상 50명, 행방불명 30명의 희생자가 발생했다고 밝혔지만, 대구를 포함한 경상북도에
서만 136명의 사망자가 발생했으며, 5천여 명이 폭동 혐의로 검거되었다고 알려져 실제 사상자의 숫자는 훨
씬 더 많았을 것으로 추정된다.

대구지역에 계엄령이 선포된 1946년 10월 2일
대구경찰서 앞의 시위대.
이들의 요구는 군정청의 미곡정책 실패로
쌀을 달라는 절박한 것에서부터 시작되었다.
NARA

"그런데 천구백사십육년 인민항쟁이 그럴 것이네. 그 안에 팔월 십오일 경축행사도 하고, 오일절 가고 삐라
도 많이 붙이고, 내가 써서 붙이는 것이여. 사십육년 시월달에 합당이 되었다. 신민당, 공산당하고 삼당이 합
해져서 조선노동당이여. 그때가 시월달이제. 그리고 나서 인민항쟁이 터진 것이여. 시월 초하룻날 그래서 당
은 당대로 지도자 역할을 한단 말이여. 인민항쟁에 대한 배경은 실은 내가 생각해도 그런 투쟁을 할 정도는
아니었어. 조직이 미약하제. 사상적으로 아조 안 됐어. 그때 나도 몰랐어. 모임을 가지고 어떻게 하는 정도였
지, 막스·레닌주의가 뭔지, 정세가 어떻게 되는지. 물론 정세는 그분들이 와서 해석은 해 주제. 그런데 그것
가지고는 안 되제. 학술적으로 무장을 못 한다. 그때 투쟁을 못 했는디. 그때 인민항쟁 주제가 뭔고 하니 미소
공동위원회 찬탁 이제 글고 일본놈 잔재 숙청이었어. 그 사람이[경찰이] 목숨 걸고 탄압을 한 것이제, 자기
살라니까 탄압을 한 것이여. 그래서 삐라 내용이 그것이었어." - 박이준, 『박남진 1922년 5월 15일생』(한국민
중구술열전 8), 눈빛, 2005, p. 80

1946년 대구 10·1항쟁의 본부. 대구역전 금정운수 노조 사무실 2층에는
전평(조선노동조합전국평의회)과 노평(조선노동조합대구지역평의회)
사무실이 나란히 있었다.
눈빛아카이브 DB

민선 입법의원 45명이 결정되었다. 입법의원은 복잡한 간접선거로 선출했는데, 거의 대부분 극우 성향의 인물들이 당선되었다. 좌익 진영은 전면적인 검거 때문에 이 선거에 참여할 수 없었다. 하지와 충돌하던 이승만은 위기감을 느끼고 직접 미국으로 건너가 자신의 주장을 그곳에서 펼치기로 하였다. 우익단체들은 이승만을 대한민족 대표 자격으로 파견할 것을 결정한 다음, 그의 방미외교를 응원하기 위해 후원회까지 구성하고 여행 경비를 모금하여 물의를 빚기도 했다.

정치·행정

대구에서 일어난 10월 항쟁의 여진은 전국적으로 번져 강원도 강릉, 전남 함평·나주 등지에서도 소요사태가 발생했다. 민전은 영남소요사건 조사보고서와 해결책을 러치 군정장관에게 제출하였다. 국방군경비대사관학교에서 2백여 사관학교생과 6백여 국방경비대 제1연대원의 열병식이 거행되었다. 좌익 3당(조선공산당·신민당·인민당)은 역량을 응집하고자 남조선노동당('남로당') 결당대회를 개최하였다. 이 자리에서 허헌(許憲)은 위원징에 선출되었다.

- 1. 강원도 강릉에 소요사태 발생, 연곡지서 피습
  민전, 영남소요사건 조사보고서와 해결책을 러치에게 제출
- 2. 민선 입법의원 45명 결정(12. 6. 관선 입법의원 45명 결정)
  김규식, 좌우합작과 입법의원에 관한 성명 발표
  임영신, UN에 진정서 제출
- 3. 전남 무안군 일대 소요사태로 계엄령 선포
- 4. 김규식, 하지에게 입법의원 민선의원의 무효화 요구
  이승만, 입법의원과 좌우합작에 대한 담화
  전남 광주, 목포 일대 소요사태 파급 발생

- 5. 입법의원 개원 연기
  관가에 감원 선풍
  북조선을 방문하고 돌아온 백남운, 여운형과 요담
- 6. 수도경찰청, 불심검문제도 창설
  인민당 여운형, 좌우합작과 입법의원 개원 언명
- 7. 미소공위 속개를 위한 미소대표 간 교환서한 공표
  전남 보성일대 소요사태 발생
  근로대중당 발족
- 8. 민전 의장 허헌, 하지 방문 요담
- 9. 국방경비대에서 사열식 거행
- 11. 하지, 임정수립하면 입법의원 즉시 해산 성명
- 12. 하지, 입법의원 재선을 요구한 김규식에게 개인일 불변이라고 회답

전남에 소요 확대

사로당, 남로당과 합작추진 결의

- 13. 하지, 맥아더와 회담차 도일

　장택상, 수류탄 피습
- 15. 전국여성단체총연맹 결성
- 16. 전남 강진에 소요
- 17. 사회노동당 발족(위원장 여운형)
- 18. 조미공동소요대책위원회, 경찰의 고문과 편당적 활동금지를 논의
- 한독당 주석 김구, 좌우합작 지지 성명
- 19. 군정장관 대리 헬믹, 12월 말까지 조선인에게 행정권 이양 언급

　천도교 청우당, 좌우합작 통해 남북통일 완수 성명서 발표
- 22. 이승만, 조선 실정 호소 위해 UN 총회 참가 예정

민족통일총본부, UN에서 연설한 소련 외상 몰로토프 비난

- 23. 여운형, 입법의원에 대한 반대의사 표명
- 24. 남조선노동당 결당대회 개최(위원장 허헌)
- 25. 하지, 서울시와 강원도의 입법의원 선거 무효 발표
- 26. 민주의원 의장 이승만 도미계획 발표

　소련 외상 몰로토프 UN 발언에 대한 각 정당 유감 견해 표명
- 27. 임영신, 조선의 독립 승인을 UN 의사에 상정시킬 것을 강조
- 28. 전국학생총연맹, 이승만 도미 지지 학생대회 개최
- 29. 관공리 임관시험 실시
- 30. 서북청년회 결성(위원장 문봉제)

사회·경제

대구 10월항쟁 여진으로 전국이 어수선한 가운데 11일 전주형무소에 수감된 8백여 명 죄수 가운데 4백여 명이 탈출했다. 형무소 비상경계령이 내려진 가운데 22일 광주형무소에서도 죄수 9백 명이 탈옥을 시도하다가 경찰 및 소방대원의 출동으로 진압되었다. 이 탈옥 소동으로 죄수 15명이 사상했다. 13일 아침 영등포역에서는 열차끼리 충돌, 사망 42명·중경상 72명을 낸 끔찍한 참사가 일어났다. 승객들은 운수당국의 안전불감증과 무성의를 탓했다. 영등포 역장은 기관사들의 기술부족을 사고원인으로 들었다. 23일 민전 선전부는 미국의 차관문제에 대해 민족의 정치적·경제적·자주성을 위태케 하는 것이라는 담화를 발표했다.

- 1. 주류제조 금지에 따라 11월 1일부터 양조 금지
- 3. 제5관구 경찰학교에서 여자 경관 시험시행
- 4. 잡곡 공정가 제정
- 8. 경찰 확충강화를 위하여 3억 원 추가예산 승인
- 9. 서울시내 주택가격 급등(해방 당시 조선식 상급 100, 1946. 9. 2,083)
- 10. 관재처, 서울의 전 일인소유 가옥임대차계약에 미

군에 우선권
- 11. 전주형무소 죄수 400명 탈주
- 12. 부산시립병원 전소
- 15. 미곡 밀수출 등의 처벌에 관한 법령 발포
  경성상의, 제1회 의원총회 개최
- 16. 순국선열기념일 행사 개최
- 19. 조중 비공식 통상협정 체결
- 20. 민전 선전부, 미국의 차관문제에 대해 담화 발표
  미국의 전시 잉여품 구입 2천5백만 달러 신용차관
  대일 우편물 교환 재개
- 21. 미곡수확 예상고 발표(전년도보다 3백만 석 적은 1
  천2백만 석)
  일인 가옥 이중점거자 1천여 호
- 22. 광주형무소 죄수 900명 탈옥 시도, 죄수 15명 사상
- 23. 중앙식량행정처, 12월부터 미곡 2합과 잡곡 5작 배
  급한다고 발표
- 24. 남로당 결성대회에 수류탄 투척사건 발생
- 30. 서울시 인구(124만 4,814명 외국인 4,970명)
  원료 수송난으로 공장 가동 위기 직면

문화·생활

군정청 전매국에서는 담뱃값을 무려 50퍼센트나 인
상했다. '공작'은 종전 1천 원에서 1천5백 원으로, '무
궁화' '백두산'은 종전 8백 원에서 1천2백 원으로 인상
되었다. 이는 국고 수입을 늘이려는 외도인지는 모

르나 높은 인상률만큼 애연가들의 원성도 높았다.
문교부는 교원부족을 보충하고자 서울·개성·강릉·
부산·목포·군산·충주·순천 등 8개 사범학교를 신설
한다고 발표했다.

- 1. 여수일보사 허가
- 3. 담뱃값 인상(평균 5할)
- 7. 문교부, 서울 개성 강릉 부산 목포 군산 충주 순천 등
  8개 사범학교 신설 발표
- 10. 조형예술동맹과 미술가동맹 합동대회 개최
- 11. 국립박물관 개관
- 18. 청주대학 설립
- 20. 문교부, 일본용어 말살을 위한 학술용어책정위원회
  조직
- 24. 한중문화협회 발족(이사장 이시영)
- 27. 제1회 미술전람회(조선미협)
- 30. 조불(朝佛)문화협회 설립

북한

- 1. 북조선중앙은행, 발권은행으로 발족
- 3. 도·시·군 인민위원회 선거
- 8. 중앙선거위원회, 도·시·군 인민위원 당선자 발표(총
  3,459명)
- 27. 북조선적십자사 창립
- 28. 북조선 임시인민위원회 기관지 '인민' 창간

● **남조선노동당 결당대회**

좌익 3당에 의하여 남조선의 민주역량을 응집코자 8월 이래 하부공작을 계속해 오던 남조선노동당 결당대
회는 각 지방에서 선출된 대의원 558명과 하지 중장 대리 법펠로 소장을 비롯한 내빈 다수 참석리에 23일 오
후 2시부터 시내 시천교당에서 거행되었다. 먼저 이기석 사회로 식순에 따라 애국가와 해방의 노래 제창이
있은 다음, 자격 심사에 들어가 대의원 628명 중 558명의 참석으로 허헌의 "남로당은 조선 근로대중의 이익
의 대표자이며, 옹호자로서 민주주의적 자유를 보장할 수 있는 정당이다. 이러한 목표를 달성키 위하여 동지
들은 이론과 실천의 완전통일을 가진 강력한 정당을 창건하자"는 개회사가 있었다. 이어서 임시집행부 선거
에 허헌 외 12명의 의장이 선출되었다. – 서울신문, 1946. 11. 24

11월 3일 도·시·군 인민위원
선거를 앞두고 개최된
평양시민 경축대회를 마치고
선거를 독려하며 시가행진중인
평양음악학교 학생들.
이 학교는 1946년 9월
개교했다.
1946. 11
눈빛아카이브 DB

인민위원 선거를 앞두고 평양에서 거행된
평양특별시선거 경축군중대회 주석단.
1946. 11
미군 노획문서 중
북한 앨범사진(NARA)

도·시·군 인민위원회 위원선거를 하루 앞두고 거행된
철원군 군민축하 민중대회. 당시 철원군은
38선 이북으로서 소련군 관할 지역이었다.
1946. 11. 2
미군 노획문서 중
북한 앨범사진(NARA)

인민위원회 위원선거 철원군민 축하 민중대회.
1946. 11. 2
미군 노획문서 중
북한 앨범사진(NARA)

"족청파가 뭐냐면, 정부가 수립되어서, 이범석이 초대 국무총리 겸 국방장관을 했지 않습니까? 그전에 국무
총리 인준을 받는데 북한에서 나온 이윤영 씨라고, 그 사람이 국회에서 인준을 못 받았습니다. 그래 가지고
재차 인준을 한 것이 이범석 씨가 인준을 받아서 초대 국무총리 겸 국방부장관을 했습니다. 그래 가지고 이
승만 씨가 정치를 하다 보니까는 파벌이 많이 생겨서 무슨 파, 무슨 파, 해서 골치가 아프거든, 그러니깐 이승
만 씨가 특명을 내렸습니다. '각 청년단을 통합을 해라.' 대동청년단만 있는 것이 아니고, 무슨 청년당 해서 수
가 많죠. 그 당시 대한민국에서는 그저 대동청년단, 족청, 곧 민족청년단 그게 젤 컸죠. 민족청년을 약해서(줄
여서) 족청이라고 했습니다. 민족청년단 슬로건이 '국가지상, 민족지상'입니다. 국가 제일이고, 민족이 제일
이다, 이거 아닙니까? 애국자지. 그렇게 했는데, 이승만 씨가 대동청년단이랑 통합을 하라고 그러니깐, 민족
청년단에서 대한청년단을 창립했어요. 그 청년단 두 개뿐 아니라 여러 청년단을 통합을 해서 대한청년단으
로 창립을 시켰습니다." - 정형호, 『정원복 1923년 3월 17일생』(한국민중구술열전 9), 눈빛, 2005, p. 181

위-아래, 부산항의 부두노동자들. 1946
눈빛아카이브 DB

청계천(빨래하는 여인들).
1946
김한용 사진

아침, 부산.
1946
임응식 사진

"그러이 그러니까 그 이후에 우리가, 보안법이 생기고 나서, 그 이전에도 아마 우리가 한국정부가 되면서 첫
머리에 나온 사람이 누구죠? 하지 중장이죠? 그 다음이 누구더라? 그 하지하고 무엇인가 바뀌고 나갈 때 미
군정 체제가 완전히 소위 좌경 타도에 대한 형식으로 바뀝니다. 다시 말해서 대한민국 정부수립하기 일 년
전쯤부터 소위 공산주의자가 거의 기를 쓰지 못하도록 압력을 받게 되는 거죠." - 노용석, 『박희춘 1933년 2월 26
일생』(한국민중구술열전 10), 눈빛, 2005, p. 74

미군정청은 미소공위가 휴회한 가운데 12일 오전 11시 군정청 제1회의실에서 남조선 최초 입법기구인 남조선과도입법의원을 개원시켰다. 의장에는 김규식 박사가 절대다수의 지지를 받아 당선되었다. 입법위원은 모두 90명인데 의원의 과반수는 미군정이 지명한 관선으로 뽑았고, 나머지 45명은 복잡한 간접선거로 선출했다. 11월에는 38선 이북에서는 인민회의가, 12월에는 38 이남에서는 입법의원이 구성되어 남과 북은 좌우합작과는 무관한 각각 단독정부 수립의 길을 걸었다. 미국을 방문한 이승만은 조선통일문제를 유엔에 상정시키고, 미국에 대하여 조선정부를 수립, 승인하도록 요청하는 데 방미 목적이 있다고 말했다.

정치·행정

서울 일부 동회에서 이승만의 도미 여비와 경찰서 후원비 등의 명목으로 기부금을 강요하여 문제가 되었다. 이에 김형민 서울시장은 유감의 뜻을 표명했다. 과도입법의원 제1회 제1차 본회의가 20일 하오 군정청 제1회의실에서 개막되었다. 군정재판에서 대구 소요사건 주모자 16명에 대해 사형을 언도했다. 22일 부산 시내 학생 560여 명이 "쌀과 직장을 달라" "인민공화국 만세" 등의 구호를 부르짖으며 시위를 하다가 출동한 무장 경관에 의해 검거되었다.

- 1. 사로당, 미소공위 속개 민중대회 개최
- 2. 이승만 도미, 남조선 단독정부 수립을 주장
  민족청년단 훈련생 입소식 거행
- 4. 지방선거제 법령 126호 발령, 군수와 읍장도 선거
  경무부, 수사국장 최능진 파면
  여운형, 「좌우합작과 합당공작을 단념하면서」라는 자기 비판문 발표
- 7. 입법의원, 관선의원 45명 발표

외교사절(이승만) 파견 국민대회 거행
- 9. 이승만, 방미 목적으로 조선통일문제 UN 상정에 있다고 천명
- 10. 미 국무장관 대리 애치슨, "미국은 조선에 잔류할 의향을 가지고 있다"고 언명
- 11. 조선사정소개협회 김용중, 남북단정론 배격
- 12. 남조선과도입법의원 개원(의장 김규식)
- 14. 대구 소요사건 주모자 16명에 사형 언도
  민주의원 존폐문제 토의
- 17. 민주의원 공보부장 함상훈, 민주의원 존속 결의사항 발표
  한민당 김성수 장덕수, 하지 방문 요담
- 18. 서울 일부 동회에서 이승만 여비와 경찰서 후원비 명목으로 기부금 강요문제 발생
  조선청년당 발당식 거행(최고위원 이선근)
- 19. 민전 의장단, 남조선 소요범 처벌 반대
  한민당 대의원회, 입법의원 참가 결의
- 20. 입법의원 제1회 제1차 본회의
  수도경찰청, 모리배 검거에 박차
- 21. 서울시장 김형민, 일부 동회 기부금 강제징수에 관

한 유감 담화 발표

조소앙, 입법의원 서울시 대의원 후보 사퇴

- 22. 부산에서 학생 5백 명 시위

  민중동맹 결성
- 23. 변호사중앙협회, 사상 관계법 중형 중지 등 요청
- 24. 남로당, 당원 53만 8천여라고 발표
- 25. 전남 해남소요사건 발생, 경찰관 15명 사상

  방미중인 이승만, 조선독립문제 언급
- 27. 3상회의 1주기를 맞아 각 정당 단체 담화

  조선민주청년동맹, 임시전국대회 개최
- 28. 조선청년동맹 결성
- 29. 민전 주최, 모스크바 3상협정 1주년 기념대회(남산)
- 30. 전국학생총연맹, 반탁학생운동 1주기 기념식 거행

  입법의원 제1회 제6차 본회의, 윤기섭, 최동오 부의장 선출

사회·경제

10일부터 북조선의 조치로 제한송전을 실시하고 있다. 아울러 심각한 용지난으로 신문이 휴간하거나 출판사가 일시 문을 닫는 등, 학교교육에 막대한 지장을 초래했다. 중국 중앙군은 만주 천진 동포에게 귀국을 강요하자 미 당국이 이를 반박했다. 해방 후 전재민 실태를 살펴보면 귀국 동포는 일본 128만, 중국(만주) 88만, 남양 3만, 북조선 48만 계 266만 명이다. 1946년 연간 미국에서 도입한 식량은 18만 848톤, 연간 원조물자로 받은 것은 4000만 딸러에 이르렀다. 연말 물가는 8·15 당시의 30배에 이르렀으며, 서울시 인구는 137만 2,895명이다.

- 1. 12월 1일부터 전차요금, 전기요금, 철도 여객운임, 신문구독료 등 인상
- 2. 국제포경협정 조인
- 3. 외무처, 기술자 600명 제외한 일인 12월 내 송환 방침

  중국 중앙군, 만주 천진 동포에 귀국 강요

조선상의(商議) 보선(회장 유일한)

- 5. 대규모 위조지폐단 검거

  북조선, 송전 일시 중단

  명물 대구 약령시 개시
- 7. 전재동포 원호협회, 적산가옥 개방요구
- 8. 김구, 건국실천원양성소기성회 조직

  간도협회 결성
- 9. 국대안 반대 동맹휴학 시작
- 10. 북조선의 송전제한 조치로 제한 배전 실시
- 12. 서울시 당국, 적산요정 전재민위해 명도를 발표
- 13. 서울법대 학생회, 동맹휴학 단행
- 14. 전재동포위원회(UNRRA), 신년도 조선구제업무로 1백만 달러 배당
- 15. 파행적 식량정책에 대한 일반여론 고조
- 18. 서울대 문리, 법·상과대학 휴교령
- 23. 쌀 수출자에 무기징역 처벌 법령 제정
- 25. 문화단체서 전재민구호운동 전개

  쌀값 5되 500원, 쇠고기 1근 150원
- 29. 미곡수집 자금 방출로 조선은행권 발행고 170억 원
- 31. 연간 미국에서 도입한 식량 18만 848톤

381

연간 원조물자 수취 490만 달러
연말 물가, 8·15의 30배
연말 서울시 인구 137만 2895명

문화·생활

도색영화 상영으로 풍기를 문란케 하는 악덕 요리점이 적발되었다. 서울 돈의동 명월관 등 고급 요정에서 퇴폐 도색영화를 상영하여 경찰당국이 이를 적발하고 무기영업정지 처분을 내렸다. 1946년에 제작된 조선 영화는 최인규 감독의 〈자유만세〉를 비롯하여 8편의 극영화가 개봉되었다. 〈자유만세〉는 우리 배우가 출연하고 우리 기술로 제작된 영화로 큰 인기를 누렸다. 또 이 해에 상영된 〈똘똘이 모험〉은 폭발적인 인기를 누렸던 서울중앙방송국 어린이 연속극을 영화화했다.

- 3. 대학설립기준령 제정
- 7. 명월관 등 고급 요정에서 퇴폐영화 상영, 무기영업정지처분

- 15. 구왕궁 아악부, 국영으로 결정
- 18. 문교부장에 오천석 임명
  조선중앙일보 창간
- 23. 『해방』 창간
- 27. 독립신문 속간

북한

- 1. 평양에 중앙전화국 설치
- 5. 북조선통신사(조선중앙통신 전신) 창립
- 6. 전국사상총동원운동 전개
- 18. 인민교육제도 실시
- 26. 북조선임시인민위원회, 식량배급에 관한 결정서 발표

"해방 후에는 〈자유만세〉…. 그게 아마 우리 영화로서는 상당히 일찍 나왔을 거야! 하여튼 〈자유만세〉라고 김승호가 나오는 거지. 김승혼가 누군가 잘 모르겠다. 그게 해방되고 처음 본 거여. 내용은 잘 기억이 안 나네. 주연배우가 태극기를 들고 울부짖는 그거만 기억이 난다. 그 당시 진주에 뭐 쇼 같은 거 들어와도 그때 우리가 어린 게 그런 거는 별로 관심이 없었고…. 〈자유만세〉는 저녁에 우리 멤버들하고 같이 갔지. 영화관에 가면 좌판에다가 오징어 뭐 이런 거 팔았지. 해방 후에는 오징어가 참 흔했다고. 오징어 구운 거, 밤 구운 거, 그런 거를 극장에서 들고 다니면서 팔고 그랬지." - 김양섭, 『이종윤 1931년 7월 19일생』(한국민중구술열전 21), 눈빛, 2008, p. 68

남조선과도입법의원 의원 일동,
군복 입은 외국인들은 군정청 요인들.
1946. 1
눈빛아카이브 DB

● '국대안' 반대 동맹휴학

'국대안'이란 국립서울대학교 신설안의 준말이다. 1946년 7월 13일 미군정청은 국립서울대학교 신설안을 발표했다. 경성대학은 국립서울대학교의 문리과대학에 편입되고, 서울대학교 총장에는 미국인이 취임했다. 경성대학 학생들은 경성대학이 국립서울대학교의 한 단과대학이 된다는 사실에 자존심이 상했고, 이에 반발하는 분위기가 팽배했다. 국대안 반대 동맹휴학은 1946년 12월 9일 밤 문리대학에서 최초로 단행되어 의과대학, 법과대학, 상과대학으로 번졌고, 전국 대학은 물론 일부 중학교와 심지어 일부 초등학교에 이르기까지 동조동맹을 하는 등 사회에 큰 혼란을 불러일으켰다.

중앙청에서 열린 남조선과도입법의원 개원식에서
개회사를 읽는 김규식 의장.
1946. 12. 12
U.S. Army Signal Corps/ NARA

● 방미중인 이승만, 조선독립문제 언급

"현재 조선에서는 소수의 공산주의 분자가 방해술책을 농(弄)하여 조선문제를 외국의 간섭에 도입시킴으로
써 조선의 통일을 파괴하려고 하고 있다. 조선 국내문제에 대한 미군정의 간섭을 점차 감소시키는 동시에 미
국무성의 대조선정책을 명백히 하는 것이야말로 조선을 민주주의화하는 데 필수한 것이다. 나는 조선 독립
문제 해결에 있어서의 미국 측의 원조를 획득하고자 당지를 방문한 것인데, 조선인으로 말하자면 그들은 점
차 불안상태에 빠지고 있으며, 또 그들의 인내심은 이미 참을 수 없는 상태이다. 그러므로 남조선을 민주주
의로 구원하려면 우선 조선에 대한 미 국무성의 정책을 명백히 하는 데 있다. 그리고 미군정 당국이 다만 조
선인으로 하여금 조선의 국내문제를 해결케 한다면 테러나 의견의 상극이나 불안상태는 발생치 않을 것이
다. 한편 미군정 당국은 장차 수립될 조선정부에는 약간의 공산주의자가 포함되어야 한다고 주장하고 있으
나 이것이야말로 난관이 되고 있는 것이다. 남조선 1천8백만의 동포는 불과 2만 명의 비애국주의적인 공산
주의자들의 테러 행위로 인하여 그 의사를 굴복시키고 싶지는 않은 것이다." - 동아일보 1946. 12. 26

각 정당은 1947년 새해를 맞아 민족 당면문제에 대한 소신을 피력했다. 대체로 우익들은 반탁을, 좌익들은 3상회의 결정을 존중해야 한다고 말했다. 한편 김규식 등 좌우합작 지도자들은 "좌우합작과 민족적 단결로 독립을 이루자"는 신년사를 발표했다. 16일 민주의원 등, 35개 우익단체는 신탁제도의 실시를 준비하는 어떠한 기구에도 참여치 않겠다는 공동성명을 발표했다. 같은 날 민전 등 28개 좌익단체 협의회는 3상회의 결정을 완전히 실천할 것을 희망한다는 미소공위에 관한 성명서를 발표했다. 방미중인 이승만은 남조선 임시정부 수립을 위한 총선거를 요구했다.

정치·행정

민주의원과 한민당은 소련이 북조선에서 조선 소유물을 임의로 처분한 데 대한 비난성명을 발표했다. 사회노동당(여운형)은 미국에 체류중인 이승만의 남조선 단독정부론은 "사실상 통일을 불가케 하는 조국의 분단을 주장하는 일로, 미소공위의 속개를 단행해야 한다"는 성명서를 발표했다. 조선경비대사관학교 입학식이 태릉사관학교에서 거행되었다. 신입생은 339명으로 이들은 대부분 지방연대에서 뽑혀 왔는데, 4개월의 교육을 마치면 참위(현, 소위)로 임명된다. 민통(민족통일본부) 선전부는 북소선 수풍수력발전소 소유권 절반을 중국 측이 가질 것이라는 중소협정에서 결정한 데 대해 이는 소련의 월권 행위로 국제침략 행위의 전초라는 담화를 발표했다.

- 4. 하지, 남조선 독립공약과 입법의원 성격에 대하여 성명

  민전, 하지 성명에 대한 담화 발표
- 11. 하지, 미소공동위원회 재개에 관한 양군사령관의 서한 내용 발표

- 13. 40여 개 민족진영단체, 반탁 공동성명

  조선경비대 사관학교 입학식
- 15. 좌우합작위원회 선전부, 정치범의 즉시 석방을 요망

  천도교 강당에서 남조선노동당의 창립축하대회
- 16. 민주의원 등 35개 우익단체, 탁치문제에 관한 공동성명 발표

  민전 등 28개 좌익단체 협의회, 미소공위에 관한 성명서 발표

  전국학생총연맹, 미군당국의 동 본부 수사에 항의성명서 발표

  애국단체협의회, 좌우합작 부인과 공위 5호 성명 취소요구

  하지, 반탁시위와 소요사건은 조선 앞날에 유해하다는 성명서 발표

- 17. 방미중인 이승만, 임시정부 수립을 위한 총선거 요구
- 18. 반탁 대모를 단속하고자 서울시내 비상경계
- 19. 하지, 반탁 결의한 41명 입법의원과 간담
- 20. 입법의원 제12차 본회의에서 반탁결의안 제출, 가결
- 21. 입법의원 반탁결의안 반대 대의원들 군정청 방문
  한민당, 민주의원, 입법의원 반탁가결에 대해 담화 발표
- 22. 군정법령 제126호로 지방관리 보선(普選)제 실시
  민전, 긴급 상임위원회, 남조선 지방선거에 대한 행동강령 토의 결정
- 23. 러치, 현재 정치범 없다고 언명
- 24. 임정계, 반탁투쟁위 조직
  하지, 입법의원 반탁의결 유감 성명
- 25. 입법의원의장 김규식, 하지 방문 요담
- 26. 각 지서 테러 빈발
- 28. 사회노동당, 이승만과 임영신의 남조선 단독정부수립설을 비난하는 성명서 발표
- 29. 반탁독립투쟁위원회, 각 단체에 반탁투쟁 지령문 발송
  민전 확대중앙위원회 개최
- 30. 러치, 탁치는 임정수립 후 논의될 문제로 폭력 절대 배격한다고 언명
- 31. 러치, 민전 측 지방선거안 입법의원에 회부

사회·경제

7일 오후 9-10시 사이 서울행 호남선 열차에서 미군 4명이 객차에 들어와서 여자 승객 세 명을 능욕한 사건이 발생했다. 이에 하지는 범인을 극형에 처하겠

다는 방침을 발표했으나 정작 미군정 재판부는 증거 불충분으로 강간죄가 성립되지 않는다고 판결했다. 경의선 여현역에서 제20회 남북 우편물 교환이 있었다. 개성 북서쪽 7Km 지점에 있는 여현역은 8·15 이후 남북 중개지로 각광을 받고 있다. 독립촉성국민회에서는 미풍양속을 혼탁케 한 여성을 적시했다.

- 2. 일본 잔류 조선인 102만 명 미만
  도미 활동중인 조선상공회의소회장 유일한, 한미무역 가능성 시사
- 3. 외무처, 현재 귀환동포 110만 4,653명이라고 발표
- 5. 서울대학교문리대학 예과학생대회, 3개 대학 휴교령 철폐 주장 성명서 발표
- 6. 대한독립노동총연맹, 모리배 처단 촉구
  조선농회, 미국산 화학비료 4만 9천여 톤을 각 도에 배급
- 7. 서대문형무소 수감자 격증
  서울의 적산 요정 일부 전재민 수용소로 개방
  현대일보 속간
- 8. 호남선 열차 내에서 미군의 조선부녀 능욕사건 발생
- 9. 아편중독자 증가
- 10. 미군의 조선부녀능욕사건으로 각계 여론 비등
  전평 주최 피해고실업자대회
  1946년도 남한의 김 생산고는 224만 속
- 11. 민단, 재일본 조선인생활옹호위원회 결성
  제20회 남북조선 우편물 교환 여현역에서 실시
- 12. 각 대중단체, 일본정부의 재일동포 탄압에 대한 항의 성명서 발표
- 15. 해안경비대, 미곡수출 선박 나포 상황 발표
- 17. 북조선군 3백 명이 포천 창수면에 남침하여 양민납치 금품강탈 자행
  검찰, 상행위의 폭리 한계 명시, 도매 15% 산매 30% 이상
- 21. 금융조합연합회, 1946년 하반기 생활필수품 생산
  담뱃값 인상(공작 20원, 무궁화 15원, 백두산 15원)
  독립촉성국민회, 여성의 풍기단속 요망

- 23. 공출에 무성의한 농민 1천여 명 검거
- 24. 미 국무성의 조선식량사정조사단 내한 예정
- 26. 중앙식량행정처, 2월 1일부터 15일마다 양곡을 배급하겠다고 발표
  군정청, 쌀 강제공출에 착수
- 31. 지용은 행정처장, 공출하지 않은 농민에게 공출할 때까지 구류 언명
  럭키화학공업사 설립

문화·생활

1947년 현재 남조선 중등학교는 344개교, 학생은 119,924명이다. 당국에서는 9월까지 1군 1개교의 중등학교를 완성할 예정으로, 현재 중등학교가 없는 군은 전남 화순, 경기 시흥 등 12개 군이라고 한다. 해방 후 최초로 유학생 3명이 미국으로 출국했다. 8일과 9일, 전국문화단체총연맹 주최 예술제 공연중, 수류탄 투척사건이 발생했다. 이로써 공연장은 수라장이 되었고, 수도경찰청에서는 10일 예술제 공연을 중지케 했다.

- 3. 최초의 도미 유학생 3명 출국
- 4. 남한의 중등학교 344개교, 학생 119,924명
- 9. 전국문화단체총연맹(文聯) 주최 예술제 공연중 수류탄 투척사건 발생
- 10. 중등 국어교본(중) 편찬
  원본 '훈민정음 풀이' 간행
- 11. 불교혁신총연맹, 불교의 대중화 운동을 전개
- 14. 남조선교육자대회, 군정당국에 교육의 민주화 요구
- 18. 대한상공보사 허가
- 21. 제21회 조선올림픽 동계대회(한강)
- 28. 조선일일신문(부산) 포고령 위반으로 폐간
- 30. '서울석간' 창간

북한

- 7. 면·리 인민위원회 위원 선거를 위한 중앙선거위원회 조직
- 25. 중앙민청학원 개원

- 호남선 열차 내에서 미군의 조선 부녀 능욕사건

조선 부인에게 대한 미국인의 만행사건에 대하여 9일 대전경찰서로부터 경무부에 다음과 같은 정식 보고가 있었다 한다. 7일 오후 9시부터 10시 사이에 서울행 열차가 호남선 전북 황등역을 통과할 때 미군인 4명이 객차에 들어와서 남자 승객은 모조리 내쫓고 여자 승객 3명을 붙잡고 현금 2백 원과 시계 한 개를 강탈하였다가 다시 돌려보낸 후 객차 속에서 3명의 여자 승객을 능욕하였다. 이 사실을 안 미 헌병(MP)은 대전에서 그 미군 범인을 체포하였는데 방금 부산에서 출장하여 온 미 정보기관원(CIC)에게 취조를 받고 있다. - 조선일보 1947. 1. 11

XXIV Corps -47- M-61-2

국립중앙도서관 서고의 사서보조.
1947. 1
U.S. Army Signal Corps/ NARA

국립중앙도서관에서 발행하는 신문 인쇄시설.
1947. 1
U.S. Army Signal Corps/ NARA

● 독립촉성국민회, 여성의 풍기단속 요망 / 미풍양속을 혼탁한 여성의 예

1) 미국인 자동차를 동승하는 여자

2) 껌을 씹으며 거리를 방황하는 여자

3) 괴상한 두발, 화장하는 여자 등

이러한 여자의 허영심으로 민족의 고유한 문화 도덕 더구나 조선만의 자랑인 미풍양속을 혼탁케 하며 민족
의 체면을 팔아먹는 천박한 여성들은 민족적 감시로써 깨끗한 3천리 강산으로부터 말소시켜야 한다.

- 조선일보 1947. 1. 21

XXIV Corps-47-

국립중앙도서관에 입장하기 위해
순서를 기다리는 사람들.
1947. 1
U.S. Army Signal Corps/ NARA

한강에서 채빙하는 사람들.
1947. 1
U.S. Army Signal Corps/ NARA

방미중인 이승만은 "남조선임시정부 수립을 위하여 즉시 선거를 실시하라"고 남조선 임시정부 수립을 거듭 촉구했다. 이어 이승만은 북조선 주둔소련군은 50만 명의 군대를 훈련하고 있다는 소개와 함께 남조선의 군사훈련을 역설했다. 1946년 7월부터 불거진 '국대안(국립서울종합대학안)'은 학생들의 동맹휴학으로 몸살을 앓고 있다. 하지 사령관은 군정 최고고문에 서재필 박사를 지명했다. 하지는 이승만의 대안으로 서재필 박사를 고려했다는 점이 유력하다.

정치·행정

미군정은 5일 안재홍을 민정장관에 임명한 뒤, 15일에는 각 부처의 장 및 도지사를 모두 조선인으로 임명하고 미국인은 고문으로 앉혔다. 당국은 남조선 전역에 걸쳐 공민증을 실시하기로 발표했다. 이에 대해 공민증 발행은 인권 침해의 소지가 있다는 반대 여론도 만만치 않았다. 장택상 수도경찰청장은 일선 경관에게 생사를 함께할 것을 맹세하는 훈시를 전달했다. 하지는 조선문제 협의차 귀국하면서 "민족적 단결이 없이는 조선독립 실현은 불가능하다"고 말했다.

- 5. 러치, 주한미군 철수설 부인
  안재홍, 조선정부 민정장관에 임명
- 6. 조선인민당재건위원회, 국대안 반대 맹휴에 대한 담화 발표
  반탁독립투쟁위원회, 4개국 원수와 외상, 맥아더에게 전문 발송
- 7. 방미중인 이승만, 총선거에 의한 남한 과도정부수립 주장
  입법의원, 국대안 분규 조사안 제출
- 8. 김구, 독립운동의 최고기관 설치에 대한 성명서 발표

대한독립촉성국민회 창립 1주년 기념대회 개최
- 10. 민정장관 안재홍의 취임식 거행
- 11. 공민증제 실시
  조선부녀총동맹 제2회 전국대회 개최
- 13. 미국배상조사위원 에드윈 포레, 조선문제에 관해 언급
  미국신문기자단 일행과 입법의원 대의원의 간담회
  미국신문기자단 일행, 군정청 출입기자단과 회견
- 14. 하지, 조선문제 협의차 귀국
  이승만, 남조선에 대한 소련정책 비난 담화 발표
  결반탁독립의대회 개최
- 15. 조선정부, 각 부장 및 도지사 임명
  군정청, 국대안 실시법령 일부 개정 등 조치
- 17. 비상국민회의를 국민회의로 개칭

- 19. 여자경찰서 신설

    천도교청우당, 삼일절기념일 전후 좌우충돌설에 경고 담화
- 20. 방미중인 이승만, 총선거로 남조선임시정부수립 촉구

    외무처의 재일외교사절단 교체

    장택상 수도경찰청장, 일선 경관에게 생사를 함께할 것을 맹세하는 훈시 전달
- 23. 조선청년당, 민족정리전위대 편성 발표
- 25. 방미중인 이승만, 북한 주둔소련군 활동 소개와 남조선 군사훈련 역설
- 27. 사회노동당, 제1회 전국대회 개최

    공보부, 하지의 단정수립설 언급은 오보라고 발표

    하지 및 군정 최고고문에 서재필 지명

사회·경제

대법원장과 검찰총장은 공동명의로 부패 관리, 간상배(奸商輩) 숙청을 러치 군정장관에 건의하였다. 부패 관리 및 모리배 숙청에 대한 각 단체의 견해가 분분했다. 한민당 함상훈은 "교양 없는 인물들을 요직에 앉힌 인사정책의 실패"라고 말하는가 하면, 민전의 박문규는 "진정한 인민의 이익을 옹호하는 인민정권이 수립되지 못하고 친일파 민족반역자와 정상배들에 의하여 정권이 농단된 데 근본원인이 있다"고 말했다. 경기도 고양군 원당면에서 대한독립청년

단과 민주청년동맹원이 충돌하여 사상자를 냈다. 한편 독립청년연맹과 광복청년회가 대동청년단으로 통합 개편하여 우익 청년단체의 핵으로 떠올랐다.

- 1. 대법원장 검찰총장 공동명의로 부패 관리, 간상배 숙청을 러치 장관에 건의
- 2. 독립기원 기독신도대회 개최
- 3. 국대안 문제 재연, 학생들 교수의 복직을 강경 요구
- 4. 모리배 숙청에 대한 각 단체의 견해
- 7. 영등포 조선피혁 전평계 종업원, 경찰과 충돌
- 9. 천도교청우당 주최로 갑오동학혁명 53주년 기념식 거행
- 11. 미국 신문기자단 일행 내한
- 13. 국립서울대학교건설학생회, 맹휴진상폭로대회 개최
- 14. 송진우 암살범 한현우 외 4명에 대한 최종 언도공판

    체신부령 제7호로 국제우편 사무의 재개를 공포
- 15. 15세 이상 남녀에게 인민등록표 배부 시작
- 16. 조선노동조합 전국평의회 제2차 전국대회 개최

    대한독립청년단과 민주청년동맹원 충돌
- 17. 대한노총 전국대의원대회
- 18. 독립청년연맹과 광복청년회가 대동청년단으로 통합 개편

    진주 의령 소요 주모자 6명에 사형 언도

    1억 5천만 원 은익물자 적발
- 19. 전국학생총연맹 공보부, 등교 권유성명서 발표
- 20. 미 식량비료사절단 내한
- 21. 내무부, 동맹휴교에 7백여 경관을 배치 선동자를 단속

    소금 부족 심각, 수요 30만 톤에 생산 16만 톤
- 22. 조선산 납, 중석 6백 톤을 미국에 수출
- 24. 기독교민주동맹 결성대회 개최
- 25. 변호사회, 테러 방지와 고문 전폐를 당국에 건의

    중앙 전신국, 한글 통신 타이프 설치

문화·생활

남조선 33개 문화단체가 총 결속하여 전국문화단체 총연합회 결성대회를 개최하였다. 이 대회에서는 반탁을 결의하고, 월남 호지명과 이승만에게 격려문을 보내는 결의안도 채택했다. 서울중앙방송국은 출력 50kw로 증강하여 가청권을 넓혔다. 국어정화위원회는 제1회위원회를 개최하여 생활 속에 남아 있는 일본어 찌꺼기를 제거하는 데 앞장섰다.

- 4. 서울중앙방송국, 출력 50kw로 증강
- 11. 세계일보 속간
- 12. 전국문화단체 총연합회 결성대회 개최
- 13. 남조선문화옹호예술가 궐기대회
- 17. 서울신보 창간

- 20. 재일본조선문화단체연합회 결성
- 21. 국어정화위원회, 제1회위원회 개최
- 24. 조선문화단체 총연맹 결성
- 28. 불교혁신연맹, 사찰령과 시행규칙 철폐 요망
  연극동맹, 연극대중화운동 결성서 발표
  국악원, 제1회 창극제전 개최
  제1회 3·1연극제 개최

북한

- 7. 조선역사편찬회 설치
- 10. 평양특별시를 4구로 분할
- 17. 북조선 도·시·군 인민위원회대회 개최(-20일)
- 21. 제1차 인민회의에서 인민경제계획 채택
- 22. 북조선인민회의 결성(위원장 김일성)
- 25. 북한, 각 동(리) 인민위원회 선거 실시

모범농민 강성환 선생 환영기념. 1948. 2 미군 노획문서 중 북한 앨범사진(NARA)

리의원 선거를 앞두고 거행된
철원군 유권자 총회에 참석한 군민들.
1947. 2. 24
미군 노획문서 중
북한 사진(NARA)

강원도 영중면 리의원 선거장 입구.
1947. 2. 25
미군 노획문서 중
북한 앨범사진(NARA)

대한청년단 전남도당 결성식이 열린
광주 중앙국민학교 입구.
1947. 2. 13
이경모 사진

대한청년단 전남도당 결성식이 열린
전남 광양서국민학교 교정.
1947. 2. 13
이경모 사진

인천항 앞바다에 정박해 있는 미군 수송선.
1947

카메라를 든 어느 미군의 외출

이 사진들은 서울 수색에 있었던 미 24군단 제13공병대대 소속 장교가 촬영한 것이다.
1945년 9월부터 1948년까지 서울 근교 수색과 충남 대천에 주둔했던 이 공병대대는 한국 내
일본군의 막사, 비행장 및 장비(트럭, 전차 및 비행기 포함)를 인수해 해체하는 작업을 했다.
인천항 앞바다 사진과 유릉(경기도 남양주시 소재) 사진을 빼고는 모두 서울에서 1947년에
찍은 것이며, 통역자와 한국인 업무 협력자 그리고 서울 거리 풍경과 공병대 막사와
건설 현장 등을 흑백 슬라이드로 남겼다. 눈빛아카이브 컬렉션

서울 전경.
1947

발딕 소령과 한국인 업무 협력자 박원순(가운데)과
그의 조수.
1947

브리튼 소령과 아이들.
1947

김포 공군기지(Air Base) 전투기 앞에 선 발딕 소령.
1947

김포 공군기지(Air Base).
1947

유릉 석조물에 올라 포즈를 취한 발딕 소령.
1947

미 13공병대 통역자 이씨, 김씨 권씨 등.
1947

순종의 남양주 유릉 석조물.
1947

한강의 황포 돛배.
1947

미군 도로건설대. 1947

미 13공병대대 수색 기지. 1947

제13공병대대 막사와 연병장.

수색에 있는 제13공병대대 사령부.

소가 끄는 달구지.
1947

한국인 부호 성갑영 씨.
1947

서울역 앞의 행인들.
1947

전차.
1947

신설중인 도로.
1947

농가와 신작로.
1947

땔감을 머리에 이고 귀가하는 여인.
1947

420

3·1절 기념행사가 우익은 '기미독립선언기념대회'라는 이름으로 서울운동장에서, 좌익은 '3·1기념대회'라는 이름으로 남산에서 개최하였다. 이날 3·1절 기념식을 마치고 시위행진을 벌이던 두 세력은 남대문 근처에서 충돌했다. 양측은 결렬한 투석전을 벌여 부상자가 속출하였으며 경찰 발포로 2명이 사망하였다. 전국학생총연맹중앙총본부(위원장 이철승)는 임시정부수립을 주장하고, 남로당·민전·전평의 해체를 요구하는 결의문을 발표했다. 워싱턴 모닝포스트지는 "조선에 대한 미국의 적극 정책이 필요하다"고, 뉴욕선지는 "조선의 공산화를 막으려면 미국이 조선의 남반부를 무기한 지지할 수밖에 없다"고 논평했다.

정치·행정

3·1절 기념 제주도대회에서 경찰의 발포 책임을 요구하며 민관 총파업이 단행되었다. 이 파업에는 경찰도 동참했다. 그 수는 제주 경찰의 20%에 이르렀다. 이에 군정청은 66명의 경찰을 파면시키고, 그 충원은 서북청년단원들로 메웠다. 이러한 일련의 사태들은 이듬해 4·3사건의 불씨로 되살아났다. 수도경찰청은 남로당 등 좌익 5개 단체를 파업 사주혐의로 간부들을 검거했다. 이때 독립투사이자 임정의 민족혁명당 계열의 김원봉도 검거되었다. 김원봉은 노덕술 등 일제 경찰에게 고문까지 당하는 수모를 겪었다. 러치 군정장관이 남조선만이라도 어떠한 형태의 정부를 수립해야 한다는 언명에 대해 한민당은 경의와 감사를 표했다.

- 1. 3·1절 기념행사, 우익은 서울운동장에서 좌익은 남산에서 개최
  3·1절 기념식을 마친 좌우익 시위대 충돌하여 경찰 발포로 38명 사상자 발생

- 3. 독촉국민회의, 임정 주석에 이승만, 부주석에 김구 추대하고 국무위원 보선
  입법의원 의원 서상일 이종근 등 55인, 남조선과도정부 약헌 초안 제출
- 4. 방미중인 이승만, 남조선에서 총선거 실시 언명
  한국독립당, 임정 추대설에 대해 우려 표명
- 5. 하지, 남조선 단독정부수립 반대하며 미국은 조선에 통일정부 수립에 있다고 언명
  수도경찰청, 임정 봉대문제로 독촉국민회 본부 수색
- 6. 전국학생총연맹중앙총본부, 임시정부수립과 남로당, 민전, 선병 해체 요구 결의문 발표
  하지, 신탁안은 조선인의 독립 갈망에 배치된다고 언명
- 7. 장택상, 임정 추대하여 조선정부로 행세하려는 것은 불법행위라고 언명
  임정국무위원 회합하여 조각문제 토의, 의견대립으로 결렬
  민족사회당 창당
- 10. 미 국무성 차관보 힐드링, 미국은 조선정부수립까지 철퇴치 않을 것 언명
  장택상 수도경찰청장, 3·1절 충돌사건 조사결과 발표

- 11. 서재필 박사 환국환영준비위원회 결성(위원장 이시영)

  여운형, 신당 결성 위해 인민재건위원회 해산
- 12. 미 국무장관 대리 애치슨, 조선사태 상세히 검토중이라고 발표
- 13. 러치, 박헌영 체포문제 등에 대해 기자회견

  사회민주당, 남북지도자연석회의 필요 주장

  제주도 관공리 총파업
- 14. 입법의원, 제31차 본회의 국대안 결의

  여운형, 뉴델리아시아회 불참과 좌익 신당조직문제 등 회견
- 15. 군정청, 인사행정권 조선인에 이양
- 16. 입법의원, 국대안 수정통과, 총장을 조선인으로 교체
- 17. 뉴델리 범아세아회의 참석코자 하경덕, 백낙준, 고황경 3인 출발

  테러단, 여운형 가택 폭파
- 18. 경기도 장단군에서 38선을 월경한 소련군과 조선경찰 충돌, 소련군 2명 사상

  제주도 관공리 파업 일단락, 집무 개시
- 19. 국민의회장 조소앙, 모스크바 4상회의에 조선독립 요망 메시지

  서재필 귀국 예정
- 20. 이승만, 미 의회에서 남한을 즉시 독립시키라고 요구

  조병옥, 제주도 3·1절 소요사건 및 관공서파업사건 진상 발표
- 21. 미 국무장관대리 애치슨, 하원외교문제위원회에서 조선경제재건에 예산 필요 천명

  미국정부 대변인, 남한단독정부수립계획을 준비중이라고 언명
- 22. 이승만, 남한 단정 수립에 관해 언명
- 23. 수도경찰청, 남로당 등 좌익 5개 단체 파업 사주혐의로 간부 검거
- 25. 미 국무장관대리 애치슨, 조선통일의 난관은 소련 때문이라고 설명

  조선민족청년단 제2회 전국위원회 개최(이범석 중임)

- 26. 민전, 총파업으로 검거된 좌익지도자 석방요구 담화 발표

  민주주의독립전선의 조봉암, 동포상잔행위 등 삼가 언명

  좌우합작 선전부, 단정수립설과 파업사건에 관해 담화 발표
- 27. 위싱턴모닝포스트지, 조선에 대한 미국의 적극정책이 필요하다고 논평

  뉴욕선지, 조선의 공산화를 막으려면 미국이 조선의 남반부를 무기한 지지해야 함

  AP 시사평론가 맥켄지, 조선이 공산화되면 소련이 극동 지배하리라 논평

  사회민주당, 남조선단독정부 수립 반대 발표

  군정청, 서울주재 영국총영사관의 재개를 정식인가
- 28. 위싱턴포스트지, 미국 영향력하에 남조선을 자립시키려는 미 정부 정책 지지

  영국 맨체스터 가디언지, 조선문제 해결의 최선방법은 유엔 감시하에 통일정부수립이라고 논평

  하지, 민주적 남조선 건설비로 미국의 원조 필요 언명

  한민당, 러치 군정장관의 남한단독정부수립 언명지지 담화
- 29. 하지, 소련의 조선인민군대 보유로 조선통일 낙관 못한다고 언명

  사법부령 제3호(조선변호사시험) 공포
- 31. 하지, 모스크바협정이 있는 한 남한단정은 불능이라고 언명

  미 국무성, 미국의 조선에 대한 정책은 민주체제 강화라고 언급

사회·경제

서울대학교 문리과대학·법과대학·의과대학 학생회는 맹휴를 중지하고, 등교하기로 결의하여 '국대안' 문제는 수습 기미를 보였다. 서울지방검찰청은 서울 시내 각 창고를 수색하여 1억여 원어치의 은닉물자를 적발했다. 이들 물품은 약 2개월 전 입고 당시시 가로 3억 원어치나 되었다. 미 달러 대 조선은행권의

환산율을 15대 1에서 50대 1로 변경 실시되었다. 북에서 38선을 넘어온 피난민은 월 평균 1,500명으로, 남조선의 경제난을 더욱 부추겼다. 해방 이후 전재민은 총 2,015,430명, 437,924가구였다.

- 1. 일반 공무원 급료 1천7백-2천2백 원, 순경 1천8백-2천5백 원
  쌀 5되 510원, 금 1돈(3.75g) 3천2백 원
  전기료 50% 인상(1kwh 13전에서 21전으로)
- 2. 서울지검, 서울시내 각 창고를 수색하여 은닉물자 적발
  테러단 전평(全評) 습격
- 3. 경무부장 조병옥, 수도경찰청장 장택상, 3·1절 남대문 충돌사건에 대해 담화 발표
  태국 정부, 국제긴급식량회의위원회 요청에 따라 태국미 5만 5천 톤을 조선에 수출한다고 발표
- 4. 미국 농무성, 남한에서 140여만 톤의 식량 부족이 예상된다고 발표
- 5. 서울대학교 문리과대학 법과대학 의과대학 학생회 맹휴 중지 등교하기로 결의
- 8. 광릉의 산림 남벌로 물의
  국립대 대학장회의, 등록거부 학생 제명 결의
  민주여성동맹, '국제 부인의 날' 기념대회 개최
  남한 농가총수 260만 호
- 11. 테러방지 시민대회
- 12. 국대안(國大案) 대책으로 9개 대학연합학부형회 개최
  미 딜러 내 소선은행권의 환산율을 15대 1에서 50대 1로 변경 실시
- 13. 수도청 출입기자단, 3·1절 충돌사건 자체조사 결과 발표
  안재홍, 서울대학생들의 복교촉구 특별성명
- 14. 장택상, 3·1절 남대문 충돌사건 진상을 발표한 기자단에 출입금지 통고
- 15. 미곡 수매량 3,615,258석으로 목표량의 84.2%
- 16. 조선적십자사 창립(회장 김규식)

- 17. 대한노총, 제1회 전국대의원회 개최
  군정청상무부 무역국장, 마카오와의 무역 개시 발표
- 19. 군산의 남조선신문사 피격
  미국, 남조선에 6억 달러 경제원조 심의
  미국제 기관차 30대 부산항에 도착
- 20. 안재홍, 인구등록표 지문문제 등에 대해 기자회견
- 21. 테러단, 천도교 강당 폭파
  러치 군정장관, 미곡 공출에 불응한 농민 8천5백여 명 구금하였다고 발표
  한민당, 미국 6억 달러 원조안 환영하고 내각책임제 주장
- 22. 북에서 38선을 넘어온 피난민 월 평균 1천5백 명
  남한 각지에서 24시간 동맹파업과 맹휴 발생
  대한노총계통의 각 노동단체, 파업에 동조하지 않고 정상조업
- 25. 서울의 적산 요정 접수 전재민 수용
  일본 밀어선의 출몰로 각처 어장 피해 극심
- 27. 김 25만 속을 일본에 수출
  안재홍 민정장관, 쌀 통장을 생필품 구입 통장으로 변경
- 28. 전재민을 구제하기 위하여 경기도 광주, 용인 등지에 집단농촌 건설
  쌀값 약간 하락, 5되에 430원, 쇠고기는 1근 200원
- 29. 24시간 총파업 관계자 2천여 명 검거
- 30. 노동청년총연맹 결성
  세계노동조합연맹 극동조사단 입국
- 31. 해방 이후 전재민 통계 총 2,015,430명 437,924가구

문화·생활

3·1절 기념식 날 서울중앙방송국에서는 〈우리의 소원〉이라는 3·1절 특집극을 위해 만든 노래가 흘러나왔다. 이 노래는 KBS 어린이합창단 지휘자 안병원 작곡에 그의 부친 안석주 작사로 음악 교과서에 수록되는 등, 애창곡으로 널리 퍼졌다. 애초 "우리의 소원은 독립"에서 "우리의 소원은 통일"로 바뀌었다. 문맹퇴치와 생활과학화운동을 펼치는 조선문화협회가

결성되고, 조선출판문화협회가 창립총회를 가졌다.

- 1. 3·1 연극제 개최
- 3. 불교총무원, 일제가 제정한 사찰령 포교규칙 등 4개
  법령 폐지안을 입법의원에 제출
- 5. 독립운동사 자료수집위원회 발족
- 7. 주간신문 조선청년 창간
- 12. 조선조형문화연구소 발족
- 15. 조선출판문화협회 창립총회
  조선문화협회 결성
- 23. 신문 기타 정기간행물의 소관이 상무부에서 공보부
  로 이관
- 24. 전국유교연맹 창설

- 25. 조선방언학회 결성

북한

- 5. 면인민위원회 선거 실시, 유권자 99.98% 참가
  북조선민전, 남조선 사태와 관련하여 '전조선 동포에게
  격함'이라는 호소문 발표
- 19. 북조선인민위원회, 남한주둔 미군사령부에 전력요
  금 청구서한 발송

취임 후 첫 기자회견중인 경무부장 조병옥.
1947. 3 U.S. Army Signal Corps/ NARA

424

강원 이북 지역의 토지개혁 1주년 기념 농민궐기대회.
1947. 3. 4
미군 노획문서 중 북한 앨범사진(NARA)

강원도 철원군민 3·1절 보고대회.
1947. 3. 1
미군 노획문서 중 북한 앨범사진(NARA)

428

위, ◀ 3·1절 보고대회를 마친 철원군민들의 축하행렬(위 사진은 철원여중 학생들).
1947. 3. 1
미군 노획문서 중 북한 앨범사진(NARA)

XXIVGORD'S-47-M-I

3·1절 기념행사중인 국립경찰.
1947. 3. 1
U.S. Army Signal Corps/ NARA

민주주의민족전선이 주최한 찬탁을 위한
남산의 3·1절 기념대회.
1947. 3. 1
U.S. Army Signal Corps/ NARA

◀ 서울운동장에서 열린 우익의
3·1절 기념대회.
1947. 3. 1
U.S. Army Signal Corps/ NARA

남산에서 3·1절 기념행사를 마치고
남대문 부근에서 벌어진 찬탁 시위 현장.
1947. 3. 1
U.S. Army Signal Corps/ NARA

남대문 부근에서
찬탁 시위중 부상당한 학생을
자동차로 옮기는 시위자들.
1947. 3. 1
U.S. Army Signal Corps/ NARA

남대문 시위현장에서 연행되어
경찰의 조사를 받고 있는 시위 가담자(왼쪽).
1947. 3. 1
U.S. Army Signal Corps/ NARA

이승만은 미국으로 간 지 5개월여 만인 4월 21일 귀국했다. 국내에서는 이승만 환국환영준비위원회가 결성되었다. 그는 귀국길에 도쿄에 들러 맥아더를 만났고, 중국으로 건너가 장제스(蔣介石)도 만났다. 이승만은 귀국환영국민대회에서 "우리 동포는 한데 뭉치어 임시입법의원으로 하여금 총선거 법안을 급속히 제정케 하여 남북통일을 위한 남조선과도정권을 수립해야 한다"고 말했다. 하지도 미국에서 귀임했다. 하지는 "미국의 대조선 기본정책은 민주통일정부를 수립하는 데 있다"고 언명하면서, "만약 미국이 소련의 협조를 얻지 못하면 미국은 단독으로 그 책임을 수행하여야 한다"고 말했다.

정치·행정

군정청 조병옥 경무부장은 테러 행위 엄중단속을 각 관구 경찰청에 지시했다. 그런 가운데 수도경찰청은 대한민청본부를 습격하여 시체 1구와 부상자 10명을 발견하고 대한민청 김두한 이하 32명을 검거했다. 이에 대한민청의 유진산 회장은 대한민주청년동맹의 발전적 해산을 결의했다. 여운형은 조선의 노동자 농민, 소시민 전 근로인민과 애국 정의 인사의 전위 당으로 근로인민당 창당 선언문 발표했다. 국민회의는 이승만에게 주석 취임을 촉구했으나, 이승만은 이를 거부했다. 조선여자국민당은 여권신장을 위해 입법의원에 건의안을 제출했다.

- 2. 좌우합작위원회, 남조선단독정부는 이론상 있을 수 없다고 언명
- 3. 러치, 대통령선거 후라도 주권이 미국에 있다고 발언
- 4. 이승만 환국환영준비위원회 결성
- 5. 하지, 미국에서 귀임
- 7. 여운형 중심의 근로인민당 준비위원회 회합
  하지, 공위에 소련 측 협력 없으면 미군 단독 행동

- 8. 미국에서 귀국 도중 이승만, 일본에서 민단 박열 단장과 요담
- 9. 하지, 미국의 대조선 기본정책은 민주통일정부를 수립하는 데 있다고 언명
- 10. 강릉경찰서 잔교지서, 습격해 온 소련군 및 북조선 보안서원 격퇴
  이승만, 상하이 방문
- 11. 군정청, 사법권의 전면이양에 따라 조선인에 대한 군정재판 철폐
  미 국무장관 마셜, 미소공위 재개를 소련에 제의
  대법원, 정판사 위폐사건 상고 기각
  국민의회, 대한민국 입헌 28주년 기념식 거행
- 13. 이승만, 장제스와 조선독립문제 회견
- 14. 이승만, 소련군이 약 50만의 조선인에게 군사훈련 실시 언명
  미국의 언론, 마셜의 조선문제 해결방법 지지 논설 발표
- 16. 상해 체재중인 이승만, 독립정부 수립의 가능성 시사
- 17. 남로당, 조선공산당 창립기념일을 맞이하여 담화 발표
  민전 의장단, 모스크바삼상결정의 실천에 미국의 성의

촉구

중 외교부장, 조선문제 해결에 미·영·중·소 4국 간 협의 제안

- 18. 경무부, 38선 월남자를 체포 수용키로 조치
  한민당 김성수 등, 하지와 회담
- 19. 독촉국민회 전국대회
  수도경찰청, 대한청년총연맹 중앙감찰대에 해산령
  뉴욕타임즈지, 조선문제 해결에 4개국(미·소·영·중) 협의 타당성 주장
- 21. 이승만 방미 마치고 귀국
  이청천(李青天) 장군 환국
- 22. 소련 외상 몰로토프, 미소공위 재개에 대한 마셜제안 수락
  입법의원 제57차 본회의, 부일협력자 등 처단법 수정안 상정 토의
- 23. 동경 군정청, 재일조선인에 일본법규 따르라고 경고
  전국 유연(儒聯), 민전에 가입
- 24. 수도경찰청, 대한민청 테러사건의 진상을 발표
- 25. 대한민청, 발전적 해산 결의
  러치, 청우당 간부들과 회담
  청우당, 민전에 불참사실을 성명
- 26. 근로인민당(여운형) 창당 선언문 발표
- 27. 여자국민당, 여권신장 위해 입법의원에 건의안 제출
  이승만 귀국환영대회 거행
- 28. 조선민청, 세계민청연맹에 가입
- 29. 국민회의, 이승만에게 주석 취임 촉구
  이승만, 국민회의 주석 취임 거부
  수도경찰청, 메이데이 경비에 대해 담화 발표

사회·경제

보건후생부는 월남 동포를 구호코자 38선 부근 5개소에 검역소를 개설했다. 서울시 인구는 4월 1일 현재 127만으로 유령인구는 10만 명에 이르고 있다. 검찰국은 1946년 1년 동안 남한 각 형무소에 수감된 죄

수 118,866명이라고 밝혔다. 해방 후 감소했던 전당포가 서민의 금융기관으로 재등장하는가 하면, 농촌에서는 생활난으로 이농현상이 두드러지고 있다. 농민들은 무엇보다도 낮은 공출가격으로는 농사짓기가 힘들기 때문이다. 주택난이 극심한 서울에서는 일본인들이 남기고 간 적산가옥 쟁탈전이 치열했다. 이 달에 조선 상품이 최초로 세계시장에 진출했다.

- 1. 보건후생부, 월남 동포를 구호코자 38선 부근 5개소에 검역소 개설.
  검찰국, 1946년 1년 동안 남한 각 형무소에 수감된 죄수 118,866명이라고 밝힘.
  중앙경제위원회, 1947년도 군정청 예산을 165억 원 결정
  공무원 봉급 인상, 민정장관 7,510원 부처장 6,010원
  우편금요 100%인상(우표 1원, 엽서 50전, 전보 10자 이내 10원, 전화 1통화 2원)
- 2. 조선 방직협회 창립총회
  GARIO(점령지역구호) 자금에 의한 원면의 도입 및 배정 개시
- 3. 세계노동조합연맹 극동조사단 일행, 조선의 노동 상태 시찰소감 기자회견
  광복 후 최초의 해외 무역선이 중국으로 출발
- 5. 제1회 식목일 기념식 거행
- 7. 전북 남원, 무장대 200여 명 운봉지서 습격
- 8. 장택상 경찰청장, 폭력단체 단속의 특수수사반 설치 발표
  미성년자노동보호법, 입법의원 본회의 통과
- 10. 한국신학대학 개교
  중앙여전, 중앙여자대학으로 승격
- 11. 상무부, 5월 1일부터 미터제 실시 발표
- 12. 일본어선 불법 침입으로 남해어장 위협
  농무부, 조림사업 10개년 계획 수립
- 13. 상무부 공업국, 성냥원료의 국내증산과 대외수입 추진
  서울시, 의무교육실시를 위해 초등학교 월사금 전폐
- 14. 울릉도에 절량 위기

- 15. 부처장 회의, 울릉도의 식량지급 수송 결의
- 16. 소작쟁의 급증
- 17. 금값 내리고 물가 안정세를 보임
- 19. 전평, 세계노련대회에 정식 초청받음
  해방 후 감적됐던 전당포 서민의 금융기관으로 재등장
- 20. 38선 요처에 전재민수용소 설치
  전재동포원호회(UNRRA)에 5백억 원 상당 물자 신청
- 21. 전국학생총연맹 대의원대회, 자주정부수립 등을 요구하는 결의문 채택
- 24. 서대문형무소 수감자 대우개선 요구 단식
- 27. 적산가옥 쟁탈전 치열하게 전개
- 28. 조선 상품이 최초로 세계시장에 진출
- 30. 38선 접경 3개 수용소의 월남 동포 2천여 명
  서울시 우마차 조합 창립 인가
  서울시 유령인구 10만여 명으로 밝혀짐

문화·생활

제52회 보스턴 세계마라톤대회에서 조선대표 서윤복(고려대학) 선수가 2시간 25분 39초로 세계신기록을 수립하고 제1착의 영예를 획득했다. 해방 후 가장 먼저 변한 것은 여성들의 헤어스타일과 의상으로 일제 말에 금지되었던 퍼머넌트가 급속히 늘어나 미장원 수가 급증했다. 토지문제가 관심을 모으는 가운데 소작쟁의가 급증했다. 그 원인으로는 지주가 자작하거나 땅을 팔았기 때문에, 농토수리비나 비료대금을 지주가 부담치 않기 때문이지만 전반적으로 지주의 권한이 줄어들고 소작인의 권한과 주장이 강해지는 사회 현상 탓이었다.

- 1. 조선궁도협회 창립
- 5. 조선대표축구단 상해 원정
- 6. 대한노총, 전국노농조합과 합류
- 8. 남조선의 중등학교 이상 교육기관은 모두 403개교
- 19. 국제일보 창간
  조선해양대학 설립
- 20. 서윤복, 보스턴 세계마라톤대회에서 우승
  만세보 창간
- 21. 제1회 조선도서관협회 총회
- 26. 보통선거에 대비하여 한글 개학(皆學) 촉진운동 전개
  보스턴마라톤 우승 축하대회 거행
- 27. 해방 후 미장원 급증

기타

- 서울시 참사회, 초등학교의 월사금 폐지를 결의
- 극단 고향 창립

북한

- 1. 북조선 농업간부양성소 개설
  국제연맹대표단(단장 루이 사이안), 평양 도착
- 4. 천도교청우당, 제1차 전당대회
- 5. 북한주둔 소련군사령관에 치스차코프 후임으로 코로트코프 중장 임명
  천도교 청우당 제1차 전당대회
- 15. 중앙농사시험장 설립(사리원)
  평양화학공장 복구 완성

제51회 보스턴 마라톤대회에 출전한 서윤복 선수가
2시간 25분 39초의 세계신기록으로 1위로 골인하였다.
1947. 4. 19
눈빛아카이브 DB

군정청 앞에서의 시위.
1947. 4
U.S. Army Signal Corps/ NARA

철도노조의 파업을 강제해산하는 경찰.
1947. 4
U.S. Army Signal Corps/ NARA

자택 정원에서 스케치를 하고 있는 운보 김기창과
박래현 화가 부부. 1947
U.S. Army Signal Corps/ NARA

제2차 미소공위가 무기휴회된 지 1년 16일 만인 5월 21일 오후 2시, 서울 덕수궁 대조전에서 다시 열렸다. 하지 중장의 개회사에 이어 쉬띄꼬프 소련대표의 인사말 등 화기애애한 가운데 개회식을 마쳤다. 하지만 며칠 후 곧 미소공위 본회의는 협의대상 문제로 미소 간 이견을 드러내기 시작했다. 미국 NBC방송은 이승만과 미 국무성 사이 과도정부 수립을 위한 비밀협정 체결을 보도하자 이승만은 즉각 이를 부인하는 성명서를 발표했다.

정치·행정

안재홍 민정장관은 행정명령 제1호로 대한민청 해산을 발표했다. 그 이유는 공공연히 대한민청의 이름으로 폭행과 협박 등 테러를 일삼아 왔기 때문이었다. 입법의원이 성립된 이후 좌우합작위원회의 무용론이 대두되는 등, 사실상 좌우합작위원회는 점차 그 기능을 상실해 갔다. 여운형은 근로인민당을 결성하여 노동자, 농민, 인텔리 소시민 들이 결속하여 민주과업에 진력하자고 역설했다. 조선의 군정 종식을 위한 워싱턴 당국의 계획이 알려져 정가에 파문을 일으켰다.

- 1. 노총과(서울운동장)과 전평(남산공원), 각각 메이데이 기념행사
- 2. 마셜 미 국무장관, 몰로토프 소련 외상에게 미소공위 재개에 관해 회신
  여운형, 근민당의 당면 행동강령 초안을 발표
  국민의회 내 임정계와 이승만계 간의 임정 봉대론으로 의견 양립
- 4. 도노번(전 미국전략정보장관), 조선은 미국의 중요한 전략지역이라고 역설
  민간물자보급소, 식량 석탄 자동차 등을 관계기관에 할

- 5. 독립노농당 전당대회 개최
  서재필, 조선 경제문제 해결에 미국 원조의 긴요성 역설
  하지, 영·호남 시찰 소감 피력
- 6. 미소공위에 대비하여 38선 부근 네 곳에 외무처 출장소 개설
  군정청 외무처, 현재 해외동포 수가 약 190만 명이라고 발표
- 8. 재미 윤평구 목사, 국무장관 마셜에게 조선의 중립국화 요구 서한 전달
- 9. 행정명령 제1호로 대한민청 해산을 발표
  장택상 총감, 언론기관에 대한 협박은 폭행예비죄로 엄벌하겠다고 언명
- 10. 좌우합작위원회 무용론 대두
  한독당 전당대표자대회 개최
- 12. 브라운 소장, 미소공위 미국위원단 긴급회의 소집
  러치 군정장관, 임정봉대론에 관련하여 남한에는 미군정만이 유일정부라고 성명
  장택상 총감, 대한임정봉대추진회의 해산을 명령
  여운형 권총 피격사건 발생
- 13. 미 국무장관 마셜, 몰로토프 소련 외상에게 제3차 서한
  외신, 미소 합의 실패할 때 조선에 내전발생 우려 보도

보선(普選)법안 입법의원 상정

● 14. 미 국무장관 마셜, 하지에게 공위준비 훈련
합작위원회, 공위 성공에 협력 촉구 담화 요망

● 15. 하지, 공위 재개에 조선인의 전폭적 협력 당부

● 16. 미소공위 재개에 대비하여 시내 특별경계
군정청, 행정명령 제2호로 조선민청 해산령

● 17. 행정명령 제3호로 미소공위 개회중 정치집회 엄금
군정청 법령 제141호로 '남조선과도정부'의 명칭 공포

● 18. 공위 미국 측 대표 브라운, 덕수궁에서 이승만·김
구·김성수·조소앙 등과 요담

● 19. 이승만, 미소공위 불참 성명
AP기자 화이트, 좌우대립 지속되는 한 조선통일 불가능
논평
대한민청 살인사건에 관련 김두한 등 송청

● 20. 미소공위 쉬띄꼬프 중장 이하 소련대표 전원 입경
군정청 정무회의, 미소공위 대업완수에 적극 협력 결의
독촉국회 내 한민계 한독계 간의 대립 격화

● 21. 제2차 미소공위 개막
반탁진영의 공위 참가문제로 연일 회합
조병옥, 대한민청과 조선민청의 해체에 관한 담화 발표

● 22. 러치, 일부에서 협력하지 않아도 공위 성공을 확신
한다고 언명
민전, 미소공위 참가의사 공위에 전달

● 23. 이승만과 김구, 미소공위에 탁치 해석과 민주정의
에 관한 공동질문서 제출
김규식, 공위에 민주정부 열망 서한

● 24. 미소공위 재개 축하파티 개최
근로인민당(여운형) 결성대회 거행
미국 NBC 방송, 이승만 미 국무성 사이 과도정부수립
비밀협정 체결 보도
이승만, 비밀협정설에 대하여 부인하는 성명서 발표
반탁진영 59개 단체, 이승만·김구의 반탁 입장 지지성명

● 25. 하지, 이승만과 미소공위 참가문제 요담

● 26. 미소공위 제9호 공동성명 발표
삼권분립식 군정청기구 개혁안 결정
법조계, 인권유린의 일제 법률폐지 건의

● 27. 이승만 공보고문 로버트 올리버, 소련에 굴종적인
미국의 조선대책 비난

● 28. 협의단체 범위에 대한 의견대립으로 미소공위 휴회
조선의 군정종식을 위한 워싱턴 당국의 계획이 알려짐

● 29. 미소공위 본회의 속개
재중국 한인단체, 반탁노선 지지의 공동성명서 발표

● 30. 미소공위 본회의, 협의대상 문제로 미소 간 이견 드
러냄
한민당 장덕수 등, 미소공위 문제로 이승만 방문

● 31. 조선공화당 결성
한민당, 공위 참가 보류태도 견지

사회·경제

우익 대한노총과 좌익 전평의 메이데이 기념행사는
각각 서울운동장과 남산공원에서 열렸다. 메이데이
를 전후하여 전국에서 시위대와 경찰의 부분 충돌로
다수의 희생자를 냈다. 군정청에서는 금융조합연합
회를 대행기관으로 남북 간 물물교환제 무역을 개시
했다. 포항과 부산은 무역중계지점으로 이남의 수직
면포를 이북에 보내고, 그 대신 이북의 비료를 가져
왔다. 광복 후 농지값이 급등하여 논은 39배, 밭은 70
배로 올랐다.

● 1. 경주와 순천 등 전국 곳곳에서 메이데이 불상사(경관
2명 군중 21명 사망)

● 3. 연백평야 관수 실시
동양을 제패한 상해 원정 축구단 환영식 거행
청년조선총동맹 결성

● 5. 어린이날 기념행사

● 6. 일본 어선의 불법 출어 사례가 빈번히 발생

● 7. 야간통금을 오후 11시부터 오전 5시까지로 변경 실
시
식량행정처, 5월 1일부터 양곡배급 쌀 1홉 4작 잡곡 1홉
1작으로 변경 발표
생활필수품 최고가격제 철폐

● 8. 장택상, 경찰의 학원침입 절대 엄금을 시달
맥아더사령부 파견관에 의해 신한공사에 대한 감사

1947년도 남한에 대한 원조액 7천5백 만 달러 미 의회에
상정
- 11. 미국산 비료 7만 5천여 톤 각 도에 배급
- 12. 국대안 반대 적색교수 및 학생에 제명처분
  적산 관리의 책임 중앙관재처에 일임
- 13. 전국불교총연맹 창립
- 14. 조병옥 경무부장, 정치적 행사에 자동차 동원을 엄
  금
- 15. 일본서 다시 찾아온 도량형 원기 반환식 거행
- 16. 법률 제4호로 미성년자 노동보호법 공포
- 17. 남북 간에 제한된 무역 실시
- 18. 버마로부터 쌀 4천5백 톤 부산항에 도착
- 19. 체신부령 제17호로 국제간 우편 서류 업무 재개 공
  포
- 22. 조선인권옹호연맹 결성
  전재동포원호회(UNRRA)에 긴급 부흥자금 요청
- 23. 재일조선거류민단 제2회 전체대회(단장 박열)
  미국, 식량 조선에 5만7천 톤 배당
- 24. 서울대 9개 대학장, 국대안 반대로 제적당한 학생
  의 복교대책 수립
- 25. 광복 후 농지가격 급등, 논 39배 밭 70배 오름
  비민주적 경찰관 56명 파면
- 26. 재일조선거류민단장 전체회의 개최
- 27. 군정청 재무부, 금융기관의 대폭적인 정리계획 발
  표
- 28. 부산부두노조, 미군과 분쟁으로 작업 중지
- 29. 군정청 노동부, 최고노동시간령 엄수 지시
  하지, 미 하원에서 남한 경제원조의 필요성 역설
- 30. 하곡수집 예상량 72만 석, 수집자금 10억 원 계상
- 31. 월남동포 급증으로 식량배급량 감소
  북한 연백수리조합 관수, 무리한 요구로 단수사태

문화·생활

서울시 학무국 마틴 고문은 메이데이 행사에 참가한
서울시내 배화, 덕성, 경기 등 여학생 퇴학처분으로
비난 여론이 높아지자 퇴학생의 복교를 지시했다.
군정청은 야간통금을 오후 11시부터 오전 5시까지
로 단축 변경했다. 미국은 1억 달러 상당의 잉여물자
를 남조선에 배당했다.

- 1. 방송 청취료 10원에서 40원으로 인상
- 2. 1억 달러의 미국 잉여물자 남한에 배당
- 5. 방송 전속 어린이노래회 발족
- 7. 문교부, 중등학교 입학요강 발표
- 10. 서울시 학무국 마틴 고문, 메이데이참여 퇴학 여중
  생 복교 지시
  제1회 전국자전거경기대회 개최
- 14. 경기도 광주분원의 자기제조업을 부흥 발전시키고
  자 지방유지 노력
- 16. 조선올림픽위원회 결성
- 18. 연극 〈사랑하는 사람들〉 상연(자유극장)
- 20. 부산수산대학 개교
- 23. 전국 농악제(창경원, -5. 27)
- 28. 재일거류민단, 본국 문교부 발행 교과서 복제 인쇄

북한

- 1. 소련군에 바치는 이른바 해방탑 제막식
- 7. 김일성대학연구원 개원
- 24. 남조선에 전력공급비 5백만 달러 청구

남산 구 신사터에서 열린 노동자대회에서
연설하는 남조선노동당원과 단상의 인사들.
1947. 5. 1
U.S. Army Signal Corps/ NARA

남산에서 열린
노동자대회에 참석한 군중들.
1947. 5. 1
U.S. Army Signal Corps/ NARA

남산에서 열린 노동자대회에
운집한 청중들.
1947. 5. 1
U.S. Army Signal Corps/ NARA

▶ 평양에서 열린 모스크바 3상회의 결정
신탁통치 지지 민중대회.
1947. 5
눈빛아카이브 DB

451

강원 양구군민 5·1절 기념 씨름대회.
1947. 5. 1
미군 노획문서 중
북한 앨범사진(NARA)

▶ 강원 양구군민 5·1절 기념 그네 경연대회.
1947. 5. 1
미군 노획문서 중
북한 앨범사진(NARA)

강원 양구군민 5·1절 기념식장.
1947. 5. 1
미군 노획문서 중
북한 앨범사진(NARA)

강원 양구군민 5·1절 기념 축하행렬.
1947. 5. 1
미군 노획문서 중
북한 앨범사진(NARA)

일본에 있는 영친왕 이은과 그의 가족.
1947. 5. 20
사진 아키모토/ NARA

미소공위 협의에 참가할 각 정당사회단체 대표가 공개되고, 남조선정당 및 사회단체대표와 미소공위 양국대표간의 합동회의가 열렸다. 미소공위 양측 대표에게 회담 성공을 비는 백성들의 진정편지가 42만여 통이나 답지했지만 회담의 성공 여부는 오리무중이었다. 마침내 입법의원은 남조선의원 선거법 초안을 통과시켰다. 군정청은 관보를 통해 조선어를 공용어로 하는 행정명령 제4호를 공포했다.

정치·행정

하지의 초청에 따라 서재필 박사가 미국에서 귀국하여 하지의 고문 겸 남조선과도정부의 특별장관으로 취임할 예정이었다. 남조선 정당 및 사회단체대표와 미소공위 양국대표 간의 합동회의가 개최되는 가운데 반탁진영의 데모가 서울, 춘천 등 전국 곳곳에서 이어졌다. 반탁진영의 청년단체 등 다수의 군중들은 종로 네거리에서 세종로를 돌아 대한문 앞에 집결하여 반탁 결의대회를 열었다. 단오절인 23일 춘천에서 열린 서윤복 선수 귀국축하대회에서는 애국가 합창과 개회사가 끝나자 곧장 신탁통치 결사반대 대회장으로 급변했다.

- 1. 미소공위 공동성명 10호 발표
  수도경찰청, 테러방지기간 동안 다수의 무기를 압수 20여 명 검속
  인천 1등 부(府) 승격
- 2. 한독당 일부 중앙위원 미소공위 참가 표명
  민중동맹, 김약수 등 8명을 제명처분
- 3. 사회민주당, 미소공위에 협조한다는 서한 발송
  입법의원 정부의장 선거권자연령문제로 사표 제출
- 4. 러치, 입법의원의 25세 이상자 선거권 부여는 반민

주적이라 지적
민전, 미소공위 협의 좌우비율 5대 5 주장
미소공위 참가문제로 한독당 내분 표면화
- 5. 조선민주애국청년동맹 발족
  한독당 민주파 결성
- 9. 공위, 미국 측 수석대표 브라운, 정당단체와의 협의 대상 완전해결 언명
- 10. 김구, 반탁투쟁위원회가 미소공위에 참가하려 한다고 사표
  군정청 여론국에 90여 개 남한 정당 및 사회단체 등록
- 11. 공위, 남북 각 정당 및 사회단체의 협의에 관한 규정 발표
- 12. 미국 대일배상사절단 내한
  공위, 공동결의 제6호 발표
- 13. 남조선과도정부 정무회, 공위 협력 강조 성명
  80개 단체, 공위 참가서류 청구
  서울시 주최 공위대표 환영회
- 14. 사법부장 김병로, 군정재판 처형자 669명 석방 발표
  민정장관 안재홍, 미국대일배상사절단에 조선대표가 참가함을 발표
- 15. 미소공위 양측 대표에게 성공을 비는 진정 편지 42만 통 답지

브라운, 이승만 초청 회담
- 16. 임정수립대책위 발족
- 17. 이승만, 우익정당 사회단체대표자와 반탁보조 통일
  및 분열방지책 결정
- 18. 공위, 조선민주정당 및 사회단체의 회합절차 결정
  반탁투쟁 대표자대회
- 19. 한독당 공위 참가여부 문제로 당내 민주파와 혁신
  파 제명
- 20. 군정청, 특별의정관으로 서재필 초빙
  공위 협의에 문서 교부받은 정당 단체 310, 선언서에 서
  명한 정당 단체 56
- 21. 한독당 혁신파, 신한국민당으로 발족
  해병 제주수영 신설
- 22. 공위 협의에 참가할 각 정당사회단체 대표 공개(총
  등록단체 463)
- 23. 각지에서 반탁데모
- 24. 브라운, 반탁시위는 국가이익보다 개인의 권세 획
  득을 위한 행동이라고 성명
- 25. 남조선정당 및 사회단체대표와 미소공위 양국대표
  간의 합동회의 개최(-30)
- 26. 공위 소련 측 대표 쉬띠꼬프 평양으로 귀환
  입법의원, 남조선의원 선거법 초안 통과시키고 연령문
  제 토의
- 27. 입법의원, 보선법 통과
- 28. 조선어를 공용어로 하는 행정명령 제4호 공포
- 29. 미소공위 미국 측 대표 브라운, 평양 향발

사회·경제

38선 이북에서 월남한 전재민이 3만5천여 명에 이르
고 있다. 그러다 보니 서울의 주택난은 날로 더욱 심
각하여 방 1칸에 보증금 1-2만 원에 월세 800원까지
치솟고 있다. 식량행정처장은 1월 이후 곡물수입량
21만5천 톤이라고 발표하고, 상무부 무역국은 1-5월
간의 남한무역 1억 2천만 원 입초라고 발표했다.

- 1. 명물 대구 야시장 개장
  서울에 주택난, 방 1칸 월세 800원 보증금 1-2만 원

상무부 무역국, 마카오 무역선의 부산·군산항 입항 사실
발표
전차 요금 인상
- 2. 백 원권 새 지폐 발행
  배화여중 학생, 퇴학생 복교요구 농성
- 4. 세계노동조합연맹대회 참가 전평 대표 2인이 모스크
  바로 향발
- 5. 5월중 38선 이북에서 월남한 전재민 3만5천여 명
  제2차 무역선 켄느바호 인천에 입항
- 7. 상무부 무역국, 홍콩과 마카오를 중심으로 무역 본격
  화(수출물자는 해산물과 광산물)
- 9. 서울시, 인구 포화상태 대비책으로 임시수용소 설치
  계획
  홍삼, 홍콩으로 첫 수출
- 10. 수출입 허가제 실시
  남한 석탄소비량의 95%가 외국탄
  토목부, 일본식 하천 이름 개정
- 13. 1946년 4월부터 1947년 3월까지 테러로 인한 사
  상자 750명
- 14. 부산경찰서장 권위상 피살
- 15. 경기도 물가감찰서 남북교역상태 조사 발표
  국립 서울대학교 이사회, 국대안 반대로 제적당한 학생
  들 무조건 복교키로 결의
  소년노동법 실시
- 16. 재일거류민단 중앙총본부 외국인등록령에 대한 견
  해 성명

458

- 17. 군정청, 포고령 위반자 석방조치로 100여 명 출감
  식량행정처, 태국 쌀 6만 석 수입 발표
- 19. 남조선의 아편중독자 1만5천여 명, 그 가운데 1만
  여 명 서울 거주
- 20. 조선올림픽위원회 초대위원장에 여운형 취임
- 21. 조선은행권 발행고 5월말 현재 172억 3천9백만
  원
- 22. 남북 간에 조선전력협정 성립
- 23. 식량행정처장, 1월 이후 곡물수입량 21만5천 톤이
  라고 발표
- 25. 민간 생산품의 공정가격제을 전폐
  상무부 무역국, 1-5월간 남한무역 1억 2천만 원 입초라
  고 발표
- 27. 춘천형무소 수감자 4백 명, 대우개선 고문폐지 등
  요구 단식

문화·생활

공보부는 6월 1일 현재 남조선에 허가 등록된 출판
물은 일간 72, 주간 76, 반월간 13, 월간 144종이라고
발표했다. 국립서울대학교 이사회가 국대안 반대로
제적당한 학생들을 무조건 복교키로 결의했다. 이
로써 국대안 문제가 해결될 기미를 보였다. 조선문
화단체총연맹(文聯) 대표가 러치 군정장관에게 1만
2천 명의 피검 문화인 석방을 진정했다. 국제올림픽
위원회(IOC)가 조선올림픽위원회를 정식으로 승인
하고, 조선의 런던올림픽대회 참가를 승인했다. 23일
중앙청 앞 광장에서 보스턴 세계마라톤대회를 제패
한 서윤복·손기정·남승룡 세 선수의 환영회가 열렸
다.

- 3. 서울시성인교육대회 개최
- 4. 조선문화단체총연맹 대표, 러치 장관에게 1만2천 명
  의 피검문화인 석방 진정
  문교부, 중등학교 입학지원을 3개교 이내로 제한
  합동통신사 무전개통식
- 9. 신학기에 취학할 아동의 등록 실시(-18)
- 14. 춘천농과대학 개교
- 15. 국립 서울대학교 이사회, 국대안 반대로 제적당한
  학생들 무조건 복교키로 결의
  조선올림픽위원회 발족
- 19. 남로당, 기관지 '노력인민' 창간
- 21. IOC, 조선의 런던 올림픽대회 참가 승인
- 23. 보스턴 세계마라톤대회를 제패한 서윤복·손기정·
  남승룡 선수 환영회
- 24. IOC, 조선올림픽위원회를 정식으로 승인
- 25. 서울의 초등학교 졸업식(-26), 71개교 13,665명
- 29. 방송 전속가수제 실시

기타

- 극단 신극협회 창립
- 서울시내의 문맹자 약40만 명

북한

- 2. 북조선영화동맹, 영화연구소 개설
- 3. 조선민족혁명당을 인민공화당으로 개편(당수 김원
  봉)
- 14. 김일성, 정당사회단체 열성자대회에서 조선민주주
  의 임시정부 수립에 관하여 논의
- 18. 북한 각 정당사회단체, 공위 협의 참가에 관한 청원
  서 및 선언문 제출(참가신청 38개 정당사회단체)
- 29. 북조선 애국가 제정
- 30. 임정수립 위한 북조선정당사회단체 합동회의 개최
  (평양)

1947년 제51회 보스턴 마라톤대회 대표선수단 귀국을
환영하는 개선 환영식이 군정청 앞에서 열렸다.
1947. 6. 23
U.S. Army Signal Corps/ NARA

개선 환영식장에서 답사하는
서윤복 선수.
1947. 6. 23
U.S. Army Signal Corps/ NARA

제2차 미소공위가 열린 덕수궁 앞의 신탁통치반대
시위대를 강제해산시키는 기마경찰.
1946. 6
U.S. Army Signal Corps/ NARA

중앙청에서 열린 제2차 미소공동위원회에 참석한
소련 측 대표 쉬띄꼬프 중장과 미국 측 대표 브라운 소장.
1947. 6
U.S. Army Signal Corps/ NARA

소달구지에 가재도구를 싣고
38선 미군 초소로 접근해 오고 있는 귀환자.
1947. 6
U.S. Army Signal Corps/ NARA

38선의 미군 제13경비초소.
1947. 5
U.S. Army Signal Corps/ NARA

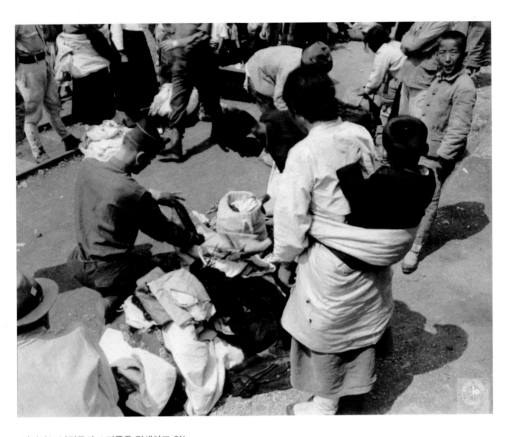

남하하는 난민들의 소지품을 검색하고 있는
38선 부근의 미군과 경찰관.
1947. 6
U.S. Army Signal Corps/ NARA

떠나기로 말하면 우리 가족도 마찬가지였다. 해방된 다음 해에 우리는 서울역을 줄어놓은 것 같은, 하얼빈 역 비슷하다는 말을 들은 일이 있는 H역에서 W로 오는 기차에 올랐다. H역은 이때는 불에 탄 잔해만 을씨년스럽게 서 있었다. 남쪽에 일본이 항복한 다음 들어온 미국 군대와는 달리 그전에 일본군을 공격한 소련군은 국경 지역의 일본군의 저항을 물리치면서 들어왔다. 만주와 소련에 이웃한 함경북도의 북쪽 지역은 짧은 기간이기는 했지만 전쟁마당이 되었다. 두만강가에 있는 군사기지였던 H읍도 전쟁의 불길을 체험했다. 민간인 거주지에는 피해가 없었고 주로 목표가 된 것은 군사시설이었는데 시가지의 동북쪽에 있는 병영, 비행장, 철도가 폭격 당하였고 역사는 그때 불탔다. 벽만 앙상한 역사에서 부모님과 세 아이들, 다섯 식구는 전송 나온 사람들과 작별인사를 나누었다. 어떤 중년의 아주머니가 어머니 손을 잡으며, 세월이, 이 세월이, 하던 말소리가 뚜렷이 귓가에 남아 있다. '세월'이었다. – 최인훈, 『화두』제1부, 민음사, 1994, pp.14-15

1일 미소공위가 평양에서 북한 측 청원단체와 사흘간 합동회의를 열었다. 8일 서울에서 미소공위 본회의가 개최되었으나 구두협의 대상 문제로 격론만 오간 채 어떠한 결정도 보지 못하고 폐회했다. 19일 근로인민당 대표 여운형이 혜화동로타리에서 저격을 받고 사망했다. 여운형은 해방 후부터 테러를 당하기 시작하여 그간 열 번의 테러를 당했으나 열한 번째는 목숨을 잃었다. 여운형 암살범은 한지근이라는 청년으로 김두한이 고문으로 있는 백의사의 멤버였다. 반탁투쟁위원회는 미소공위 소련 대표의 주장이 부당하다는 담화를 발표했다. 반면에 남로당은 미소공위 소련 대표의 성명을 지지하는 담화를 발표하는 등, 신탁통치문제를 둘러싼 좌우 양측은 줄곧 평행선만 달렸다.

정치·행정

1일 서재필 박사가 귀국했으나 고령인 데다가 암에 걸려 정국에 아무런 영향을 미치지 못했다. 입법의원에서는 민족반역자 등에 대한 특별조례법안을 통과시켰으나 군정장관의 최후결재에서 기각되어 효력이 발생치 못했다. 26일, 일부 서울시민들은 공위 소련대표 승용차에 돌을 던지고, 우익은 미소공위 철폐 국민대회를 개최했다. 한편 민전을 비롯한 좌익진영은 서울 남산을 비롯한 전국 각지에서 공위 경축 임정수립인민대회를 개최했다.

- 1. 미소공위, 평양에서 북한 측 청원단체와 합동회의(3일간)
  임정수립대책협의회, 공위 답신서 발표
  서재필 귀국
- 2. 입법의원, 민족반역자 등에 대한 특별조례법안 통과
  평양에 체류중인 미소공위 미측 대표단, 조만식과 회견
- 3. 이승만, 하지의 협조 포기 선언

조선신문기자단서 미소공위 답신 관계 가두 여론조사
- 4. 미소공위 미측 대표 일행 평양회담 마치고 귀경
- 5. 399개 정당 사회단체, 미소공위 자문에 대한 답신서 제출
- 7. 미소공위 소련 대표단, 서울 향발
- 8. 미소공위 본회의 개최
- 9. 행정명령 제3호 해제로 정치집회 자유화
- 10. 조선민족대표자대회 결성(의장 배은희)
- 11. 푸라나긴 신부, 미군이 남한에서 철수하면 공산세력이 남하할 것이라고 언급
- 12. 한민당, 공위 협의대상에서 남로당·전평·전농 등은 제외되어야 한다는 담화 발표
- 14. 국민회의와 조선민족대표회의 통합
  러치, 김규식에게 보선법안 통과 치하 서한
- 15. 공위 제42차 본회의, 협의대상문제 계속 토의
- 16. 미소공위 제43차 본회의, 정당사회단체의 정의(定義) 문제를 토의
- 17. 조선민족대표자 회의, 민족진영의 대동단결로 총선 실시 결의

- 19. 여운형, 혜화동로타리에서 피격 절명
  좌익 각 정당 단체를 중심으로 구국대책위원회 결성
  전 미대통령 후버, 소련은 조선통일의 장애물이라고 언명
- 20. 신익희 한독당 탈당
- 21. 구국대책위원회, 공위 파괴와 테러 배제하여 구국운동을 전개하자고 성명
  미소공위 소련 측 대표, 협의대상에는 반탁 진영을 제외해야 한다고 성명
  후버 발언에 대한 민전의 담화
- 22. 미국신문인 일행 10명 내한
  좌우합작위원회, 각 정당사회단체는 자기모순을 청산하라는 담화 발표
- 23. 여운형 저격범 한지근 체포
- 24. 반탁투쟁위원회, 미소공위 소련 측 대표의 주장이 부당하다는 담화 발표
  남로당, 미소공위 소련 측 대표의 성명을 지지하는 담화 발표
- 25. 미소공위 제47차 본회의, 협의대상 문제로 격론
- 26. 서울시민, 공위 소련대표 승용차에 투석
  구국대책위원회 해체명령
  조병옥, 여운형의 장례에 대해 담화 발표
- 27. 미소공위 철폐 국민대회
  민전, 공위경축임정수립인민대회 개최
- 28. 장택상, 여운형 장례와 관련하여 경고문 발표
- 29. 공위 제48차 본회의, 협의대상문제 토의
  독촉국민회, 공위 소련대표 축사 반박 담화 발표
  전평, 공위 소련대표 측이 지지 담화 발표
- 30. 근민당 인민장위원회, 구국대책위원회 해산명령에

관해 담화
여운형 저격 공범 신동운 체포
- 31. 과도정부정무회의, 공위 난관에 봉착한데 대해 성명서 발표

사회·경제

4일 제171주년 미국 독립기념일 맞이하여 서울시내에서 다채로운 행사가 열렸다. 오전 10시 서울시청 앞 광장에서는 하지 사령관이 참석한 가운데 군악대의 주악에 맞춰 보병, 전차, 장갑차 등의 순서로 미군 장병들의 사열식이 거행되었다. 농촌에서는 토지개혁 문제로 소작 분쟁이 격증하고 있어 이에 대한 근본 해결이 요망되고 있다. 군정청 상무부에서는 중석과 납을 처음 해외 수출하였다. 공보부는 7월 현재 남조선의 인구는 1,930만 명이라고 발표했다.

- 1. 경찰부 공안국에 여자경찰과를 신설하고 서울·경기·경남·경북 주요 도시에 여자경찰서 개설
  서울시 후생국에 부녀과 신설
  상무부장, 철 58톤 홍콩에 수출하고 교환물자로 생고무와 면화 수입
- 3. 귀속농지는 신한공사서 관리한다는 관재수속요령 제9호 발표
- 4. 미국 독립기념식 거행
- 5. 남한 총인구는 1,930만 명으로 발표
- 6. 신한공사 관리 적산 농토 30만여 정보
- 7. 민주학생연맹 결성
- 8. 장항 제련소 용광로 화입식 거행

- 9. 미국에서 1년간 들여온 물자 9천만 달러
- 11. 헬믹 준장, 적산매각대금 장차 조선 정부에 이관 언명
  일광 광산 등 7개 귀속 광산의 산출 금은을 조선은행에 방출
- 12. 서재필 환영대회
- 13. 농무부, 김 1백만여 7속을 일본 수출 발표
- 14. 수도경찰청, 경찰간부 암살계획단 검거 발표
- 15. 독립신문·중외일보·광명일보·문화일보 인쇄공장, 테러단에 피습
  소작쟁의 빈발, 1-7월간 경기도내에서만 527건
- 16. 공보부, 도회지 전귀속가옥불하계획 발표
  민전과 인민공화당, 적산불하 반대 담화
- 18. 사과 2만 상자 일본으로 처음 수출
- 19. 무역협회, 군정당국에 보호무역 정책을 요망하는 진정서 제출
- 20. 토지개혁 문제로 농촌의 소작 분쟁 격증
- 21. 중석과 납을 처음 해외 수출
  폭우로 침수가옥 다수
- 24. 1947년도 과도정부 예산, 세출 179억 원 세입 155억 원
  조미(朝美)기술협회 창립
- 25. 대법원장 검찰총장 공동명의로 사법관의 기강숙정을 강조
- 26. 철도 수송 강화를 위하여 미국제 기관차 10대 추가 도입
- 27. 중앙물가행정처, 하곡수매가격 정맥 1가마(60kg) 800원으로 발표
- 29. 전재동포위원회(UNRRA) 파견원, 조선에 대한 100만 달러 원조계획 발표
- 31. 무역업자, 새로 마련된 민간무역에 관한 확인신용장제 철폐를 당국에 건의

문화·생활

5일 조선문화단체총연맹(문연, 文聯) 주최 종합예술제에 수류탄을 던지는 사고가 발생하여 행사가 중단되는 소동을 빚었다. 11일 국립 서울대학 제1회 졸업식에서 560명의 학사가 탄생했다. 서울 시내 국립 시립 및 구제사업기관은 서울시내 일대의 거지아동 300여 명을 검거하여 이발과 목욕을 시킨 다음, 각 소년원 및 수용소 등에 수용하였다. 서울시는 일제의 잔재인 남산의 도리이(鳥居)를 비롯한 황국신민서사탑 등을 철거하기 시작했다.

- 1. 교육과학연구소 창설
  부인신문 창간(발행인 박순천)
  서울석간신문이 조선중앙일보로 개칭
- 3. 일제의 황국신민서사탑등 철거 시작
- 4. 수도의과대학 설립
- 5. 조선문화단체 총연맹(문연) 주최 종합예술제에 투탄사고 발생
  조선정치학회 창립
- 7. 전국기독교도대회 개최
- 10. 삼남일보사 허가
- 11. 국립 서울대학 제1회 졸업식 거행(560명)
- 13. 서울시 후생국, 미성년자노동보호법의 시행으로 해고되는 14세 미만 아동수용 계획
- 16. 전국 초중등 교과서 수요량 80%인 946만 5,466부를 확보
- 17. 올림픽위원회, 조선에 초청장 발송
- 24. 서울시내 거지아동 300여 명, 소년원 등에 수용
- 25. 대학신문 창간(서울대)

북한

- 1. 인민학교 국가졸업시험 실시
- 5. 조선음악연구소 설립
- 20. 모란봉 야외극장 개관

일제강점기 때 남산에 세운 일본 신사 입구의 도리이.
사진: Cecil B. White 소령 1946-1947

● 치안유지법

1925년 일제가 반정부·반체제운동을 누르기 위해 제정한 법률. 무정부주의·공산주의운동을 비롯한 일체의
사회운동을 조직하거나 선전하는 자에게 중벌을 가하도록 한 사회운동취체법이다. 1923년 관동대지진 직후
공포되었던 치안유지법을 기본으로 하여 1925년 제정한 이 치안유지법은 식민지 조선에도 그대로 적용되어,
일제의 식민지 지배에 저항하는 민족해방운동을 탄압하는 데 적극 활용되었다.

평양 거리.
1947
미군 노획문서 중
북한 앨범사진(NARA)

3일 몽양 여운형 선생의 인민장이 서울운동장에서 수만 시민들의 참석하에 엄숙하고 성대하게 거행되었다. 60평생을 조국의 독립과 민족해방운동에 이바지해 온 고인의 유해는 우이동 태봉에 안장되었다. 6일 입법의원 124차 회의에서 조선임시약헌법안(朝鮮臨時約憲法案)을 심리한 뒤 통과시켰다. 미 트루먼 대통령 특사로 웨드마이어 중장 일행이 내한했다. 이들의 내한 목적은 조선의 경제적·정치적·사회적 상태를 편견 없이 객관적으로 조사하는 데 있다. 미국은 28일 미·소·영·중 4대국 회의를 제안하여 조선문제를 해결하자고 제의했다.

정치·행정

4일 수도경찰청은 남로당 지령으로 적화선전을 하던 서울중앙방송국 직원 14명을 검거했다고 발표했다. 수도경찰청은 8·15기념일을 앞두고 좌익계 인물에 대한 대량 예비검거를 했다. 이에 대해 수도경찰청장 장택상은 좌익 대량검거는 남조선적화계획과 군정파괴음모 때문이라고 발표했다. 재미동포 조선사정협회 김용중은 남조선총선거 실시에 반대하는 성명을 발표했다.

- 1. 미국, 대조선구제금 1억1천만 달러 결정
- 2. 행정명령 제5호 발포, 8·15행사에 옥외집회와 데모 금지
- 5. 남로당 지령으로 적화선전을 하던 서울중앙방송국 직원 14명 검거
- 6. 조선임시정부 약헌(約憲), 입법의원 통과
- 8. 미국신문인 일행, 샌프란시스코에서 미소 양군철퇴가 조선문제 해결의 첩경이라고 피력
- 12. 수도경찰청, 좌익계 인물에 대한 대량 검거 시작
  마셜 미 국무장관, 몰로토프 소련 외상에게 공위 속개 종용

재미조선사정소개협회 회장 김용중, 조선 총선거 실시 계획에 반대성명서 발표
- 14. 해안경비대학을 해사대학으로 개칭
- 15. 해방 2주년 기념식(서울운동장) 개최
- 18. 장택상, 좌익 대량검거는 남한적화계획과 군정파괴음모 때문이라고 발표
- 22. 제4차 태평양회의에 김활란(이대학장)·김우평(중

양경제 사무장), 조선대표로 참석
- 23. 하지, 좌익 검거는 소동예비책이라고 언급
  소련 외상 몰로토프, 조선문제에 대해 모스크바협정의
  반대자와는 협의할 수 없다고 언명.
- 26. 미 대통령 특사 웨드마이어 중장 내한
- 28. 미국 대소 각서에서 조선문제를 4국회의에서 해결
  할 것을 제의
- 29. 웨드마이어 특사 각계 요인과 협의, 지명수배중인
  허헌에게 회견 요청
  전국혁명자대표대회 개최
- 31. 대한독립농민총연맹 결성(위원장 채규항)

사회·경제

미국에서 보리 16,317톤, 밀가루 9천2백 톤, 쌀 2만8
천 톤이 부산항에 도착하여 식량난 해소에 큰 도움
을 주었다. 군정청 상무부는 상반기(1월-6월) 수출
입 총액은 8억 7천4백만 원으로, 전년도 대비 약 40
배 증가했다고 발표했다. 8월말 조선은행권 발행고
가 190억여 원으로 해방 당시(49억여 원)의 4배에 이
르고 있다.

- 1. 미국, 대조선구제금 1억 1천만 달러 결정
- 2. 무역업자대회, 선수신용장제 철폐를 요청
- 5. 체신부령 제18호로 남조선 미국간 항공우편 업무 공
  포
- 6. 재일동포재산반입 제2차분으로 경기계류 부산항에
  도착
- 7. 미국으로부터 대맥(보리) 16,317톤과 소맥분(밀가

루) 9,200톤이 부산항에 도착
남조선 과도정부와 이집트 정부 간에 최초의 물물교환
계약 성립
- 8. 조선적십자사의 국제적십자연맹 가입 요망 서한 발
  송
  입법의원, 공창제도폐지령안 심의통과
  1947년도 과도정부 예산 부족액 약 20억 원 계상
- 10. 소금 연료 비누 등을 적재한 무역선 부산항 입항
  이집트면 3,000봉(棚) 수입, 수출은 중석 등 선광석 700
  톤
  공영국 운수과, 택시 사업규칙 제정
- 12. 조선의 수공예품, 미군 PX에서 판매
- 14. 1월-6월 수출입 총액은 8억 7천4백만 원, 전년도
  대비 약 40배 증가
  1월-6월 대 마카오 수출품 중 중석이 최고
- 17. 인천항에서 만주행 쌀 밀수선 적발
- 18. 생필품 15종의 최고 판매 가격 인상 발표
  중앙식량규칙 6호로 미곡수집안 공포, 1947년도 미곡생
  산 2천1백만 석 추산
- 19. 미국에서 쌀 3천7백 톤이 부산항에 도착
  농지개발회사, 미곡 75만 석 증가 목표로 22개소 토지개
  량사업에 착수
- 20. 철도운임 50% 인상
- 23. 국립도서관 임해문고를 9월 5일까지 인천 월미도
  에 개설
- 24. 여현역에서 남북조선 우편물 교환
  8월중 미국 수입쌀 2만8천 톤 입하예정
- 25. 상무부령 제1호 외국무역 규칙 공포

- 27. 광무국, 광산 자금으로 1억 6천만 원 융자 알선
- 28. 충북 진천경찰서 관내에서 좌익계열의 폭동사건 발생
  식량영단 주안공장에 발화로 미곡 수천 가마 소실
- 29. 유도회(儒道會) 창립
- 31. 조선은행권 발행고 190억 4천여만 원
  10명 이상 고용하는 서울 시내 공장, 사업장 수 788개

문화·생활

고려레코드회사가 우리의 기술로 음반제작에 성공했다. 이 무렵 최고 인기가요는 현인의 〈신라의 달밤〉〈베사메무초〉, 한복남의 〈빈대떡 신사〉 등이었다. 방송프로그램을 대폭 개편했다. 시사해설, 스무고개, 천문만답 등은 인기 프로였다. 연희대가 남녀공학제 실시하여 여학생을 받아들였다. 동아일보사는 제1회 전국지구별초청 중등야구대회를 주최하여 장안의 인기를 모았다. 국대안 반대학생도 무조건 복교하여 서울대학교가 점차 정상을 되찾았다. 호남신문(주재 이은상)은 조선 최초로 가로쓰기를 채택했다.

- 1. 국립도서관 별실에 미국문화연구소 개설
  조선관악연구회 결성
- 3. 전국 중등학교 403개교로 증가
- 5. 고려레코드회사, 우리의 기술로 음반제작에 성공
  남조선극장연합회 창립

주간서울 창간

- 7. 공보국장, 신문지법 철폐 언명
- 8. 조병옥 경무부장, 신문지법 존속 언명
  조선기자회서 군정 요로에 언론인 신분보장 건의
  조선일보사 주최 제1회 세계제패 기념마라톤대회(조선일보사앞-오류동) 개최
- 10. 조선신문기자협회 결성(위원장 고재욱)
- 11. 미국공보원 개원
- 13. 연희대, 남녀공학제 실시
  우리신문 세계일보 한성일보의 인쇄공장, 테러단에 피습
- 14. 국대안 반대학생 무조건 복교
- 15. 호남신문(주재 이은상), 조선 최초로 가로쓰기 채택
- 17. 인천에서 해군부대 연습 실황을 무선중계 방송
- 20. 동아일보사, 제1회 전국지구별초청 중등야구대회 주최(-24)
- 25. 조선서지학회 창립

북한

- 1. 한글학교(문맹퇴치학습회) 개교
  혁명가 유가족학원 개교
- 11. 평양에 국립중앙박물관 개관
- 30. 조기 농업현물세 완납

해방 2주년 기념 행진.
서울, 1947. 8. 15
눈빛아카이브 DB

도쿄에서 열린 재일조선인들의 해방 2주년 기념식
1947. 8
U.S. Army Signal Corps/ NARA

해방 2주년 기념식이 열린 광주 중앙공립국민학교 정문 앞.
1947. 8. 15
이경모 사진

광주에서 거행된 조선민족청년단(족청) 전남도당 결성식.
1947. 8. 15
이경모 사진

전남도당 결성식 후 광주 충장로에서 시가행진을 하고 있는 족청 단원들.
1947. 8. 15
이경모 사진

480

이승만은 애초부터 남조선만의 단독정부수립을 줄기차게 주장해 왔다. 그는 남조선만의 총선거에 대비하여 김성수, 장덕수, 백남훈, 박순천 등 우익정당단체 대표자와 회합을 가졌다. 마셜 미 국무장관은 17일 유엔 총회에서 조선문제를 유엔으로 이관하겠다는 미국의 입장을 밝혔다. 이는 미소공위를 통해 조선반도에 민주적 독립국가를 건설한다는 기존 정책의 포기선언이다. 이승만을 비롯한 우익들은 미국의 이 조치에 즉각 환영했다. 그러나 소련은 이에 강력히 반발했다. 소련은 유엔이 미국의 영향력 아래에 있기에 미국의 의도대로 처리될 것으로 보았기 때문이다. 미국은 소련의 반대에도 23일 조선문제를 유엔 총회에 정식으로 상정하여 가결시켰다. 26일 미소공위 61차 본회의에서 소련 대표 쉬띄꼬프는 미소 양군 동시철수를 제의했으나 미국은 이를 거부했다.

정치·행정

12일 한국민주당·조선민주당은 남한만의 단독선거라도 시행할 것을 촉구하는 담화를 발표했다. 곧 이승만은 남한만이라도 정부를 내세워 국제적으로 발언권을 얻어 우리의 힘으로 통일을 이루자고 역설했다. 21일 서울운동장에서 서북청년회를 비롯한 26개 청년단체가 대동청년단을 결성했다. 대동청년단 단장 이청천은 총재에 이승만을 추대했다. 귀임한 미 대통령 웨드마이어 특사가 주한미군 철수 타당성을 트루먼 대통령에게 보고했다.

- 3. 입법의원, 의원선거법 공포
- 4. 이승만, 남한의 총선거에 대비하여 우익정당단체 대표자와 회합
  해군사관학교의 명칭을 해군대학으로 개칭하고 입학자격을 제한
- 8. 소련 외상 몰로토프, 조선문제 해결을 위한 4대국 회의를 요청한 미국 측 제안 거부
- 9. 공위 소련 측, 공동보고서 작성 거부
  민주의원, 미국에서 개최되는 조선문제에 관한 국제회합 대표로 임병직·임영신 결정
- 10. 한국독립당 선전부, 유엔 감시하에 남북 총선거 실시 촉구
- 11. 러치 군정장관 사망
- 12. 한국민주당·조선민주당, 남한만의 단독선거라도 시행할 것을 촉구하는 담화 발표
- 16. 이승만, 남한의 총선거 실시 주장
- 17. 유엔 총회에 조선문제 정식 상정
- 18. 소련 유엔대표 비신스키, 마셜 미 국무장관 제의를 반대, 1948년 1월까지 미소 양군 동시 철퇴하자고 제안
  소련 측 쉬띄꼬프 미소공위 대표, 공위 자문기관으로 인민회의 설치 제의
- 21. 대동청년단 결성(총재 이승만, 단장 이청천)
- 23. 유엔 총회서 조선문제 토의를 가결
- 25. 웨드마이어 미 대통령 특사, 주한미군 철수의 타당

성을 트루먼 대통령에게 보고
- 26. 공위 61차 본회의 소련 대표, 미소 양군 동시철수를 제의했으나 미국 측 거부
- 27. 대한정의단 결성
- 30. 이승만, 철병보다 총선거 실시 주장

사회·경제

1947년도 추곡수확량은 1,420만 석 예상으로 수집예정량 539만 석을 할당했다. 군정청 법률 제6호로 미곡수집법을 공포했다. 본 법은 정부가 국민식량을 확보하고 비농가에게 적절한 가격으로 배급하기 위해 농민들로부터 직접 미곡을 수매하는 제도다. 경기도는 수집미(收集米) 절대 확보를 위하여 무허가 운반과 도정 등을 처벌하겠다고 경고했다. 현재 일본정부에 등록된 조선 동포는 530,265명이라 발표했다.

- 1. 적산임대료 5배 인상
  이발료 협정가격제, 120원
- 3. 1947년도 추곡수확량 1,420만 석 예상, 수집예정량 539만 석
- 4. 인천에 처음으로 조선인 통관업자 10명 지정
- 5. 서해안 간석지 개척 착수, 총공비 4천여만 원
- 6. 우편료, 극장 입장료 인상
  쌀 5되 520원, 금 1돈(3.75g) 5,550원
- 10. 경기도, 수집미 절대 확보를 위하여 무허가 운반과 도정 등을 처벌하겠다고 경고
- 13. 1947년 추곡 매상 가격은 1입(粒) 640원으로 결정
- 16. 경남북에서 일본에 배 사과 18만 관 수출
- 18. 잡목 합판재료 부족으로 남한 목재가공업 애로에 봉착
- 20. 재일거류민단, 재일부인회 결성
- 27. 법률 제6호 미곡수집법 공포
- 28. 택시업 취체령 시행세칙 발표
  수출입 허가제 실시
- 30. 일본정부에 등록된 조선 동포는 530,265명

문화·생활

입법의원 제143차 본회의에서 신문 기타 정기간행물법안을 통과시켰다. 이 법에는 민심현혹 허위보도에 폐·정간 조항을 삽입했다. 이에 대해 민주통일당의 홍명희는 "진정한 언론자유를 구속할 우려가 있다. 일제의 치안유지법을 방불케 한다"고 말했고, 새한민보 사장 설의식은 "현재 출판계는 무질서한 것은 사실이나 가장 우려되는 점은 제6조 4항으로 파괴선동, 민심현혹은 매우 막연한 것이다. 내가 20여 년간 언론계에 종사하면서 경험치 못한 가혹한 조항으로 시정을 요망한다"고 말했다. 문화단체총연합회가 제1회 예술제전을 성대히 열었다.

- 1. 국제신보 창간(발행인 김지태)
- 10. 춘천농업대학 개교
  시조 발행 허가
- 15. 서울중앙방송국, 조선음악회와 매월 정기연주 방송 계약.
- 18. 광복 후 최초로 세계역도선수권대회(필라델피아)에 참가
- 19. 입법의원, 전문 11조의 신문 기타 정기간행물법안을 채택, 민심 현혹 허위보도에 폐정간 조항 삽입
- 20. 용산중학·서울중학·경복중학에 야간부 개설
- 21. 문화단체총연합회, 제1회 예술제전 개최
- 25. 서울대 대학원 개원식
- 27. 과도정부 출입기자단, 신문 기타 정기간행물법안의 일부 수정을 건의

기타

- 신학년도 시작, 초등학교 입학자 29,506명. 중등학교 10,658명

북한

- 7. 북조선, 김일성 대학 신축 착공
- 13. 최초로 제작된 발성기록영화 〈인민위원회〉 상영
- 15. 흥남공업대학 개교

농가 풍경. 1947
눈빛아카이브 DB

신작로 위의 노인들.
1946-1947
사진: Cecil B. White 소령

미소공위 미국 측 수석대표 브라운 소장은 제62차 본회의에서 유엔 미국 측 대표가 유엔 사무총장에게 보낸 조선독립문제 유엔 총회 제출에 관한 서한 전문을 발표했다. 이와 동시에 유엔이 조선문제 토의를 완료 때까지 공위 휴회를 제안했다. 이에 공위 소련 측 쉬띄꼬프가 본국 지시에 따라 평양으로 돌아가자 미소공위는 무기휴회로 들어갔다. 19일 유엔 총회 조선문제 토의에서 소련의 양군 동시 철수안을 미국이 거부했다. 28일 유엔정치위원회는 조선문제를 토의했다. 미국 측 덜레스 대표는 1948년 3월말 이내로 조선에서 선거를 시행할 것과 선거 이후 미소 군대를 철수할 것을 요구하는 미국의 결의안을 제출했다. 하지만 소련 측 그로미코는 이 결의안을 강력히 반대했다.

정치·행정

유엔 미국대표 덜레스는 조선에 대한 신탁통치를 반대한다고 말하고, 적당한 시기에 조선의 장래에 대한 제안을 위원회에 제출하겠다고 발표했다. 그러자 유엔 소련대표 비신스키는 미국 제안을 반박하는 담화를 발표했다. 하지 사령관은 국군경비대가 1년 이내에 북조선의 침공을 막을 수 있을 만큼 강력해질 수 있다고 미 육군성에 보고했다. 30일 유엔총회 정치안전보장위원회는 조선에 유엔감시위원회를 파견하는 제안을 41대 0(기권 7표)으로 가결하였다. 하지 사령관은 11일 서거한 군정장관 러치 소장의 후임에 딘 소장을 임명했다.

- 1. 서울시 동회장 개선(改選)
- 3. 독립촉성회전국대회, 이승만의 미국 파견 결정
- 4. 미 군사위원단 일행이 시찰차 내한
- 14. 유엔 소련대표, 조선문제 토의 제외 주장
- 15. 유엔 미국대표, 조선에 대한 신탁통치 반대담화 발표
- 유엔 소련대표, 미국대표의 주장 반박담화 발표
- 17. 마셜 미 국무장관, 조선문제의 유엔 상정을 제의하고 신탁통치 없는 즉시 독립을 주장
- 유엔 미국대표, 조선독립촉진결의안 제출
- 18. 공위 미국대표, 유엔 토의 완료 때까지 휴회 제안
- 19. 유엔 전체회의 개막, 조선문제 토의 개시, 소련의 철병안을 미국 거부
- 민주독립당 결성
- 공위 소련대표, 본국 지시로 평양 귀환 성명
- 20. 미소공위 휴회
- 21. 중앙청기구개혁안 발표
- 22. 하지, 국군경비대는 1년 이내에 북조선의 침공을 막을 수 있을 만큼 강력해질 수 있다고 미 육군성에 보고
- 28. 유엔 정치위원회, 조선문제 토의
- 30. 군정장관에 딘 소장 임명
- 유엔 총회 정치안전보장위원회, 유엔감시위원회 조선 파견안을 41대 0으로 가결

사회·경제

군정청은 금값이 폭등하자 금은등록제를 실시했다. 중앙식량행정처는 1947년도 정부 수집미 최고가격을 결정 발표했다. 일등품은 한 가마니에 660원으로 결정했다. 15일 조선은행권 발행고가 마침내 260억 원을 돌파했다. 군정청에서는 부족한 재정을 가장 손쉬운 통화 발행으로 메우다 보니 물가폭등의 주 원인이 되었다. 서울에서 쌀값이 폭등했다. 안재홍 민정장관은 쌀값이 소두(小斗) 1말에 700원대에 이르자 미곡 반출입을 엄금하고, 시민 1인당 2.5홉씩 양곡 배급을 확보하겠다고 발표했다.

- 1. 경찰전문학교, 간부후보생 및 특대생제도 창설
- 4. 금은등록제 실시 (금값 폭등)
- 7. 1947년도 미곡 수집 가격, 일등품 입(粒)당에 660원으로 결정
- 14. 1947년도 추곡 수집 자금 중 금융단 융자부담액을 120억 원으로 결정
- 15. 조선은행권 발행고, 260억 원 돌파
- 17. 지하의 남로당 민애청(民愛靑) 등 좌익단체, 한라산 입산 시작

- 18. 외래물자교역임시위원회 결성
  서울에서 쌀값 폭등, 소두 1말에 700원대
- 23. 안재홍 민정장관, 2.5홉씩 양곡 배급 확보하겠다고 발표

문화·생활

조선어학회 주최 한글반포 502주년 기념 및 『조선말 큰사전』 발행식이 9일 오전 천도교 강당에서

거행되었다. 제2회 조선올림픽대회가 서울운동장에서 그 장엄하고 호화로운 막을 올렸다. 경기 종목 17에 3천여 명의 운동선수가 참가했다. 이 대회에서 처음으로 여학생들의 매스게임이 등장하여 관중들의 갈채를 받았다. 28일 헬믹 군정장관 대리는 일제강점 이후 실시된 공창제 폐지령을 공포했다. 그 효력은 1948년 1월 28일부터 발생한다고 했다.

- 2. 방송, 콜 사인 HL 사용 개시
- 3. 담수회(淡水會, 서울시내 일간신문 통신사의 편집국장 친목회), 신문 기타 정기간행물법의 철회를 하지 및 기타 요로에 제출
- 5. 경주에서 신라제(新羅祭) 열림
- 7. 제주도내 최초로 칠성다방 개업
- 8. 부산 민중보와 인민해방보, 포고령 위반으로 폐간
- 9. 한글학회, 『조선말 큰사전』 제1권 발행
- 13. 제28회 전국체육대회 개회, 참가인원 3,180명 경기 종목 17(서울)
- 15. 문교부 정규대학 17개교, 승격 준비 3개교, 문교부장 인가 특수고등교육기관 6개교 발표
  군산신문 창간
- 25. 헬믹 준장, 입법의원에 신문 기타 정기간행물법 수정 요청
- 28. 공창 폐지령 공포

기타

- 국립대학극장 설립

북한

- 2. 북조선의 3개 정당, 공위 소련대표 쉬띠꼬프 제안을 지지하는 성명 발표
- 10. 정주교원대학 설립
- 20. 북조선, 국제대학생연맹 가입 결정

현물세 완납을
축하하기 위해
철원역 앞에 모인
농민들.
1947. 10. 24
미군 노획문서 중
북한 앨범사진(NARA)

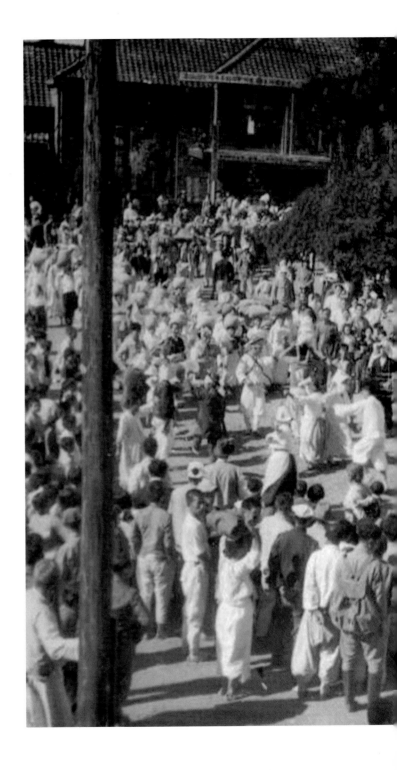

개성역에서 기차를 기다리는 38선 이북에서
내려온 월남민. 1947. 10
U.S. Army Signal Corps/ NARA

490

전 재산을 짊어지고 북에서 내려오는
일가족과 38선의 미군 초병.
1947. 10
U.S. Army Signal Corps/ NARA

동생을 업고 사과를 파는 소녀.
1947. 10
U.S. Army Signal Corps/ NARA

들판의 농민과 가족.
1947. 10
U.S. Army Signal Corps/ NARA

유엔 총회는 14일 미국 측의 유엔한국위원회 설치안을 가결한 후 조선점령 미소 양군을 1948년 1월 1일까지 철퇴케 하려는 소련 측 제안을 거부했다. 17일 서울발 AP 특파원에 따르면, 남조선 미점령당국은 "조선은 남조선만의 단독적으로 독립하고, 북조선은 소련세력권 내에 흡수당할 가능성이 있다. 조선문제가 유엔 총회에 상정된 이후 미소공위는 기능을 상실한 기구가 되었으며, 모스크바 결정사항은 폐기된 것으로 생각한다"는 견해를 피력했다. 국민의회는 유엔에서 파견되는 위원단을 거족적으로 환영하고자 이승만·김구·이시영·오세창·김규식·조만식 등을 명예회장으로 추대했다.

정치·행정

신임 군정장관 딘 소장은 친일파특별조례안 인준거부를 입법의원에 통고했다. 인준거부 이유로 반역자, 또는 협력자로 규정 받은 자가 누구인가를 확인하는 문제가 상당히 곤란하다는 점을 들었다. 24일 김구는 남조선만의 단독선거는 국토 양분의 비극을 초래할 것이라고 경고하였다. 하지만 엿새 뒤 30일 김구는 이화장으로 이승만을 방문한 자리에서 두 사람은 독립정부수립 견해에 완전일치를 보았다고 발표하여 그 발언 진정성에 주목을 받았다.

- 3. 신임 군정장관 딘 소장 취임

남조선 과도정부 정무위원회의 시국대책요강에 대하여 각계에서 항의
- 5. 유엔 정치위원회, 조선의 총선거 정부수립 등을 위한 유엔한국임시위원회 설치안 가결
공보부, 시국대책요강 원문 발표
- 14. 시국대책요강을 개정 발표
유엔 총회, 유엔한국임시위원회 설치안·조선총선거안·정부수립 후 양군 철수안 가결
- 18. 미점령군 당국, 단정수립 가능성 시사
유엔 총회, 조선선거비용 53만8천 달러 가결
- 20. 헬믹 준장, 조선임시정부약헌 및 친일파 등 특별조례 인준보류를 입법의원에 통고
- 24. 김구, 남한 단독선거는 국토양분의 비극을 초래할

것이라고 경고
- 28. 친일파특별조례 등의 인준거부 문제로 입법의원 존폐 문제화

사회·경제

농무부에서는 1947년도 추곡 수확 예상고를 1,385만 석으로 예상했다. 19일 서울시 인구는 곧 160만 명을 돌파할 것으로 예상했다. 서울 시민 1주일간 식량은 백미 11만 석, 잡곡 17만 석이다. 석탄 부족은 나날이 심각하여 열차의 일부 구간은 당분간 운휴키로 했다. 서울시내 초등학교에서는 연료난도 심각하여 겨울방학을 2주 연장키로 했다. 조선 사회는 일백만여 실업자가 기아와 혹한에 시달리고 있다. 이러한 세태를 감안하여 입법의원에서는 요정폐지안을 통과시켜 관심을 모으고 있다.

- 5. 각선 열차, 연료 부족으로 대량 운휴
- 7. 적산 농토에 소유권 정당성이 인정되면 조선인에 반환
- 8. 사할린 지시마(千島) 체류동포 구출위원회 결성
- 9. 1947년도 추곡 수확 예상고는 1,385만 석
- 19. 서울시 160만 명 돌파, 시민 1주일간 식량 백미 11만 석, 잡곡 17만 석
- 24. 금 1돈(3.75g)에 2천6백 원으로 하락
- 25. 요정폐지안 입법의원 통과
  통신교육대를 해체하고 육군통신학교 창설
- 26. 월동비 장작 1평 3천8백 원, 배추 1포기 40원, 무 1개 10원, 고춧가루 1근 380원 등
- 29. 석탄 부족으로 12개 열차 운휴
- 30. 명치좌(明治座)를 시공관으로 개칭
  양곡 수입, 1월-11월간 39만 1,062톤

문화·생활

13일 서울동대문경찰서는 관하 각 서점에서 좌익 관련서적을 압수했다. 대한교육연합회는 창립총회를 열고 초대 회장에 최규동 선생을 추대했다. 해방 이후 다방이 우후죽순처럼 늘어났다. 그 시절 다방은 거리의 '항구'요, 실업자나 모리배의 '오아시스'라고 일컬었다. '마돈나'와 같은 일부 다방은 문인들의 사랑방이었다. 이 무렵 일반가정의 겨울은 김장이 반양식이었다. 김장철을 맞이하여 각 가정에서는 김장거리인 채소와 양념 구입도 문제이지만 소금 배급이 없어 일대 곤란을 겪었다.

- 1. 단국대학, 국학대학, 가톨릭대학 개교
- 4. 제일신문, 광명일보를 개제(改題)하여 발행
- 5. 전국가극협회 결성
- 13. 서울동대문경찰서, 관하 각 서점의 좌익관계서적 압수
- 23. 대한교육연합회 창립총회 개최(초대 회장 최규동)
- 30. 군산신문사 창립

기타

- 전국연극예술협회 결성(이사장 유치진)
- 극단 '신청년' 창립

북한

- 12. 각 도 행정구역 변경
  북조선 각 정당사회단체, 유엔 정치위원회의 조선문제 결의를 절대반대한다는 담화문을 연이어 발표
- 18. 제3차 북조선인민회의, 조선임시헌법제정준비 제정위원 및 초안작성위원회 조직

군정장관 딘 소장 취임식.
1947. 11
U.S. Army Signal Corps/ NARA

독립문 건립 52주년 기념식에서
연설하는 김규식 박사.
1947. 11
U.S. Army Signal Corps/ NARA

독립문 건립 52주년 기념식에서
연설하는 서재필 박사.
1947. 11
U.S. Army Signal Corps/ NARA

고관 주택의 근대식 주방에서 저녁 식사를 준비하는 가정부.
1947. 11 U.S. Army Signal Corps/ NARA

● 미점령군 당국, 단정수립 가능성 시사

남조선미점령당국은 조선문제에 관하여 다음과 같은 견해를 피력하였다. "장차 조선은 남조선만 단독적으로 독립하고 북조선은 소련세력권 내에 흡수당할 가능성이 있는데, 이는 소련이 조선통일독립을 위한 유엔 노력에 협조할 것을 거부함으로 발생한 결과일 것이다. 조선문제가 유엔총회에 상정된 이후 미소공동위원회는 기능을 상실한 기구가 되었으며, 동위원회의 실천목표이던 모스크바결정사항은 폐기된 것으로 생각하였던 것이다. 미소공위는 남북으로 분할된 조선을 통일할 기초공작에 성공치 못하였다. 우리는 유엔감시위원회가 북조선에 입국할 수 있는지 의심하고 있으나 조선에 있어서 동위원회에 가능한 모든 원조를 제공할 것이다. 유엔감시위원회는 완성된 총선거 실시안을 가지고 올 것이나 이와 관계없이 남조선 입법의원에 의하여 작성된 선거법과 공위 미국 측 대표가 제안한 총선거 계획안이 고려될 것이다. 남조선의 선거 결과는 좌익단체가 소수이고 또 선거를 보이콧할 가능성이 있는 만큼 우익 정당의 압도적 승리를 가져올 것이다." - 서울신문, 동아일보 1947. 11. 18

500

천주교회에 모인 아이들과 신부님.
1947. 11
U.S. Army Signal Corps/ NARA

2일 한민당 정치부장 장덕수가 자택에서 피살되었다. 경찰은 살해범으로 현직 경찰 박광옥과 공범 한 명을 체포했다. 이들은 김구의 추종자로 김구는 자신의 혼이라고 주장했다. 후일 공개된 미정보부 비밀문서에 따르면, 이들은 백의사 단원으로 알려졌다. 김구는 이 일로 미군정 재판정 증언대에 서는 굴욕을 당했다. 이승만은 민족자결로 총선거 촉진을 주장하는 성명을 발표했다. 22일 장덕수 암살사건으로 이승만과 멀어진 김구는 단독정부수립 반대와 함께 이승만이 한민당과 연계한 '조선민족대표단'의 즉각 해산을 주장했다.

정치·행정

1일 조선경비대가 제1여단(1, 7, 8연대), 제2여단(2, 3, 4연대), 제3여단(5, 6, 9연대)을 창설했다. 조선민족대표자대회는 유엔을 통한 총선거에 대비한 행동방침을 결의했다. 이들 대의원은 총선대책위원회 정비운동을 개시, 남조선 각지의 전 조직을 완료키로 했다. 중앙선거준비위원회는 1948년 초에 내한할 유엔조선위원회에 제공할 선거법 초안을 작성코자 전체회의를 개최했다. 딘 군정장관은 유엔 감시 하의 총선거를 통한 자주독립정부 수립을 주장했다.

- 1. 조선경비대 여단 창설
- 2. 한민당 정치부장 장덕수 피살
  유엔 서기국에 조선위원단 파견 등 중요법안 위탁
- 3. 국민의회와 조선민족대표자대회, 합작을 결의하고 공동협상서 발표
  민주경찰의 자문기관으로 중앙경찰위원회 발족
- 4. 유엔 조선위원회 단장에 중국대표 후스쩌(胡世澤) 결정
- 5. 이승만, 민족자결주의를 표명하는 성명서 발표
- 6. 재일거류민단, 유엔 감시하의 총선거 지지 성명
- 9. 입법의원, 과도정부 정무회의에 대한 불신임 결의
- 13. 조선민족대표자대회, 유엔을 통한 선거에 대비한 행동방침 결의
- 15. 한국독립당, 남북통일 총선거에 참가할 것을 결의
  중앙선거준비위원회, 미국 측과 선거법초안에 대한 전체회의 개최
- 16. 이승만, 민족자결로 총선거실시 강조
  조선민주당, 남조선 내 전국선거 요망 담화
- 18. 유엔 한국임시위원회 남조선 파견을 유엔 소련대표가 거부
  딘 군정장관, 유엔 감시하의 총선거를 통한 자주독립정부 수립을 주장
- 20. 민족자주연맹 결성식 거행
- 22. 김구, 남조선단독정부수립 반대성명
- 24. 전라북도 일대에서 군사후원회 결성
- 27. 하지, 테러 사건 군재 회부 언명
- 28. 국민의회와 민족대표자회, 합동대회 개최 결정
- 30. 법령 제185호에 따라 종래의 경찰의 허가권이 대폭적으로 다른 부처에 이관

사회·경제

중앙식량행정처장은 1948년도 남조선 식량 부족량은 백미 277만 석으로 수입이 필요하다고 말했다. 이러한 식량 부족 사태는 해방 이후 1백만 명이 넘는 월남 이주민의 폭증에도 그 원인이 있었다. 연말 조선은행권 발행고가 3백억 원을 돌파하고 금값이 폭등했다. 1947년 연간 무역 실적은 수출 10억 6천8백만여 원, 수입 21억 1천8백만여 원으로 수출입 불균형은 더욱 가중되었다. 군정 당국은 심각한 전력난을 해소하기 위하여 부산, 군산, 인천항에 2만 킬로발전선을 배치할 계획이었다.

- 1. 광복 이후 폭동집계, 총 40만 2,877명. 피살 282명, 부상 1,063명, 피해액 1억 48백만여 원
  체신부 전기통신기술자협회 창립
- 3. 생필품 관리원, 5월부터 11월까지 외미(外米) 총수입량은 58만7천여 톤이라고 발표
- 4. 1946년도 미곡통계 발표, 수집 356만 석 배급 343만 석
- 5. 일본에서 10억 원 상당의 멸치·김 주문, 대상(代償) 물자는 어업용구
  쌀값 5되 830원
  서울의 여관 숙박료 개정, 1급 700원-4급 300원
- 7. 신한공사의 한미합동 지도위원 구성
  서울 시내 4개소에 공설 전당포 신설
- 8. 중앙식량행정처장, 1948년도 남한 식량수요 부족량은 백미 277만 석으로 수입이 필요하다고 언명
- 10. 재만(在滿)동포 구호를 위한 관민 각계의 회합에서 2억 원의 물자를 보내기로 결정
  추곡 수집 78% 완수
- 11. 제1회 국산 견직물 전시회
  딘 장관, 광복 이후 미국 민간 물자수입액이 1억 8천만 달러라고 발표
- 13. 국립성병환자 치료소 설치
  상무부를 중심으로 전원개발을 위한 임시전력대책위원회 조직
- 14. 보건후생부, 의료기관의 편재를 시정하고자 도시 내 신규개업 불허
- 15. 행정명령 제9호로 비상시전력위원회 설치 공포
  담뱃값 인상, 공작 30원
  조선은행권 발행고 300억 원 돌파
  쇠고기 1근 260원으로 인상
- 17. 비상군정명령 제1호로 곡가 인상 발표
- 18. 중앙경제위원회, 1946년 9월 이래 남한 비농가 인구수 약 2백만 증가 발표
- 19. 남조선, 계획배전 실시
- 26. 1947년의 치안사건, 1만6천여 건
  금값 폭등
  중앙경제위원회, 삼척 등 탄광 복구를 위하여 1억 3천여만 원 보조 결정

503

광복 이후에 수입된 식량이 253만여 석으로 집계
- 29. 재만(在滿)동포 1만 명, 중국정부의 주선으로 송환
- 31. 광복 이후 사형집행 33명
  연간 미 원조 1억 3천만 달러(차관 2천5백만 달러)
  연간 무역 실적, 수출 10억 6천8백만여 원, 수입 21억 1천8백만여 원

문화·생활

당국에서는 전력난을 극복키 위한 전력 소비규칙을 마련하였다. 이 규칙에 따르면 네온, 장식등, 광고등, 가정용 전기냉장고, 가정용 양수펌프 사용에는 전력 공급을 금지케 했다. 연간 출생인구는 43만 8,032명에 유아사망률이 40%에 이르고 있다. 1947년 말 현재 서울시 초등학교는 72개교(공립 61, 사립 11), 중등학교 65개교다. 이 무렵 서울거리에는 가솔린 자동차, 목탄차, 우마차, 달구지가 뒤섞여 다녔다. 남성들은 마카오에서 밀수해 온 옷감으로 깃이 넓은 양복을 지어 입었는데, 색깔은 회색이나 검정색, 또는 남색이었다. 여성들은 폭이 넓은 플레어스커트와 하이힐이 유행했다.

- 1. 호남신문 발행 허가
  강릉송신소, 강릉방송국으로 승격(HLKR)
- 5. 조선무대예술원 창설(대표 유치진)
- 6. 전력난을 극복키 위한 전력소비규칙 마련
- 13. 경기도의 한글 해독자는 65%
- 17. 전국학생총연맹, 학도계몽대를 전국에 파견
- 20. 한글학회, 외래어표기법통일안 재판 발행
  동아시보사 설립
- 30. 동아대(부산) 정식 인가
- 31. 극단 연극시장 창립
  극단 중앙무대 창립
  서울시 초등학교 72개교(공립 61, 사립 11) 중등학교 65개교

북한

- 1. 화폐개혁 발표
- 15. 현물세 완납되었다고 발표
- 22. 지하자원·삼림지원역 및 수역(水域) 국유화 법령 공포

서울 시청앞에서 열린 설산 장덕수 장례식. 1947. 12. 5
U.S. Army Signal Corps/ NARA

● 한민당 정치부장 장덕수 피살

한민당 당수 송진우를 비롯하여 근민당 당수 여운형 등, 이 땅의 지도자인 중추인물들이 자주독립은 아직도 묘연한 채 동족의 탄환에 헛된 죽음을 하여 뜻있는 사람으로 하여금 비통함을 금키 어렵게 하고 있는 이때, 이번에는 또다시 한국민주당 정치부장 장덕수가 2일 밤에 돌연히 괴한 2명에게 저격되어 53세를 일기로 세상을 떠났다. 즉 지난 2일 오후 6시 50분경 장씨 자택인 서울 제기동에 정복을 입은 경관과 사복청년이 나타나 장씨를 면회하고자 하므로 정복 경관임에 안심을 하고 장씨는 만나러 나갔던 바, 전기 두 명은 총 두 발을 발사하여 장씨의 복부에 관통되어 즉시 백인제 병원으로 운반하여 가료를 하려 하였으나 도중에 이미 절명하고 말았다. 한편 수도청에서는 범인 수사 근거지를 종로에 두고 동일 8시에 비상경계망을 늘이어 부근 일대를 경계하는 동시에 범인을 엄중 수사중인데 3일 정오 현재까지 범인은 아직 체포되지 못하였으나 정확한 단서를 얻어 불원간 체포될 것이라 한다. - 조선일보 1947. 12. 4

암살된 설산 장덕수의 장례식에 참석한
군정청 관계자들과 김구, 이승만. 저격 연루설에
김구의 표정이 침통하다.
1947. 12. 5
U.S. Army Signal Corps/ NARA

암살된 설산 장덕수 장례식.
1947. 12. 5
U.S. Army Signal Corps/ NARA

1948. 1

8일 유엔한국임시위원단(UN Temporary Commission on Korea, UNTCOK)이 김포비행장으로 입국했다. 하지만 김일성은 이 위원단이 북조선에 한발도 못 들어온다고 언명했다. 유엔한국임시위원단은 덕수궁에서 최초 회합하고, 북조선 입경(入境)을 소련군사령관에 요청했으나 소련은 이를 거부한다고 발표했다. 14일 서울운동장에서 유엔한국임시위원단 환영대회가 있었다. 유엔한국임시위원단은 소위원회를 구성하여 총선거안을 토의하는 등 발 빠른 행보를 보였다.

정치·행정

이승만은 유엔한국임시위원단에서 남조선 단독선거를 강조했다. 반면 김구는 유엔한국임시위원단에 보낸 의견서에서 미소 양군 철수 후 남북협상을 통한 총선거를 주장하여 이승만 및 한민당과 결별했다. 딘 군정장관은 조선 인민의 결심에 따라 자유선거는 언제나 가능하다는 담화를 발표했다. 15일 개성경찰서 여현지서에 북조선 보안대원 50여 명이 습격하였다. 이 급보에 즉시 출동한 60여 명의 경찰이 출동하여 보안대를 격퇴했다.

- 1. 조병옥 경무부장, 인민해방군사건 진상 발표
- 2. AMS형 함정 1척 인수
- 4. 연백경찰서 관하 장곡지서, 북조선 보안대원에 의해 피습
- 6. 로얄 미 육군장관, 미국의 일본 반공군사기지화정책 선언.
- 8. 유엔한국임시위원단 내한
- 9. 김일성, 유엔한국임시위원단 북조선에 한발도 못 들어온다고 언명
- 10. 남한점령행정, 미 국방성에서 국무성으로 이관
- 12. 유엔한국임시위원단 덕수궁에서 최초 회합, 북조선 입경(入境)을 소련군사령관에 요청
- 14. 유엔한국임시위원단 환영대회
  과도정부 법률 제8호 미국인의 군령위반 방조금지령 공포
- 15. 개성경찰서 여현지서, 북조선 보안대원에 의해 피습
- 16. 유엔한국임시위원단, 소위원회 구성
- 17. 유엔한국임시위원단, 총선거안 토의
- 20. 유엔한국임시위원단 인도대표 메논, 하지 방문 요담
- 22. 유엔한국임시위원단, 협의대상으로 이승만 김구 김일성 박헌영 등 선정
- 23. 유엔한국임시위원단 북조선 입경(入境)에 대하여 소련 측 거부
- 24. 수도경찰청장 장택상 피습
- 26. 이승만, 유엔한국임시위원단에서 남조선 단독선거를 강조
  김구, 미소 양군 철수 후 남북협상을 통한 총선거를 주장
- 29. 딘 장관, 조선 인민 결심에 따라 자유선거는 언제나 가능하다고 담화
- 30. 딘 군정장관과 안재홍 민정장관 연명으로 언론 출판 집회의 자유보장 시달

사회·경제

장택상 수도경찰청장은 서울 자유시장의 쌀값을 진정시키고자 미곡의 자유 반입을 허가했다. 이 조치로 치솟던 쌀값이 다소 수그러드는 기미를 보였다. 미국은 조선 중석이 세계적으로 우수 품질이라고 인정했다. 중앙경제위원회는 전기요금 6배 인상 발표하여 소비자들을 경악케 했다. 조선은행권 발행고가 316억 2천여만 원에 이르러 물가불안의 가장 큰 요인이 되고 있다.

- 4. 통화대책위 설치
- 6. 미국, 조선 중석이 세계적 우수 품질이라고 인정
- 8. 영등포지대 각 공장, 노임증액과 고용공원 복직문제로 파업
- 10. 경기도 평택군의 좌익단체 간부 집단 탈당
  1948년도 예산, 총 194억 4,517만 2,750원으로 발표
- 11. 상무부, 석탄 부족을 완화코자 삼척·영월·화순 등 탄광에 연 150만 톤 증산 지시
- 12. 농무부, 종마(種馬) 종우(種牛) 종돈(種豚) 등의 대규모 가축 사육장 신설
- 15. 서울시의 1947년도 회계 지출금 총액은 14억여 원으로 전년보다 약 3배 증가
- 16. 조선식산은행이 산업은행으로 새로 발족
  전남 여수항을 개항장으로 지성
- 17. 중앙경제위원회, 전기요금 6배 인상 발표
- 18. 서울시 전차 1시간 파업
  영등포 각 공장 휴업
  식량부족한 영세농민에 환원미(還元米) 40만 석을 배급
  조선무역협회 중심의 공동수출입계획 성안
- 20. 전원개발기획위원회, 관민합작 100억 원 염출하여
  10만kw 발전을 적극 추진키로 계획
  조선무역협회, 홍콩지부 설치
- 21. 조선산 간유 처음으로 7백 드럼 미국에 수출
  식량 및 물자배급제도 위반행위 처벌규정 발표
- 23. 부산 수정공설시장에 화재, 14동 109호 소실
- 24. 서울 30년 만에 폭설

- 28. 미국에서 사탕 8천 톤과 밀 4만 톤 수입
- 29. 수출허가 상품에 대한 자금 대출의 방침을 결정
- 30. 4월부터 11월까지의 서울시 유흥세가 1억3천만 원이라고 발표
- 31. 일본, 조선산 고령토 수입을 교섭
  농무부장, 1948년도 농업생산계획은 벼 1,500만 석, 보리와 밀 900만 석이라고 발표
  조선은행권 발행고, 316억 2,170만 6,843원
  송아지 도살금지령(축우 광복 당시 100만 마리에서 65만 마리로 격감)

문화·생활

문교부에서는 일본말로 통용되고 있는 말을 우리말로 바로 잡고자 국어정화위원회를 설치하고, '우리말 찾기운동'을 펼쳤다. 최초의 오페라 〈춘희〉가 임원식 지휘로 시공관에서 공연하였다. 스위스의 생 모리츠에서 개최되는 제5회 올림픽 동계대회에 조선 선수단 5명이 최초로 참가했다. 윤동주 시집 『하늘과 바람과 별과 시』가 정음사에서 발간되었다. 남북의 분단이 고착화되자 고향을 그리는 망향의 가요가 유행했다. 현인의 〈고향만리〉, 백난아의 〈찔레꽃〉, 님인수의 〈가거라 삼팔선〉 등이 애창되고 있다.

- 8. 장서각 소장 조선왕조실록 일부 손실.
- 10. 학교군사훈련 실시
- 12. 국어정화위, 우리말 찾기운동 전개
- 15. 김동명 시집 『하늘』 발간
- 16. 최초의 오페라 〈춘희〉 시공관에서 공연(임원식)

- 17. 재일본 조선문학회 결성
  서울시 학생교외지도연맹 결성
  국립맹아학교 보건후생부에서 문교부로 이관
- 21. 유엔한국임시위원단 환영 〈대춘향전〉 공연(시공관)
- 24. 조선무역협회, 공동수출안에 따라 제1차로 약 1억 5천만 원의 물품을 수출
- 28. 동의보감 목판, 전주에서 발견
- 29. 제28회 조선올림픽대회 동계대회(한강)
- 30. 제5회 올림픽 동계대회 개회(생 모리츠), 조선선수단 5명 최초로 참가
  윤동주 시집 『하늘과 바람과 별과 시』 발간

북한

- 9. 김두봉, 조선어철자법 개정초안에 대해 보고
- 15. 평양시 민전, 유엔한국임시위원단 반대 열성자대회 개최
- 23. 소련, 유엔한국임시위원단의 북조선 입경 거부 통고

덕수궁 석조전 앞에서 유엔기를 들고 있는 미군.
1948. 1. 12 U.S. Army Signal Corps/ NARA

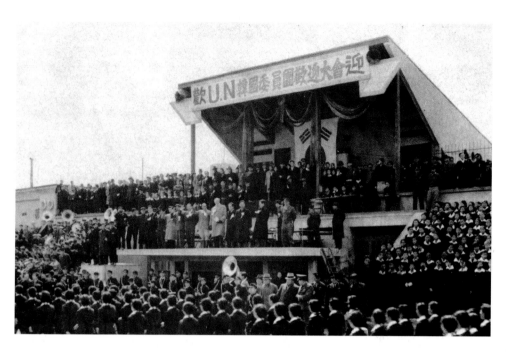

서울운동장에서 거행된 유엔한국임시위원단 환영식.
1948. 1. 14
U.S. Army Signal Corps/ NARA

덕수궁에 도착한 유엔한국임시위원단 위원들.
1948. 1. 12
U.S. Army Signal Corps/ NARA

덕수궁 석조전 앞에 게양된 유엔기와
유엔한국임시위원단 위원들. 1948. 1. 12
U.S. Army Signal Corps/ NARA

유엔한국임시위원단을
환영하는 아치.
1948. 1
U.S. Army Signal Corps/ NARA

제설 작업중인 서울 시민들.
이날 서울에는 30년 만에 폭설이 내렸다.
1948. 1. 24
U.S. Army Signal Corps/ NARA

제설 작업중인 서울 시민들.
1948. 1. 24
U.S. Army Signal Corps/ NARA

구 조선은행 앞.
1948. 1. 27
U.S. Army Signal Corps/
NARA

폭설로 스키장으로 변한 남산 오르는 길.
1948. 1. 26
U.S. Army Signal Corps/ NARA

새해를 맞은 아이들.
1948

그해 겨울은 따뜻했네
1948

이 사진들은 군정청 관계자가
코다크롬으로 1948년 설날 즈음부터
주로 서울에서 촬영한 것으로,
수원 사진도 한 장 포함되어 있다.
전쟁으로 훼손되기 전의 서울 모습과
새해를 맞이한 어린이들의 생기발랄한 모습을
볼 수 있다. 눈빛아카이브 컬렉션

널 뛰는 아이들.
1948

남매.
1948

설빔 입은 아이들.
1948

아빠와 외출.
1948

◀ 세배 가는 길.
1948

두 소녀.
1948

설빔 입은 아이들.
1948

새해 아침.
1948

설빔 입은 소녀.
1948
▶ 설날.
1948

◀ 남매.
1948

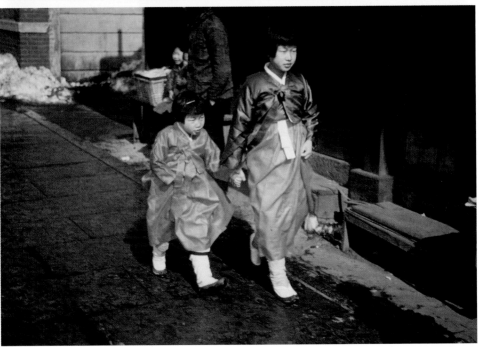

중국인 거리.
1948

◀ 거리의 행인들.
1948

서울 시청앞.
1948

유엔한국임시위원단 환영 아치.
1948

世界平和는 중화平等 정동

전차를 기다리는 사람들.
1948

전차를 기다리는 사람들.
1948

마포
나루터.
1948

충정로(미동초등학교 앞).
1948

골동품 가게.
1948

마차 택시.
1948

널뛰는 아이들.
1948

시장터.
1948

수원 화성.
1948

강에서 빨래하는 여인들.
1948

동생을 업은 소년.
1948

◀ 두 여인.
1948

지게를 진 청년.
1948

▶ 한강의 강태공.
1948

새댁.
1948

◀ 가족.
1948

강둑의 두 농부.
1948

유엔한국임시위원단 메논 의장과 중국대표 후스쩌(胡世澤) 사무총장은 유엔 소총회에 보고하고자 도미했다. 그들은 유엔 소총회 보고에서 소련이 유엔한국임시위원단에 입북을 거부한 이상, 남조선만이라도 총선거를 단행해야 한다고 주장했다. 26일 유엔 소총회는 미국의 가능지역 총선거안을 찬성 31, 반대 2, 기권 11로 채택했다. 조선주둔군사령관 하지는 유엔 소총회에서 가결된 총선거 실시안에 환영하는 동시에 유엔한국임시위원단 업무 추진에 협력하겠다는 성명서를 발표했다.

정치·행정

김구와 김규식은 남조선단독선거에 반대하며, 유엔한국임시위원단에 남북요인회담을 제시하고 그 협조를 요망했다. 좌익계열은 유엔한국임시위원단 입국을 반대하는 '2·7 구국투쟁'을 펼치며 오대산, 태백산·지리산 등에서 빨치산 투쟁을 강화하겠다고 선언했다. 그런 반면, 전국애국단체연합회는 서울운동장에서 총선거촉진국민대회 개최하여 하루 바삐 총선거가 실시되기를 요구했다. 김구는 '3천만 동포에 읍고(泣告)한다'는 성명서에서 "나는 통일된 조국을 세우려다가 38도선을 베고 쓰러질지언정 일신의 구차한 안일을 취하여 단독정부를 세우는 데 협력치 않겠다"는 결의를 표명했다.

- 4. 유엔한국임시위원단 의장에 인도대표 메논 취임
- 6. 남조선 과도정부 정무회, 남한 총선거 주장
  김구·김규식, 남한단독선거 반대 유엔한국위에 남북협상 방안 제시, 협조 요망
- 7. 공산계열, 유엔한위 입국을 반대, '2·7 구국투쟁' 전개(오대산, 태백산, 지리산 등에서 빨치산 투쟁 강화)
- 8. 전국애국단체연합회 주최 총선거촉진국민대회 개최
- 10. 김구, '3천만 동포에 읍고(泣告)한다'는 남한 단독정부 수립 반대성명
- 11. 유엔한국임시위원단, 유엔 보고안 발표
- 14. 유엔한국임시위원단 의장 메논, 중국대표 후스쩌(胡世澤), 유엔 소총회 보고차 도미
- 18. 경무국 수사국, 경기도청 내 좌익계열 검거
- 19. 메논 유엔한국임시위원단 의장, 유엔 소총회에서 보고 연설
  하지, 이승만·김구·김규식을 초대하여 회담
- 23. 이승만, 3월 1일 전에 선거 실시 결정 못하면 독자 추진을 언명
  하지, 모든 조선인의 정치적 회합에 미 군인의 참석을 금지
- 26. 유엔 소총회, 가능지역 총선거안을 가결
  남로당 전북도당 위원장의 지령으로 전북관하 각 지서 습격
- 28. 하지, 유엔 소총회 결의 지지성명

사회·경제

전기료 6배 인상에 이어 군정청 운수부는 철도여객과 화물운임도 인상했다. 여객은 5할, 화물은 평균 4

배를 인상했다. 남로당 등 좌익계는 강경투쟁으로 선회하여 '2·7파업'을 주도했다. 2월 7일 아침, 서울을 비롯하여 전국 철도 통신설비 등의 노동자들은 가동을 중지하면서 총파업에 들어갔다. 이들은 "쌀을 다오, 임금을 인상하라, 공출을 중지하라, 미소 양군은 즉시 철수하라, 유엔한국임시위원단은 조선에 오지 말라" 등의 구호를 외쳤다.

- 1. 상무부, 1948년도 예산편성에 있어 광공업 보조로 20억 원 계상
  삼척시멘트회사의 연간 생산목표 7만2천 톤
  전기료 6배 인상
  철도운임 인상
- 2. 경전(京電) 분쟁 해결
- 4. 부산 제1부두 관세창고 화재
  농무부, 생사 2,422관을 무역국을 통하여 수출
  국내 무역업자들에 대한 집하 자금의 시중은행 대부 용인
- 5. 국청(國青)·청총(青總)·서청(西青)·독청(獨青) 등 4개 청년단, 구국청년동맹을 구성하고 총선거추진연판장운동을 전개
- 6. 후생부, 1947년도 약품 수입 1억 20만 원, 한약재 수출 7천9백만 원이라고 발표

광무국, 1948년도 중석 개발 목표 2천2백 톤으로 결정
상무부, 신탁 선적 알선
1947년도 미국에서 보급 물자 수입액은 1억 3천만 달러
- 7. 좌익계 철도 통신 등 종사원, 총파업
  인천 해상승무원 파업
  조운노조(朝運勞組), 임금 및 노동조건 개선요구
- 10. 신민일보 창간(발행인 신영철).
- 12. 신문사 편집국장 일동, 하지 등 요로에 언론자유에 대한 건의문 제출
  김두한에 사형 언도
- 17. 세관, 1947년도 수출은 11억 1천1백만, 수입은 20억 8천8백만 원으로 발표
- 19. 대한노총 조운(朝運)노조, 중간이득 감소 등 요구조건 제시
  김 50만 속 제4차로 일본에 수출
- 20. 서울 인구 1,646,902명
  중국 정부, 조중(朝中)교역을 정식 발표
- 22. 낙동강 왜관-약목 간의 철교 준공
- 24. 상무부, 모직과 면직물 수입을 4월 1일부터 금지 조치
- 27. 서울시, 식량배급통장을 세대 단위로 개편
- 28. 화신무역 해산물, 홍삼 등 홍콩으로 수출
  멸치 27만 관 일본에 수출

문화·생활

14일 마침내 공창제도가 폐지되었다. 입법의원 박현숙, 공창폐지연맹위원장 김말봉 등 각 여성단체들의 활약이 컸다. 이로써 법령상 공창제는 폐지되었다. 하지만 매춘제도 자체는 폐지되지 않았고, 매춘부 2천여 명은 대부분 사창으로 전업했다. 그 무렵 서울에만 3천 개 이상의 요정으로 불야성을 이루었다. 미군 헌병사령부는 미군표와 조선은행권 위조 용의자들을 대량으로 검거한 뒤 일반인에게 주의를 요망했다. 문교부에서는 세계적으로 우수한 조선어를 정화 정리하는 동시에 외래어를 국어화시키는 방법을 연구하기로 했다.

- 6. 조선체육회 제13대 회장 정환범 취임 (-1948. 9. 3)
- 8. 평화일보 창간 (발행인 양우정)
- 9. 제5회 동계올림픽대회 폐회, 1,500m 이효창 19위 (2′23″3), 최용진 31위 (2′29″8) 등
- 14. 공창제도 폐지
- 16. 미군표와 조선은행권 위폐단 검거
  불법연구회가 원불교로 개칭
- 22. 국어정화위원회, 외래어를 국어화시키는 방법 결정

북한

- 2. 김일성대학 부속 야간대학 설립
- 4. 북조선인민위원회, 1948년 종합예산안 및 민족보위

국 설치에 관한 결정서 채택
- 6. 북조선인민회의를 소집하고 헌법초안 인민군 창설을 공표
- 8. 인민군 창군, 평양에서 인민군(총사령관 최용건) 열병식
- 10. 조선임시헌법 초안 발표
- 27. 북조선인민회의상임위원회 김두봉 의장, 기자회견에서 남한을 비방하는 성명 발표

독립문. 1948. 2. 19
U.S. Army Signal Corps/ NARA

반도호텔에서 바라본 중앙청과 북악산.
1948. 2. 29
U.S. Army Signal Corps/ NARA

24군단 극장(현, 서울시의회).
1948. 2. 28
U.S. Army Signal Corps/ NARA

● 공창제도 폐지

공창폐지는 드디어 법령화하여 14일부터 단연코 실시하게 되었다. 이 역사적 공창폐지의 거사에 앞서 12일 공창폐지대책 여성위원회에서는 공창폐지 후에 대한 간담회를 개최하였는데 이날 입법의원 박현숙을 비롯하여 공창폐지연맹 위원장 김말봉 등 10여 명의 각 여성단체 대표들이 모이어 공창폐지 후에 오는 만약의 경우를 염려하여 가장 진실한 의견을 토로하였으며 일당에 모인 여성들만은 공·사적으로 2천여 명 창기들의 교화뿐만 아니라 친딸로서 그들을 인도하려는 결의를 하였다. - 경향신문 1948. 2. 14

피아노 수업을 받고 있는 국립서울농아학교 학생들.
1948. 2. 19
U.S. Army Signal Corps/ NARA

새 국어사전을 학무국장 오천석과
을유문화사 사장 민병도,
학무국 고문 로버트 깁슨에게 보여주는
조선어학회 회장 장지영(왼쪽).
1948. 2. 27
U.S. Army Signal Corps/ NARA

수의학 수업중인 축산국 고문
브룩스 대위와 이종희 교수.
1948. 2. 18
U.S. Army Signal Corps/ NARA

하지 사령관은 조선인민대표의 선거에 관한 포고를 다음과 같이 공포했다. "조선인민대표의 선거는 유엔한국임시위원단의 감시하에 본 사령부 관내지역에서 1948년 5월 9일(일요일이기에 이후 5월 10일로 변경)에 이를 거행함." 12일 장덕수 암살사건 증인으로 김구가 출석했다. 김구는 증인 심문에서 관련성을 부인했지만 매우 심한 모멸감을 느꼈다. 총선거 실시로 초긴장 속에 김구·김규식은 북조선 김일성·김두봉 양씨에게 남북정치회담을 열 것을 제의하는 서한을 공동명의로 전달했다. 25일 그에 대한 답신이 평양방송을 통해 전해졌다. 남북협상에 관한 북조선 초청장은 김구·김규식 등 15인에게 전달되었다.

정치·행정

민주자주연맹은 남조선 총선거는 민족의 분할과 국토의 양단을 영구화시키는 결정으로 선거에 불참한다는 성명을 발표했다. 이에 반하여 우익 각 정당 사회단체대표자대회는 총선거에 대비하여 33인으로 민족대표단을 구성했다. 또 대동청년단, 독촉 등 68개 단체는 총선지지 성명을 발표했다. 이런 가운데 딘 군정장관은 중앙선거위원 15명을 임명하고, 유엔한국임시위원단에서는 총선거 준비를 착착 진행시켰다. 30일 국회의원선거위원회에서는 총선거를 위한 선거인 등록을 시작했다. 하지만 좌익계열의 선거방해공작도 치열했다. 그들의 선거사무소나 관공서 피습 348건, 입후보자나 선거위원의 피습사건이 147건으로 집계되었다.

- 1. 5월 9일(후에 5월 10일로 변경) 총선거 실시 선포
  이승만, 기미독립기념식사에서 완전독립과 국권회복을 역설
  김구, 남조선 총선거에 불응할 것을 천명
- 2. 딘 장관, 중앙선거위원 15명 임명
  장덕수 살해사건 군재 개정
- 3. 입법위원 부의장 최동오 사임
- 4. 유엔안보리에서 미 대표, 조선분할독립 주장
  하지, 남조선 총선거 실시에 대해 특별성명
- 5. 각 정당 사회단체대표자대회, 총선거에 대비 33인으로 민족대표단 구성
  총선거에 독촉 등 68개 단체성명
  유엔한국임시위원단 중국대표 리우위안(劉馭萬), 선거와 관련 김구·김규식과 요담

- 7. 유엔한국임시위원단 의장 메논과 사무국장 후스쩌 (胡世澤) 귀임
- 8. 김구, 남북협상 제의
  장덕수 암살사건 증인으로 김구에 소환장
  민주자주연맹, 선거불참 성명
- 10. 14개 청년단체, 총선거를 촉진하는 공동성명
- 12. 유엔한국임시위원단, 가능지역 선거안 4대 2로 가결
  김구·김규식 등, 가능지역 선거안 반대성명
- 15. 국회선거위원회, 선거법 대강 발표
  미국 타임스지, 조선지도자 선거불참에 대하여 논평
- 16. 김구, 북조선 김두봉에게 남북협상 제의 사신 보냄.
- 17. 유엔한국임시위원단, 선거 자유분위기 보장을 군정청에 건의
  국회의원선거법 공포
- 18. 입법의원 30의원 사퇴
  유엔한국임시위원단 의장 메논, 조선독립을 소원한다고 고별 방송
  공무원 채용을 위한 고시규정 발표
- 20. 유엔한국임시위원단, 정치범 석방 등 자유분위기 보장안 발표
- 22. 딘 군정장관, 국회의원선거법 시행세칙 공포, 부일 협력자의 선거권 피선거권 제한
  하지, 총선거 참가 거부하면 적화(赤化)를 초래한다고

성명
- 23. 유엔한국임시위원단, 중앙선거감시위원회를 개최하고 지방감시반 편성
- 25. 북조선, 김구 제의 남북협상 수락
  18개 청년단체, 김두한 교수형 반대 공동성명 발표
- 29. 남북협상에 관한 북조선 초청장 15인에게 전달.
- 30. 좌익계열의 선거방해공작 치열(선거사무소와 관공서 피습 348건, 입후보자와 선거위원 피습 147건)
  이승만, 선거기일 연기설에 대해 반대성명 발표
  총선거를 위한 선거인 등록 시작
- 31. 김구·김규식, 남북정치협상에 참가할 것을 성명
  정치범에 대한 특사령 발표

사회·경제

김구는 경교장에서 별도의 3·1절 기념식을 가지고 남조선 선거에 불응할 것을 천명했다. 1일 전남 각지에서는 단정반대 폭동이 일어났고, 8일 3백 명의 광주상고 광주농고 학생들은 유엔 반대, 단정반대 데모를 하였다. 또 경남 고성지역에서도 군중 폭동이 발생하였다. 군정청은 신한공사를 해산하여 중앙토지행정처로 대치하고, 적산 농토 28만 정보를 농민에게 불하하는 법령 제173호 공포했다.

- 1. 정부수립결정안 축하국민대회 개최
  중앙관상대, 인천에서 서울로 이전
  전남 각지에서 폭동사건 발생
- 5. 남북 간, 물자의 육로교역 모색
  미처분 적산가옥 8만 건
- 6. 동양척식회사를 해체하고 토지행정처 설치
  전차요금, 구간 5원으로 인상
- 7. 농무부, 10개년 계획으로 산림녹화운동을 전개, 국고보조 5천4백만 원 지원 계획
- 8. 광주상고 광주농고 학생들, 단정반대 데모
  경남 고성지역에서 군중폭동 발생
- 9. 민독당, 선거불참 성명
- 15. 전국실업가대회에서 상권의 보장에 대한 결의문 채택

조선은행권 발행고 299억 원으로 감축
- 18. 대한노총 서울시연맹, 경전(京電)노조 총사직에 당국의 대책 촉구
  전국실업가대회에 60억 원의 전력회사 신설 계획 상정
- 20. 인권옹호를 위한 형사소송법 개정
  경전(京電)노조, 전차파업을 중지하고 업무에 복귀
- 21. 하지 경제고문, 현재 남조선 면직업은 80% 조업중이나 미국 원조 없으면 유지 곤란하다고 발표
  조선능률협회 발족
- 22. 일본 당국, 재일동포학교에 폐쇄령
  신한공사 해산, 중앙토지행정처로 대치
  적산 농토 28만 정보를 농민에게 불하하는 법령 제73호 공포
  조선은행 발행고, 295억 원으로 감축
- 23. 상공회의소 내에 중앙실업동지회 창립
- 25. 5월부터 10만 원 이상 대부를 등록하여 불건전한 방출을 억제
- 26. 대한염업조합연합회 결성(회장 김상근)
- 31. 중앙경제위원회, 자금조사국 설치
  국채법 공포
  지방 사세청(司稅廳) 설치

문화·생활

오천석 문교부장은 초등학교 의무교육 실시 첫 단계로서 우선 4월 1일부터 전 학년아동의 수업료를 폐

지한다고 발표했다. 서울시는 식량배급 유령인구 30만 명 적발에 대하여 애국애족 대의에 입각, 해당자는 자진 정리하여 법의 처벌을 받지 않기 바란다고 시민들의 협력을 요망했다. 경성전기회사 운수부 종업원의 파업으로 전차가 멈춰 시민들의 고통이 이어졌다. 여성계에서는 총선거를 앞두고 대대적인 선거계몽운동을 일으켰다.

- 1. 서울·수원 간 왕복역전경주대회(조선학생육상경기연맹 주최)
- 5. 문교부장, 4월 1일부터 일부 의무교육 실시를 발표
- 7. 서울시 식량배급 유령인구 30만 명
- 13. 경성전기회사 운수부 종업원 파업
  조선무용단 일행 남녀 8명이 샌프란시스코에 도착하여 미국 각 지방에 순회공연
- 18. 부녀국, 선거계몽 및 여권운동 전개
  광복 후 최초로 한글 습자교본 배부
- 25. 문교부, 초중등학교 교과서 47만 부 배부

북한

- 9. 김일성, 남조선 단독선거를 반대
- 14. 남조선 단독선거 반대 군중시위대회 개최
- 16. 북조선 중국공산당, 비밀군사협정 체결
- 27. 북조선노동당 2차 대회

● 부녀국, 선거계몽 및 여권운동 전개

총선거를 앞두고 부녀국에서는 선거에 대한 인식을 철저하게 함은 물론 여성들의 인권옹호를 위하여 부녀국을 중심으로 각도의 부녀계를 총동원하여 선거에 대한 대대적 계몽운동을 일으키고 있다 한다. 즉 부녀국에 있어 선거에 대한 근본방침은 물론 여자 대의원 선거를 절대적으로 지지하되 만일 여자 대의원이 입후보하지 못하는 지역에서는 가장 여성의 사정을 잘 알아줄 사람에게 투표할 것이며 절대로 정당단체를 가리지 말고 오직 여성을 위하여 절대적인 노력을 아끼지 않는 사람에게 투표를 권유하도록 강조할 것이라 한다. 특히 축첩자에 대한 투표는 입후보자 자신을 미워하는 것보다 2대 3대에 이르기까지 그 후손에게 끼치는 나쁜 영향을 고려하여 절대로 투표를 거절할 것을 철저히 인식시킬 것이라 한다. … - 경향신문, 서울신문 1948. 3. 18

유엔한국임시위원단 첫 회의.
1948. 3. 8
U.S. Army Signal Corps/ NARA

서울운동장에서 3·1절 기념식을 마친 뒤
일부 참가자들이 동대문을 거쳐 종로로 시위행진을 하고 있다.
1948. 3. 1
U.S. Army Signal Corps/ NARA

1948년 3·1절 기념식에서
연설하는 하지 장군.
1948. 3. 1
U.S. Army Signal Corps/ NARA

3·1절 기념식.
1948. 3. 1
U.S. Army Signal Corps/ NARA

▶ 3·1절 기념식에서 연행되는 좌익 인사.
1948. 3. 1
U.S. Army Signal Corps/ NARA

3·1절 기념식장에서 경찰에 연행되는 좌익 인사.
1948. 3. 1
U.S. Army Signal Corps/ NARA

3·1절 기념식 방해혐의로 연행된 좌익 청년들.
1948. 3. 1
U.S. Army Signal Corps/ NARA

장덕수 암살사건에 연루된 10명의
용의자들에 대한 군사재판.
1948. 3. 15
U.S. Army Signal Corps/ NARA

장덕수 암살사건에 연루된 10명의 용의자들에 대한
군사재판에 출석하여 자신과의 연관을 강하게 부인하는 김구.
1948. 3. 15
U.S. Army Signal Corps/ NARA

미곡 수집 업무에서 성과를 보인 지역 관리, 경찰서장,
청년단장에게 포상하는 군정장관 딘 소장.
1948. 3. 13
U.S. Army Signal Corps/ NARA

3일 새벽, 제주도에서 350여 좌익무장대가 '단독선거 반대' '단독정부 반대' '응원경찰과 서북청년단 추방' 등을 내걸고 10여 개의 지서와 우익 단체 요인의 집을 습격하는 사태가 발생했다. 미군정은 국방경비대 제9연대에게 제주 좌익 무장대 진압명령을 내렸다. '4·3항쟁'으로 일컬어지는 이 사태는 1954년까지 6년여 동안 3만 명 이상의 희생자를 낸 현대사의 큰 생채기의 하나다. 19일 김구 일행은 제1차 전조선제정당사회단체 대표자 연석회의에 참석하고자 평양으로 출발했다. 김규식은 21일 출발했다. 30일 평양에서 김구·김규식·김일성·김두봉 등 이른바 '4김 회동'이 열렸다. 이 자리에서 김구·김규식은 이승만의 단선·단정 반대를 주장하며, 김일성에게도 단독정부 건설을 중단해 줄 것을 요청했다.

정치·행정

군정청은 총선일자를 5월 9일에서 10일로 변경했다. 그 이유는 그날이 일요일이기에 기독교 측이 반대한 데다가 개기일식이라는 점을 고려했다. 전국 곳곳에서는 단선 반대와 남북회담을 지지하는 시위와 봉화 사건이 잇달아 발생한 가운데 군정청 경무부장 조병옥은 선거질서 유지책으로 향보단(鄕保團)을 100만 명 규모로 조직했다. 향보단은 선거질서 유지라는 명분으로 온갖 탈법을 저지르면서 선거의 자유 분위기를 크게 저해했다. 족청도 유권자들의 선거등록을 강요하고 불법선거에 깊이 개입하였다. 조선반공단이 결성되어 이후 공산당 타도에 전위대로 나섰다.

- 1. 이승만, 남북협상 찬성은 소련의 목적에 동조하는 것이라고 담화
  김구·김규식, 평양에 연락원 파견을 결정
  조선경비대 항공부대 창설, 간부요원 최용덕·김정렬 등 7인 조선경비대 보병학교에 입교
- 2. 하지, 선거방아 발표
  김구를 중심으로 남북협상대책 논의
- 3. 총선거일자를 5월 10일로 변경
  제주도에서 무장공비 폭동 본격화, 지휘 김달삼(金達三), 좌익요인 56명 살상
  통일독립협의회 개최
- 4. 목포에서 봉화소요 발생
  워싱턴스타지, 북조선의 남북회담 계획은 남조선 선거의 파괴음모라고 논평
  천도교, 통일대회 개최

- 5. 폭동진압을 위해 제주지방 비상경비사령부 설치
  서울시내 4개 처에서 선거등록사무소 피습사건 발생
  인천 일대에서 단선 반대와 남북회담을 지지하는 데모 발생
- 6. 개성에서 단선반대를 주장하는 봉화사건 발생
- 7. 제4, 제5여단 신설
  김구·김규식, 남북협상 연락원 2명 북조선 파견
- 8. 트루먼 미 대통령, 전시동원체제 해제 방침에 따라 주한미군 철수정책 승인
  광주에서 유엔한국임시위원단 및 미소 양군 철수를 위한 파업과 봉화사건 발생
- 9. 선거인 등록성적 발표(91%)
  남로당 연락원 평양 도착
  조선인민공화당 연락원, 평양 도착
- 11. 민족자주연맹 결성
- 12. 남북협상에 관해 김구·김규식 공동성명 발표
  민전 산하 단체대표 80명, 남북 협상코자 평양으로 출발
  조선반공단 결성
- 15. 공군 창설 간부요원 최용덕 등 7명, 보병학교 졸업 소위 임관
- 16. 총선거 입후보자 등록마감(934명 등록)
  재일거류민단, 본국 선거지지 성명
- 17. 미군정청, 맥아더선을 침범하는 선박을 체포할 것을 지령
- 18. 총선축하국민대회
- 19. 김구 평양으로 출발
  제1차 전조선제정당사회단체대표자연석회의 개최(이른바 '남북회담')
- 20. 선거질서 유지책으로 향보단(鄕保團) 조직

보도무선송신 허가 제도화
- 21. 제2차 전조선제정당사회단체대표자연석회의 개최
- 23. 미 육군 점령지역 민정국장 엘 노스 소장 내한
- 27. 제9연대, 제주 4·3사건 진압작전 개시
- 28. 유엔한국임시위원단, 자유분위기 보장 및 총선거 감시를 결의
  사회질서 교란 혐의로 독립신보, 조선중앙일보, 신민일보 등 신문사 간부 대거 입건
- 30. 제주 공비, 5·10 총선 방해공작으로 선거인 납치 시작

사회·경제

서울시의 인구는 유령인구조사로 127만여 명으로 대폭 감소하였다. 유령인구는 20만여 명에 이르렀다. 서울시는 8각형의 새 휘장을 제정했다. 8각은 서울 주위의 8대산으로 남산, 와우산, 안산, 인왕산, 북악산, 낙산, 무학봉, 응봉을 상징했다. 딘 군정장관은 일본색 조선은행권을 신조선은행권과 교환 회수케 했다. 그 이유는 북조선 화폐개혁으로 몰수된 조선은행권이 북로당을 거쳐 총선거에 방해공작비로 쓰이는 것을 막으려는 것과 일본 잔재를 없애려는 의도라고 발표했다.

- 1. 중앙전화국, 전화도수제 폐지
  과도정부, 교통부 운수국 안에 항공과를 신설
  서울시 휘장(徽章) 제정
  서울시의 인구는 127만 2,669명, 유령 인구 조사로 감소
- 8. 토지행정처, 일인 소유 농토 분양 시작

소비 물자 배급 사무, 중앙물자행정처에서 취급
구조선은행권을 신조선은행권과 교환 회수
- 9. 광주전선국에서 유엔한국임시위원단 반대 파업
- 10. 남조선전력개발 준비위원회가 조직되어 충주 여주에 수력발전소 설치키로 결정
  재무부, 각 금융기관에 정치자금 융자 일체 엄금을 지시
- 13. 전재동포를 착취하던 노점 후생회 해체 조치 감행
- 16. 수산회, 식산은행에 1948년도 어업 자금으로 30억 원 융자신청
- 17. 조선은행권 발행고, 290억 9천68여만 원으로 감소
- 21. 법령 제186호로 4월 1일부터 소득세 3할 인상 과세 결정
- 22. 남북육로교역 허가신청, 상무부에서 접수 시작
- 23. 동경미군정청 교육담당관, 재일조선인은 일본의 법률에 복종하라고 성명
  재동경 2만여 동포, 일본법에의 복종을 반대하고 치외법권 주장
  재무부, 각 금융기관을 통하여 1948년도 상반기 대부 예정액으로 43억 원 계상
- 27. 재동경 동포학교장 12명, 일본 당국에 피검
- 28. 조선무대·예술원, 문화계몽대를 전국에 파견
- 30. 산업경제연구소 개설
  체신부 직원 1천2백 명 감원

문화·생활

전남 함평·나주 간 전주 도난사건이 발생하여 광주전신전화국에서는 그 대책을 강구중이라고 한다. 제14회 런던올림픽에 선수단 70명 파견을 결정했다. 23일 조선예술원이 창설되었다. 이 무렵 젊은 여성들은 대개 어깨에 못 미치는 길이의 단발 파마에 앞 가리마를 하는 경우가 많았다. 이때의 머리 모양은 아

랫부분에만 웨이브가 있는 것이 유행이었다. 또한 베레모를 착용하는 여성도 많았다.

- 1. 서정주 시집 『귀촉도』 발간
  국도신문 창간
- 4. 유엔한국임시위원단를 위로하고자 학예회를 시공관에서 개최
- 5. 조선신문학원 후원회 결성
- 7. 조선시사신보 창간
- 8. 서울고등법원, 광무신문지법은 폐기되었다고 판시
- 10. 올림픽 선수단 70명 파견 결정
- 15. 서울문리대학생회, 총장 및 이사의 사임을 요구
- 17. 문교부 과학 문예 영화부문의 문화상 제정
  문교부장, 서울시와 각 도에 기부금 징수 금지와 중학입시요강 시달
- 19. 국제일보 창간
- 23. 조선예술원 창설

북한

- 1. 북조선 측, 전조선제정당사회단체 대표자 연석회의를 앞두고 평양에서 조직준비위원회 결성
- 6. 김구·김규식 연락원 평양 도착
- 19. 전조선제정당사회단체 대표자 연석회의 개막(평양)
- 26. 김구·김규식·김일성·김두봉 4인 회담
- 30. 전조선제정당사회단체 대표자 연석회의에서 공동선명서 발표

평양에서 열린 전조선제정당사회단체 대표자 연석회의장 단상.
김일성이 일어나 연설하고 있다.
1948. 4
눈빛아카이브 DB

하늘에서 내려다본 제주항. 1948. 5. 1
U.S. Army Signal Corps/ NARA

● 제주 4·3항쟁

제주 4·3항쟁은 1947년 3월 1일 경찰의 발포로 시작하여 1948년 4월 3일 발생한 무장대의 봉기와 그로부터 1954년 9월 21일까지 제주도에서 발생한 무력충돌과 진압과정에서 양민들이 희생당한 사건이다. 제주 4·3 항쟁은 남한에서 단독정부 수립을 위한 5·10총선에 반대하기 위해 시작되었는데, 1948년 4월 3일 새벽 2시, 남로당 제주도당 당원 김달삼 등 350여 명이 무장을 하고, 제주도 내 24개 경찰지서 가운데 12개 지서를 일제히 급습하면서 시작되었다. 이 과정에서 경찰과 서북청년단·민족청년단·독립촉성중앙회 등 극우단체 회원들이 희생되었고, 이에 분노한 극우세력은 진압이라는 명분으로 보복 살상을 자행했다. 여기에 서북청년단을 비롯한 극우단체의 횡포에 대한 제주도민들의 반감도 터져 나와 유혈사태는 크게 번져 나갔다. 이로 말미암아 제주 전역에 행정기능이 마비되는 등 심각한 치안 불안 상태가 지속되었다. 이 제주 4·3항쟁은 한국전쟁이 끝날 때까지 계속되었으며, 인적 피해를 보면, 희생자 3만여 명 추산으로 제주도민의 1할에 이르렀다.

제주도에 주둔중인 미군 59군정중대 막사와 성조기.
1948. 5. 1
U.S. Army Signal Corps/ NARA

공중에서 본 제주 미군 59군정중대 주둔지.
1948. 5. 1
U.S. Army Signal Corps/ NARA

유엔 감시하의 선거를 방해하기 위해
파손해 놓은 도로.
1948. 5. 1
U.S. Army Signal Corps/ NARA

제주경찰감찰청 경관이 기관총으로 무장한 채
경계근무를 서고 있다.
1948. 5. 1
U.S. Army Signal Corps/ NARA

마을 침공 계획을 세우는 제주도 국방경비대 고문 리치 대위와
국방경비대 장교들.
1948. 5. 15
U.S. Army Signal Corps/ NARA

좌익이 쌓아 놓은 방벽을 무너뜨리는 국방경비대원들.
1948. 5. U.S. Army Signal Corps/ NARA

"당시 제주 출신 경찰들은 불신을 받았습니다. 왜냐면 제주 사회가 좁다 보니 한라산 폭도를 잡아 보면 경찰 중에도 그들과 '사돈의 팔촌'이라도 되는 사람이 있는 경우가 많았기 때문입니다. 아무튼 제주 출신을 믿지 못하겠다고 해서 서울에서 특별수사대가 내려왔는데 최난수 경감이 대장이었습니다. 최 경감은 왜정 때 고등계 형사 출신으로 그때 버릇이 남아 고문을 일삼았기 때문에 나와 마찰이 잦았습니다. 하루는 내가 제주경찰서에서 숙직을 하는데 여자의 비명소리가 나서 도저히 잠을 잘 수가 없었어요. 취조실로 가 보니 여자를 나체로 만들어 거꾸로 매달아 놓고는 고문하는 게 아니겠습니까. 내가 일본도를 들고 가 화를 냈더니 수사대원이 도망쳤어요. 난 이튿날 홍순봉 청장에게 "최난수가 너무 한다. 이런 식으로 하면 제주사람들은 점점 더 육지사람들에게 등을 돌리게 된다. 그러면 사태진압이 어려워진다"고 따졌습니다. 그래도 최난수는 막무가내였어요. 그런 고문을 받으면 안 한 일도 했다고 할 수밖에 없습니다. 특별수사대는 또 스스로 삐라를 만들어 특정 마을에 몰래 뿌려 놓고는 그 마을 사람들을 잡아다 고문했습니다. 그러다 보면 돈도 나오고 여러 가지가 나오거든요. 자유당 시절의 소위 '관제공산당(官製共産黨)'인 셈이지요." - 김호겸(서울시 은평구 역촌1동, 서귀포경찰서장 역임) 증언. 제민일보 4·3취재반,『4·3은 말한다 ④, 전예원』, 1997, pp. 222-223

남로당의 군 프락치가 무기 빼내 무장

백선엽

서북청년단에 대한 제주도민의 감정은 결코 고울 수가 없었다. 오랜 세월 그물망 같은 혈연·지연의 유대 속에서 살아온 그들에 있어서 외지인일 수밖에 없는 서북 청년단은 애초에 불편한 존재였다. 더욱이 '빨갱이들 때문에 고향에서 떠나왔으니 빨갱이 잡는 일이 지상 최대의 목표'라고 공공연히 떠들어대며 친척이나 이웃 사람에 대해 불리한 증언을 하도록 강요한 서청(西靑)의 행동은 정복자의 태도와 다름 없었다. 그러나 서청과 제주도민의 갈등은 보복의 악순환을 통해 사태를 악화시켜 해결을 지연시킨 요소는 됐을망정 그 자체가 '4·3'을 가져온 직접적인 동기였다고 는 하기 어렵다. 또 47년 3월 1일 제주도 북국민학교에서 열렸던 3·1절 28주년 기념 제주도대회 당시 경찰의 발포로 빚어진 유혈사태를 '4·3'의 예고편으로 보는 시각도 그대로 받아들이기는 어렵다.

군 기록에 따르면 당시 북국민학교에는 약 3만 명이 운집했으며 사회는 남로당 제주도위원회 책임자인 안요검(安要儉)이 맡았다. 이날 시위 진압 과정에서 미군과 경찰의 발포로 6명이 즉사하고 십여 명이 중경상을 입었다. 피해자 중에는 구경꾼 이나 일반 시민도 들어 있었는데 군정 당국이나 경찰이 사후 처리를 제대로 하지 않아 민심이 이반한 것은 분명한 사실이었다.

남로당 측은 바로 그 이튿날 3·1사건 대책위원회를 구성하고 총파업을 촉구했는데 이로 인한 행정마비 사태는 4월 15일 경찰당국이 관련자 백여 명을 검거할 때까지 계속됐다. 이 사건을 계기로 남로당은 지지 기반을 한층 공고히 하고 무장 조직을 확대할 수 있었는데 곳곳에서 서청·경찰과 충돌을 벌였다. 그러나 이같은 충돌이 곧바로 '4·3'과 같은 대사건으로 연결된 것은 아니었다. '4·3'은 남로당 제주도위원회가 유엔한국위원단 감시하의 단독선거를 반대하는 48년의 2·7투쟁을 계기로 본격적인 무장투쟁 태세를 갖춤으로써 준비될 수 있었다.

소위 2·7투쟁은 남로당이 단독선거 반대를 외치며 전국적으로 감행한 것으로서 미 군정 당국과 완전히 등을 돌리고 무장 활동을 벌이게 되는 분기점이 됐다. 남로당 제주위원회도 이때부터 리 단위까지 무장 자위대를 확대하고 한라산과 주요 오름지대의 천연암굴이나 일본군이 남긴 방공호 등에 무장투쟁의 거점을 마련하였다. 이들은 일본군이 남긴 무기나 국방경비대 내의 프락치를 이용해 입수한 무기로 무장하고 팔로군·일본군 출신으로부터 유격전에 필요한 군사훈련을 받았다. 5·10선거가 한 달여 앞으로 다가온 4월 3일 일요일 새벽 2시, 한라산 영봉을 비롯한 전도의 주요 산봉우리에 봉화가 오르면서 4·3사건은 시작됐다. - 백선엽, 『실록 지리산』, 고려원, pp. 113-114

친애하는 경찰관들이여! 탄압이면 항쟁이다. 제주도 유격대는 인민들을 수호하며 동시에 인민과 같이 서고 있다. 양심 있는 경찰원들이여! 항쟁을 원치 않거든 인민의 편에 서라. 양심적인 공무원들이여! 하루빨리 선을 타서 소여된 임무를 수행하고 직장을 지키며 악질 동료들과 끝까지 싸우라. 양심적인 경찰원, 대청원들이여! 당신들은 누구를 위하여 싸우는가? 조선사람이라면 우리 강토를 짓밟는 외적을 물리쳐야 한다. 나라와 인민을 팔아먹고 애국자들을 학살하는 매국 배족노들을 거꾸러뜨려야 한다. 경찰원들이여! 총부리란 놈들에게 돌리라. 당신들의 부모 형제들에게 총부리란 돌리지 말라. 양심적인 경찰원, 청년, 민주인사들이여! 어서 빨리 인민의 편에 서라, 반미구국투쟁에 호응 궐기하라. - 김봉현·김민주, 『제주도민들의 4·3무장투쟁사』, 문우사, 1963, pp. 84-85

시민 동포들이여! 경애하는 부모 형제들이여! '4·3' 오늘은 당신 님의 아들딸 동생이 무기를 들고 일어섰습니다. 매국 단선단정을 결사적으로 반대하고 조국의 통일독립과 완전한 민족해방을 위하여! 당신들의 고난과 불행을 강요하는 미제 식인종과 주구들의 학살만행을 제거하기 위하여! 오늘 당신 님들의 뼈에 사무친 원한을 풀기 위하여! 우리들은 무기를 들고 궐기하였습니다. 당신 님들은 종국의 승리를 위하여 싸우는 우리들을 보위하고 우리와 함께 조국과 인민의 부르는 길에 궐기하여야 하겠습니다. - 김봉현·김민주, 『제주도민들의 4·3무장투쟁사』, 문우사, 1963, p. 85

제주도 상공에서
내려다본 불에 탄
마을.
1948. 5
U.S. Army Signal
Corps/ NARA

제주도 피란민들.
1948
U.S. Army Signal Corps/ NARA

집에서 숲으로 피란을 나온
마을 주민들과 어린이들.
1948. 5
U.S. Army Signal Corps/
NARA

마을에서 피란 나온 주민들이 만든
임시 거주지.
1948. 5
U.S. Army Signal Corps/ NARA

등짐을 지고 마을로 되돌아가는 피란민들.
1948. 5
U.S. Army Signal Corps/ NARA

"포로수용소는 농업학교 뒷마당에 천막 스무 개가량을 쳐서 만들었습니다. 하루는 연대장이 시찰을 한다기에 난 참모로서 따라나섰지요. 그런데 산에 있었으면 얼굴이 탔을 텐데 수감자 중에 얼굴이 하얀 사람이 눈에 띄는 게 아닙니까. 이상하다 싶어 물어보았지요. 오창흔이라는 의사인데 그가 하는 말인즉, "탁성록 연대 정보참모가 아편 주사를 놓아달라기에 거절했더니 잡아넣었다"는 겁니다. 나도 이북에서 공산당이 싫어 월남해 군대에 들어온 사람이지만 이런 놈은 가만둘 수 없다고 생각했습니다. 권총을 들고 탁성록을 찾아가 "야, 너 왜 공산당 아닌 사람을 공산당으로 만드느냐. 이따위로 하면 죽여 버리겠다"고 하니까 그때서야 석방시켰습니다." - 김정무(77세, 서울시 종로구 부암동, 당시 9연대 군수참모, 2002. 9. 25 채록) 증언. 제민일보 4·3취재반, 『4·3은 말한다 ④, 전예원』 1997, p. 386

등짐을 실은 가축과 함께
마을로 돌아가는 주민들.
1948. 5
U.S. Army Signal Corps/
NARA

투항한 두 명의 빨치산.
1948. 5. 1
U.S. Army Signal Corps/ NARA

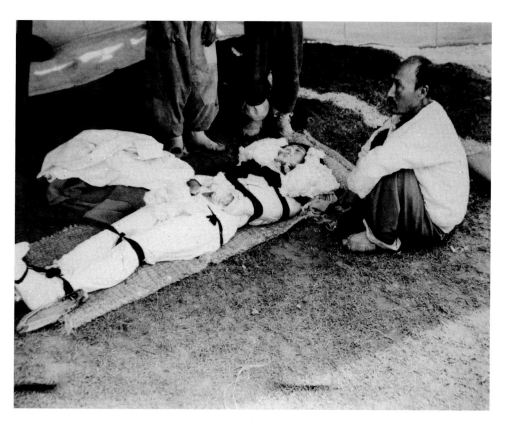

제주 지역 빨치산에 의해
살해당한 주민.
1948. 5. 1
U.S. Army Signal Corps/ NARA

운동장에 모아놓은 도민들을
성분에 따라 분류하고 있다.
1948
눈빛아카이브 DB

"그날 남편과 조카는 미리 피신했고 나는 아홉 살 난 아들, 세 살 난 딸과 함께 집에 있었습니다. 날이 막 밝아 올 무렵에 총소리가 요란하게 났습니다. 그러나 설마 사람을 죽일 거라고는 생각하지 못했습니다. 난집으로 들어와 불을 붙이는 군인들에게 무조건 "살려줍서, 살려줍서" 하며 손으로 막 빌었어요. 그러나 군인들은 나를 탁 밀면서 총을 쏘았습니다. 세 살 난 딸을 업은 채로 픽 쓰러지자 아홉 살 난 아들이 "어머니!" 하며 내게 달려들었어요. 그러자 군인들은 아들을 향해 또 한 발을 쏘았습니다. "이 새끼는 아직 안 죽었네!" 하며 아들을 쏘던 군인들의 목소리가 지금도 귓가에 쟁쟁합니다."
- 양복천(여, 84세, 조천읍 대흘2리, 2001. 10. 17 채록) 증언

연행되는 제주도민들.
1948
눈빛아카이브 DB

체포된 제주 주민들.
1948
◀ 위 아래, 토벌 작전중인 군인들.
1948
눈빛아카이브 DB

"군인들도 처음엔 우릴 죽일 생각이 아니었던 것 같습니다. 그래선지 한때 결박을 풀어 주기도 했습니다. 또 "사람을 일렬로 세워 놓고 쏘면 9명까지 죽는다"거나, "어른은 끽소리 없이 죽는데, 애들은 두세 번 앙앙 울다 죽는다"는 등 실없는 소리를 하면서 시간을 보내더군요. 그러다 다시 결박당했는데 나는 손을 앞으로 하여 묶였습니다. 그때 군인 한 명이 어디론가 무전을 치더니 "너흰 10분 내로 총살된다"고 하더군요. 아마도 연대본부에서 지시가 내려온 모양입니다. 곧 애월리 쪽에서 군인 차가 올라왔지요. 난 급히 결박을 풀어 준비하고 있다가 그들이 서로 경례하는 사이에 숲으로 뛰었습니다. 잠시 후 총소리가 요란하게 들렸습니다. 군인들은 시신 위에 식량과 이불을 덮어 놓고 불을 지른 후에야 가 버렸습니다." – 고남보(제주시 용담1동) 증언, 제민일보 4·3취재반, 『4·3은 말한다』 제434회, 1999. 1. 22

무장대로부터 노획한 무기. 1948. 5. 1
U.S. Army Signal Corps/ NARA

■ 발발원인은 복합적인 요인이 작용했다. 우선 1947년 3·1절 발포사건을 계기로 제주사회에 긴장 상황이 있었고, 그 이후 외지 출신 도지사에 의한 편향적 행정집행과 경찰, 서청에 의한 검거선풍, 테러, 고문치사 사건 등이 있었다. 이런 긴장상황을 조직의 노출로 수세에 몰린 남로당 제주도당이 5·10 단독선거 반대투쟁에 접목시켜 지서 등을 습격한 것이 4·3 무장봉기의 시발이라고 할 수 있다.

■ 이 과정에서 남로당 중앙당의 직접적인 지시가 있었다는 자료는 발견되지 않고 있다. 그런데 남로당 제주 도당을 중심으로 한 무장대가 군경을 비롯하여 선거관리요원과 경찰 가족 등 민간인을 살해한 점은 분명한 과오이다. 그리고 김달삼 등 무장대 지도부가 1948년 8월 해주대회에 참석, 인민민주주의정권 수립을 지지함으로써 유혈사태를 가속화시키는 계기를 제공했다고 판단된다.

■ 무장대는 남로당 제주도당 군사부 산하 조직으로서, 정예부대인 유격대와 이를 보조하는 자위대, 특공대 등으로 편성되었다. 4월 3일 동원된 인원은 350명으로 추정된다. 4·3사건 전 기간에 걸쳐 무장세력은 500명 선을 넘지 않았던 것으로 판단된다. 무기는 4월 3일 소총 30정으로부터 시작해 지서 습격과 경비대원 입산사건 등을 통해 보강되었다.

■ 4·3사건에 의한 사망, 실종 등 희생자 숫자를 명백히 산출하는 것은 매우 어렵다. 본 위원회에 신고된 희생자 수는 14,028명이다. 그러나 이 숫자를 4·3사건 전체 희생자 수로 판단할 수는 없다. 아직도 신고하지 않았거나 미확인 희생자가 많기 때문이다. 본 조사에서는 여러 자료와 인구 변동 통계 등을 감안, 잠정적으로 4·3사건 인명피해를 25,000-30,000명으로 추정했다. 1950년 4월 김용하 제주도지사가 밝힌 27,719명과 한국전쟁 이후 발생된 예비검속 및 형무소 재소자 희생 3,000여 명도 감안된 숫자이나, 향후 더욱 정밀한 검증작업이 필요하다고 판단된다.

-「제주4·3사건 진상보고서」에서, 제주4·3사건 진상규명 및 희생자명예회복위원회, 2003, pp. 536-537

1948. 5

1948년 5월 10일, 마침내 제헌국회의원 선거가 실시되었다. 등록 유권자 784만871명 가운데 748만여 명이 투표에 참가하였다(투표율 95.5%). 평균 경쟁률은 4.7대 1로, 948명이 입후보하여 198명이 국회의원으로 선출되었다. 김구 진영과 중도파, 좌파가 불참하여 한민당의 독주로 예상했으나 선거 결과는 한민당이 29석밖에 얻지 못한 참패로 무소속 당선자가 85명이나 되었다. 5월 31일 소집된 제헌국회는 대한민국을 국호로 정했다. 국회의원 대다수가 내각책임제를 선호했는데도 정치체제는 이승만의 주장으로 대통령중심제를 채택했다.

정치·행정

5일 평양에서 남북조선제정당사회단체 대표자 연석회와 4김회담을 마친 김구·김규식은 평양에서 귀경했다. 이튿날 김구·김규식 양인은 남북협상에 관한 공동성명을 발표했다. 20일 남조선과도 입법의원이 소정의 임무를 마치고 폐원식을 가졌다. 군정청은 총선거가 끝나자 선거기간중, 좌익계의 선거방해를 분쇄하고 질서유지에 앞장선 향보단(鄕保團)에 해산명령을 내렸다. 그들의 완장과 곤봉은 회수하여 경찰이 보관키로 하였다. 제헌국회 소집을 계기로 민주의원은 발전적 해산을 결정했다.

- 1. 재판 3심제 실시
  대한노총, 메이데이 기념식
- 3. 김일성·김구 담화
- 4. 법원조직법 공포
- 5. 하지, 선거참가 호소 성명
  김구·김규식, 평양에서 귀경
  하지, 남북 조선제정당사회단체 대표자 연석회의에 찬동치 않음을 성명

경무부, 경찰서를 1급지(총경서장)와 2급지(경감서장)로 구분
경기도 수색에서 항공기지부대(후에 육군항공사로 개칭)를 창설(조선 공군의 첫 걸음)
- 6. 김구·김규식, 남북협상에 관하여 공동성명
  하지, 선거기간중 보도자유에 관하여 특별지시
- 7. 남북협상의 미소양군 철퇴요청에 소련군 당국은 수락한다는 답장
  선거방해사범 30여 명 체포
- 8. 5·10선거에 대비 미군에 특별경계령
- 10. 제헌국회의원 선거
  재일거류민단, 본국 총선거 경축행사 거행
- 11. 유엔한국임시위원단, 김구·김규식과 회담
- 17. 나주에서 무장폭도에 의한 경찰지서 피습사건 발생
- 18. 미국 극동시찰단, 미 육군장관에게 대조선경제원조의 필요성을 논한 보고서 제출
- 20. 남조선과도 입법의원 폐원식 거행
- 22. 하지, 북조선에 송전 요청
- 23. 전라남도 일대의 치안을 위해 폭도 소탕전 전개
- 25. 향보단(鄕保團)에 해산명령
  조선해안경비대의 선박 수색권에 관한 법령 제197호 공

포
- 28. 김구, 단전문제 해결코자 남북조선 인민대표의 직접 협상 주장
  조선무역협회, 대일무역 개시 당국에 건의
  미국에서 밀가루 6천여 톤 들여옴
- 29. 민주의원 해산식
- 31. 제헌국회 제1회 국회 개회식
  국회의장에 이승만, 부의장에 신익희(申翼熙)·김동원(金東元) 선출

사회·경제

5·10선거 취재차 각국에서 23개 언론사 보도진이 내한했다. 14일 정오부터 북조선에서 송전을 중단했다. 북조선의 단전으로 경전과 남전 두 전기회사는 관내에 윤번제 배전을 실시키로 하였다. 전라남도 일원에서 전주절단사건이 발생하여 호남선 일대는 전화가 불통되어 철도운행에 대혼란을 일으켰다. 하지 사령관은 전력문제로 북조선 주둔 소련군사령관 코로토코프 대장에게 회담을 제의하는 서한을 보냈으나 남조선 군정청이 전기요금을 보내지 않기에 끊겼다는 답변이 돌아왔다.

- 1. 상무부, 석탄생산자금 제1차분으로 2억 2천만 원을 삼척 등 4개 광산에 지출
- 2. 직업소개소 발족
- 4. 1947년도 해산물 가공 총량 54,800톤
- 7. 선거관계 전신전화 무료취급 개시(-15일)
- 8. 5·10선거 취재차 각국에서 23사의 보도진 내한
  남북 물자교역 신청 제출서 양식 변경
  재무부, 외화 수취인에 대한 예금증서를 환금은행(換金銀行)에서 발생
- 12. 전라남도 일원에서 전주절단사건 발생
- 14. 북조선, 대남한 송전을 중단
- 15. 재무부, 1948년도 수산관계융자 10억400만 원 승인
  조선상의, 회두(會頭, 회장)에 전용정(全用亭) 부회두에

김용완(金容完) 선출
- 17. 경전(京電)쟁의 해결
  1948년도 하곡수집에 관한 중앙식량규칙 제7호 공포
- 18. 인천에 이재민 구호소 설치
- 19. 북조선의 단전으로 윤번제 배전 실시
- 20. 농무부, 1947년 10월 이후 46만 1,100톤의 비료를 수입했다고 발표
- 21. 경제계, 대홍콩 환율인상안 반대
- 22. 하지, 북조선에 송전 요청
  1948년도 하곡 수집 예상고 정곡(精穀) 473만7,271 석
- 23. 중앙전화국 영등포중계소 방화 소실
- 24. 상무부, 각도별 원피(原皮) 배급율 결정
  비상시전력위원회, 60W이상 전구 사용 금지령 공포
- 25. 재만(在滿) 전재동포 제3차 구조선, 톈진(天津)으로 향발
  전국 보리 작황 가뭄으로 예정량의 약 4할 감소 예상
  농무부, 농우(農牛) 증식계획 추진
- 26. 법령 198호 식량수집계획 위반에 관한 벌칙 공포
- 27. 제주도 하곡 수집 철폐 포고.
- 29. 하곡 수집 목표량 83만8천 석을 책정

문화·생활

총선거를 앞두고 좌익분자의 방화로 동아일보 편집국 인쇄공장이 소실되었다. 전라남도 13개교에서는 단선반대 동맹휴학을 단행하였고, 경상남도 학무당

新刊 教材
김 철 수 지음
작문교본
(좋은글짓는법)
46刊 上質紙使用
110頁 價120圓

文教部正式檢定
朴 萬 奎 著
自然科學
生物篇(1)(2)
菊刊 上質紙使用
(1) 150頁 價160圓
(2) 160頁 價170圓
檢定關係上質刊讀應募 每廣하시압

內容의明朗·說明의平易·
實例의應用·一讀具初作文
作文敎本

서울市 樂園洞 300 電③4379
靑 丘 書 店

국은 단선 맹휴교에 휴교 명령을 내렸다. 공보부는 북조선의 송전 중단으로 절전 캠페인을 대대로 벌였다. 조선교육연합회는 남녀중학생 제복 배급에 유통단계가 많아 비쌀 뿐만 아니라 학생들의 몸에도 맞지 않고, 각 학교 특색을 무시하는 등의 결점을 들어 차라리 옷감을 그대로 배급해 주기를 군정당국에 건의했다.

- 1. 대일민족문화옹호연맹, 일본정부의 재일동포 교육탄압에 항의
  극장 정원제 실시(서울)
- 7. 조선신문기자회, 하지에게 언론인의 인권보장을 요구
- 8. 동아일보, 좌익분자의 방화로 편집국 인쇄공장 소실
  서울시내의 각 신문사에 괴한이 침입하여 파괴활동 자행
- 9. 독립신보, 자진 휴간
  상오 10시부터 20분간 금환(金環) 일식
- 11. 전라남도 13개교, 단선반대 동맹휴학을 단행
- 12. 경상남도 학무당국, 단선 맹휴교에 휴교 명령
- 14. 북조선의 송전중단으로 절전 캠페인 방송

- 15. 서울에서 단정 반대 학생데모 발생
- 18. 조선음악협의회 산하 13단체, 문화인의 테러 반대에 관한 공동성명
- 19. 조선교육연합회, 중학제복 배급제에 대해 당국에 건의
- 21. 대법원 형사부, 광무신문지법(光武新聞紙法) 일부 유효판결
- 22. 교사자격규정을 공포
  대입자격검정고시 실시
  숙명여전을 대학으로 승격
- 26. 우리신문·신민일보, 미군정 법령 제88호 위반으로 폐간 처분
- 27. 서울시 학교국, 신학기부터 일부 중등학교에 2부제 실시 발표
- 31. The Korean Union Times 창간

북한

- 1. 5·1절 행사
- 5. 남조선단선반대전국투쟁위원회, 유엔임시조선위원단의 선거감시 결정 반대규탄성명 발표
  대대적인 문맹퇴치운동 전개 시작

비행기에서 살포된 총선거 참여를
권유하는 전단.
1948. 5. 6
U.S. Army Signal Corps/ NARA

제24군단 연락반 소속 L-5 연락기에 전단을 싣고 있다.
총선 날짜를 알리고 투표를 독려하는 전단으로
남부 지역 일대에 살포되었다.
1948. 5. 6
U.S. Army Signal Corps/ NARA

살포된 총선거에 관한 전단을 읽고 있는
서울 근교의 주민들.
1945. 5. 6
U.S. Army Signal Corps/ NARA

전남 영산포 유세장에
모인 유권자들.
1948. 5
U.S. Army Signal Corps/ NARA

민의원 선출을 위해 투표장으로 향하고 있는 유권자들.
1948. 5. 10 눈빛아카이브 DB

선거 방해를 대비해 죽창을 들고 경계를 서고 있는 전남의 한 투표소 입구.
1948. 5. 10 U.S. Army Signal Corps/ NARA

5·10선거 방해를 예방코자 죽창을
거둬들인 경찰.
전남 광주. 1948. 5. 8
U.S. Army Signal Corps/ NARA

◀ 첫 자유 선거일 날, 38선 근처 창촌에서 기관총으로
무장한 채 경계근무중인 미군 병사들. 1948. 5. 10
눈빛아카이브 DB

신분을 확인하고 투표용지를 받는 유권자.
1948. 5. 10
눈빛아카이브 DB

투표함에 투표용지를
넣고 있는 유권자.
1948. 5. 10
U.S. Army Signal Corps/ NARA

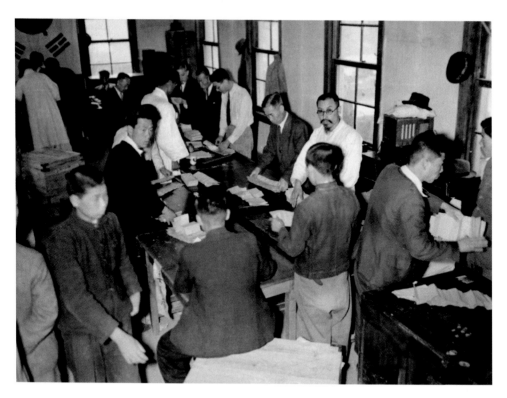

전날 있었던 선거의 투표용지를 분류하는 개표 종사자들.
개표는 투표 종료 2시간 뒤에 개시되었고,
선거 다음날까지 계속되었다.
1948. 5. 11
U.S. Army Signal Corps/ NARA

개성 개표소에서 투표용지를 분류하고 있는
개표 종사자들.
1948. 5. 10
눈빛아카이브 DB

제헌국회 개원식이 1948년 5월 31일 중앙청 회의실에서 열렸다.
이 해 7월 20일 이승만을 초대 대통령으로 선출했다.
이어 8월 15일 대한민국 정부수립을 선포했다.
눈빛아카이브 DB

첫 국회 개회에 앞서 개회사를 하는 이승만.
이승만 앞에 앉은 주한미군사령부 사령관 하지 중장, 군정장관 딘 소장,
군정장관대리 헬믹 소장 등의 모습이 보인다.
1948. 5. 31
U.S. Army Signal Corps/ NARA

선거 결과 당선자들로 구성된
국회 개회식.
1948. 5. 31
U.S. Army Signal Corps/ NARA

국회가 처음 열리는 날, 국회의사당 앞에서
소련군 철수 주장 시위를 하고 있는
서북청년단원들. 서울,
1948. 5. 31
U.S. Army Signal Corps/ NARA

국회 헌법기초위원회는 헌법축조 토의에서 국호를 '대한민국(大韓民國)'으로 결정했다. 끝까지 토의 대상에 올랐던 국호는 후보는 고려공화국, 조선공화국, 한국 등이었다. 11일 국회 헌법기초분과위원회는 내각책임제 및 대통령의 국회 간접선거 및 5년 임기 등을 규정했다. 그러자 이승만은 국회 헌법기초위원회에 참석하여 임시 기초된 내각제보다 직접선거에 의한 대통령책임제로 하는 것이 현 정세에 적합하다는 의사를 표명했다.

정치·행정

국회는 조선주둔 미 최고사령관 하지 중장과 딘 군정장관 및 유엔 대표에게 감사의 서한을 발송했다. 국회는 각 상임위원장을 선출하고 헌법전문(제10장 105조) 기초를 완료했다. 유엔한국임시위원단 위원장 유어만(劉馭萬)은 26일 국회 본회의에 5월 10일 총선거에 따라 구성된 국회를 정식으로 인정한다는 서한을 보냈다. 이로써 항간에 유포된 유엔한국임시위원단의 국회 불신임은 완전히 해소되었다. 제주도에 파견된 시울지방검찰관 박근영은 귀경 후 제주도 소요사건의 원인은 경찰이 민심과 유리된 데 있으며 소요사건 해결은 먼저 민심 수습에 있는데 경찰력과 행정력을 통일하는 유능한 사람이 필요하다고 말했다. 그리고 사설단체를 경찰력으로 이용한 데 대한 제주도민의 비난이 높아가고 있다는 현지 사정을 전했다.

- 1. 국회, 헌법기초위원 전형위원 10명을 각 도별로 선출
  월남 동포, 북조선민주동지회 결성
- 2. 헌법 및 정부조직법 기초위원 30명 선출

전남 광주에서 단정반대 데모 발생
- 3. 무소속의원들, 원내교섭단체 구성 모색
- 4. 헌법초안(유진오 작성) 발표
- 7. 헌법기초위원회, 국호를 '대한민국(大韓民國)'으로 정함
  북조선 주둔 소련군 축소 발표
- 8. 민정장관 안재홍 퇴임
  헌법 및 정부조직 기초위원회, 위원장에 서상일·부위원장에 이윤영 선출
  국회, 하지 중장 딘 군정장관 및 유엔 대표에게 감사 서한 발송
- 9. 수도경찰청장, 좌익계열의 이론적 투쟁을 보장하는 성명 발표
- 10. 국회, 국회법 의결
- 11. 국회, 유엔한국위원단에 보내는 메시지안(국회성립통고) 채택
  헌법기초분과위원회, 내각책임제 및 대통령의 간접선거 및 5년 임기 등 규정
- 12. 국회, 북조선동포에 보내는 결의문 채택
- 13. 서울 4개소에 간이법원 설치
- 14. 제주, 한라산 공비 총공격작전 개시
- 15. 국회, 울릉도 근해 어선 피격사건 대책강구를 위한 긴급동의안 채택

- 16. 이승만, 헌법기초위원회에 참석하여 대통령책임제 의사 표명
- 18. 국회, 각 상임위원장 선출
  헌법기초위원회, 헌법전문 기초 완료
- 23. 공군 항공부대, 통위부 소속에서 조선경비대 총사령부로 예속 변경
- 25. 유엔한국임시위원단, 국회의장에게 국회성립 인준 통고
- 29. 재일거류민단 박열 단장, 대한민국임시정부 국무위원 사임 성명 발표
- 30. 유엔한국임시위원단 의장 미겔 바레, 국회에서 연설

사회·경제

8일 오전 12시 무렵 울릉도 부근 독도에서 미역을 따고 있던 어선 15척이 미군 전투기의 오폭을 받아 11척의 어선이 침몰하고 20여 명의 사상자를 냈다. 남조선 발전소 가운데 가장 중요한 부분을 차지하는 영월화력발전소와 청평수력발전소 발전량이 격감하여 전력사정 위기에 직면하였다. 북조선 단전 이후 영월발전소에서는 하루에 2만 킬로의 발전을 담당해 왔는데 저탄 고갈로 7천 킬로 발전이 가능할 뿐이며, 청평발전소도 저수량이 줄어들어 발전량이 날로 떨어지고 실정이다. 지난 2년간 남조선의 식량 소비 중 수입 외곡이 약 오백만 석으로, 대외 의존도가 점차 높아가고 있다. 국회의원의 봉급은 서울 출신 19,220원, 지방 22,220원으로 차등 결정되었다.

- 1. 운수부 철도국, 철도전화계획 발표
  북조선 단전으로 삼척공업지대 조업이 마비 상태
  영월화력발전소와 청평수력발전소 발전력 감소, 남한의 전력사정 위기에 직면
- 2. 경기도, 농촌 갱생(更生) 5개년계획 구상
  미 하원, 한국구제비 1억7백만 달러 가결
- 3. 재무부령 제198호로 극장 흥행세 개정 공포
  연소득 1만 2천 원 이하 소득자는 면세키로 하는 세령령 공포
- 4. 대일수출 김 1속 250원으로 결정
  조선환금은행, 외화예금증권발행제 설치 운영
- 8. 상무부, 수입품 판매 대금 통제규정 변경
  상무부, 조선전업사에 섬진강·영월발전소 확장공사 추진을 촉구
- 9. 상무부, 수입된 미국 면(棉) 3만 부대 남한 11개 공장에 할당
  청평발전소, 용수 고갈로 발전 중지
- 10. 2년간 남한의 식량 소비중 수입 외곡 약 500만 석
  무역물자에 대한 협의회, 수입 물품 가격 등 협의 결정
- 11. 딘 군정장관, 귀환동포의 1만 원 이하 반입화물에 면세조치
  농무부, 하곡 공출에 대한 보상물자로 비료 및 생필품 농가에 배당
  청평발전소 발전 재개
- 12. 서울시, 유령인구 대책으로 식량수배인구 조정위원회 설치
- 13. 법령 제99호로 1948년도 하곡수집 가격 결정
  재무부, 대일배상총액을 158억 3345만 원으로 계상
  비료·의료품 등 다량의 미국 물자 들어옴
- 15. 남한의 결핵 보균자 수는 40여만 명
- 17. 헌법기초위원회, 통제경제와 자유경제 병행을 결의
- 19. 조선은행권 발행고, 398억 1347만 5천원
  쌀 5되 950원, 달걀 1개 24원, 설탕 1근 190원
- 20. 서울 실업자, 109만 명
  삼척 북평에서 총 매장량 877만 톤의 갈탄광 발견
  김 수출액 10억 원 돌파
- 21. 남조선 전력대책위원회 구성
- 22. 적산 금광 개발 통제 해제
- 23. 대한노총운수부연맹, 임금인상 투쟁성명
  지세(地稅)와 지방세에 관한 개정 법령 공포
- 25. 김 2백10만 속 대일수출 발표
- 26. 서울시 인구, 159만 928명으로 집계
- 29. 가마니 5백만 매 대일수출 결정
- 30. 국회의원 봉급 결정, 서울 출신 19,220원, 지방 22,220원

문화·생활

금년도 9월 입학기를 앞둔 서울시내 초등학교는 적령아동과 학력초과 미취학 아동을 수용하고자 1-2학년에 3부제를 실시할 계획이다. 경전(京電)에서는 심각한 전력난으로 각 가정에 윤번제로 송전을 실시하고 있다. 조선어학회는 록펠러재단에서 인쇄비를 후원받아『조선말 큰사전』을 편찬 발간키로 결정했다. 18일 제14회 세계올림픽대표단 66명의 결단식이 서울운동장에서 거행되었다. 1948년도 초등학교 졸업자 19만 4천 명에 비해 중학교 수용능력 7만에 불과하여 야간 학급 증설이 불가피한 실정이다.

- 1. 전국연극경연대회 개최
  군정청 공보부 방송국 폐지, 방송사업을 조선방송협회로 이관
  전신 전화료 신문구독료 인상
  서울시내 각 흥행계, 과중 과세에 항의 동맹휴업
- 2. 한글학회,『우리말 도로 찾기』발행
- 4. 제주도소요사건 현지보고 신문에 보도됨
- 5. 1947년 서울시 결혼 연령비율 보도

- 10. 전국 초등교육 연구발표대회
- 13. 서울시내 초등학교 1, 2학년에 3부제 실시
- 15. 경전(京電) 전력난으로 각 가정에 윤번제 송전 실시
- 16. 서울시향 공연
- 17. 조선어학회 편찬의『조선말 큰사전』인쇄비를 록펠러재단에서 후원받기로 결정
- 18. 제14회 올림픽대표단 결단식 거행
  국민신문 창간

- 19. 양주군 수종사에서 금동구층탑 수정사리탑 발견
- 21. 1948년도 초등학교 졸업자 19만 4천 명에 비해 중학교 수용능력 7만에 불과
  올림픽 선수단, 런던으로 출발
  조선서지학회, 제1회 서지학 전시회 개최
- 24. 가극〈금단(禁斷)의 화원〉공연(서항석 작)
- 25. 제1회 전국바둑선수권대회
  한중(韓中) 문화교류를 위해 중국 유학생 내한
- 27. 국립중앙관상대, 고층(성충권) 관측에 성공

북한

- 1. 각지에서 남조선 단선 단정반대 시위 군중대회를 연이어 개최
- 5. 각지에서 교육열성자대회를 개최하고 공산교육 강화를 다짐
- 7. 북조선 주둔 소련군 감축 발표
- 8. 생산 증강책으로 도급제·상금제·식량특배제 실시 결정
- 10. 북조선 해양간부학교 개교
- 22. 북조선 국립영화촬영소에서 최초의 장편 기록영화〈남북연석회의〉완성
- 29. 남북 조선제정당사회단체 지도자협의회 개최(-7. 5.)

서울 의주로 담배공장에서 담뱃잎이 적당한 크기로 잘렸는지
확인하고 있는 여성 근로자.
1948. 6. 21
U.S. Army Signal Corps/ NARA

서울 의주로 공장에서 생산된 담배를 포장하고 있는 여성들.
해방 이후 미군정청 전매국에서는 '승리'라는 담배를 만들었다.
당시 담배 1갑의 가격은 3원이었다. 1948. 6. 21
U.S. Army Signal Corps/ NARA

한글, 한자, 영어가 혼용된 간판이 즐비한 서울 거리.
1948
눈빛아카이브 DB

12일 드디어 제헌국회는 대한민국 헌법을 제정하여 국회를 통과시켰다. 17일 오전 10시 신생 대한민국 헌법 공포식이 국회의사당에서 유엔 각국 대표와 하지 사령관, 딘 군정장관 등 내외인사가 임석한 가운데 헌법과 정부조직법 공포식이 있었다. 대한민국 초대 대통령은 헌법에 따라 간접선거로 치러졌다. 20일 정부통령선거에서 대통령 이승만, 부통령 이시영이 선출이 되었다. 24일 오전 10시 대한민국 초대 정부통령 취임식이 중앙청 광장에서 국회의원 전원과 내외 귀빈이 참석한 가운데 열렸다.

정치·행정

16일 12부 4처의 정부조직법이 국회를 통과했다. 초대 대통령에 선출된 이승만은 27일 국회에 출석하여 이윤영을 국무총리로 지명했다. 하지만 국회는 이윤영 총리 인준안을 거부했다. 그러자 이승만은 다시 이범석을 총리로 지명했다. 19일 김구와 김규식은 북조선이 태극기 대신 인공기를 제정하고, 이미 인민공화국헌법을 선포한 데 대하여 북조선 측에 남북협상 결과 이행을 촉구하는 공동성명을 발표했다. 군정장관 딘 소장은 맥아더 라인의 사실상 철폐를 통고했다.

- 1. 국회 본회의, 국호를 '대한민국(大韓民國)'으로 결정
  조선변호사회 서울지부, 사법권의 독립을 주장
  국방경비대, 진해와 대구에 포병학교 창설
- 9. 항공부대 부대장 최용덕 중위 임명
- 12. 대한민국 헌법 국회 통과
  항공병 제1기생으로 신응균 외 77명 입대
- 16. 정부조직법 국회 통과(12부 4처)
- 17. 대한민국 헌법 및 정부조직법 공포
- 19. 김구·김규식, 북조선 측에 남북협상 결과의 이행을 촉구하는 공동성명 발표
- 20. 정부통령선거, 대통령 이승만 부통령 이시영 선출
- 21. 통일독립촉진회 결성
- 24. 대통령 및 부통령 취임식(대통령 이승만, 부통령 이시영)
  필리핀, 대한민국을 최초로 사실상 승인
  상공부, 일반민 수용 석탄배급 요강 개정
- 26. 하지 중장 송별 국민대회
- 27. 국회, 국무총리 이윤영 인준안 부결
- 28. 군정장관 딘 소장, 맥아더 선의 사실상 철폐를 통고
- 31. 이범석을 국무총리로 임명

사회·경제

대한민국 국호가 결정되자 각 기관에서 '조선'이라는 호칭을 '대한'으로 고쳤다. 조선상의(商議)를 대한상의로, 조선올림픽위원회를 대한올림픽위원회로 개칭했다. 조선은행권 발행고 304억 6,508만 원에 이르고, 쌀 1석 1만 9천4백 원, 금 1돈 4만 4천9백 원 등으로 계속 물가가 치솟았다. 서울 한복판에서 형사사건 혐의자에게 고문을 가하여 이를 죽인 다음 한강에 띄워 버린 고문치사사건이 발생했다. 그 책임자

는 수도청 전 수사과장 노덕술, 사찰과장 최운하, 수사과 부과장 김재곤, 사찰과 부과장 박사일 등 수도청 중추간부들이었다.

- 1. 남한 발전량 10만 3,700Kwh
  환율 암시세 1달러에 1천2백 원
- 3. 서울시 재무국, 시민세를 폐지하고 교육비를 징수한다고 발표
  조선은행 시세 통보에 의한 도매물가는 쌀 1석 1만 9천4백 원, 금 1돈 4만 4천9백 원
- 5. 각 주요도시 및 경비 중요지역에 특별경찰대 설치
- 8. 농무부, 보리 수확 예상고를 540만 석으로 책정
- 12. 상공당국, 대일수출 중석 1천4백 톤 대금 2백만 달러 환급은행 예치 발표
- 21. 고려방직 600 종업원 농성 파업
- 23. 딘 장관, 1947년도에 배급한 수입 외미(外米)는 20만여 석이라고 발표
  조선상의(商議)를 대한상의로, 경기상의를 서울상의로 명칭 변경
- 27. 독도 조난어민 위령제
- 29. 조선올림픽위원회를 대한올림픽위원회로 개칭

법령 212호로 추곡수집령 공포
- 30. 재만동포 1천2백여 명 인천에 귀환

문화·생활

서울중앙방송국은 정부통령 선출 실황을 제헌국회에서 중계방송했다. 30일 제14회 런던 올림픽대회가 장엄하게 개막

되었다. 월간『새교육』지가 창간 발행되고, 초등학생용 방학책이 여름, 겨울 연 2회 발행되었다. 경찰청 후원으로 밀수 방지 홍보로 제작한 〈밤의 태양〉〈우수〉〈여명〉 등의 영화가 관객 동원에도 성공했다. 해마다 반복되는 수해는 이 해 여름도 피해 가지 않아 영호남 지방에는 선로 붕괴 및 침수로 철도운행이 중지되는 등 물난리를 겪었다. 하지만 장마로 말미암아 수력발전량은 증가하여 남한의 발전량은 마침내 10만 KW를 돌파하기에 이르렀다.

- 1. 혁신복음 창간
  한양공과대학관이 한양대학으로 정식 인가
- 2. 민주중보사 편집국장 등 5명을 군정포고령 제2호 위반으로 송청
- 5. 서울통신 창간
- 8. 사육신묘보존회 결성
- 10. 영화〈밤의 태양〉총수입 1천만 원 돌파
- 20. 서울시 학무국, 시내 불량학원 8개소에 행정처분
- 21.『새교육』지 창간호 발행(월간)
  초등학생용 방학책 발행(여름, 겨울 연 2회 발행)
- 24. 정부통령 선출 실황을 제헌국회에서 중계방송
- 30. 제14회 런던 올림픽대회 소식을 BBC방송국 단파로 인도 경유 최초 해외중계 방송

북한
- 10. 최고인민회의 대의원 선거시행 발표
- 23. 김두봉, 새로운 국기 제정과 태극기 폐지 발표

중앙청 앞에서 열린 정부통령 취임식에서
취임장에 서명하는 이승만 대통령. 1948. 7. 24
U.S. Army Signal Corps/ NARA

제헌국회 구성 후 첫 연설중인 이승만 국회의장.
1948. 7. 17 U.S. Army Signal Corps/ NARA

● 이승만 국회의장의 대한민국 헌법 공포사

3천만 국민을 대표한 대한민국 국회에서 헌법을 제정하여 3독 토의로 정식 통과하여 오늘 이 자리에서 나 이승만은 국회의장의 자격으로 이 간단한 예식으로 서명하고 이 헌법이 우리 국민의 완전한 국법임을 세계에 선포합니다. 지금부터는 우리 전 민족이 고대 전제나 압제정체를 다 타파하고 평등 자유의 공화적 복리를 누릴 것을 이 헌법이 담보하는 것이니 일반 국민은 이 법률로써 자기 개인 신분상 자유와 생명 재산의 보호와 또는 국권 국토를 수호하는 것이 헌법을 중히 하며 복종하는 데서 생길 것을 각오하는 것이 필요하니 일반 남녀가 각각 이 헌법에 대한 자기 직책을 다함으로 자기도 법을 위반하지 말려니와 남들도 법을 위반하는 사람이 없도록 노력할진대 우리 전 민족뿐 아니라 우리 후세 자손이 같은 자유 복리를 누릴 것이니 이날 이때에 우리가 여기서 행하는 일이 영원한 기념일이 될 것을 증명하며 모든 인민이 각각 마음으로 선서하여 잊지 말기를 부탁합니다. - 단기 4281년 7월 17일 대한민국 국회의장 이승만

대한민국 제헌국회.
1948. 7. 20
U.S. Army Signal Corps/ NARA

길가에서 만난 아이들을 촬영하고 있는
미군 통신대 스티븐스 T-5(상병과 일병 사이 계급).
1948. 7. 12
U.S. Army Signal Corps/ NARA

1948년 8월 15일 상오 11시 20분, 대한민국 정부수립 선포 및 광복 3주년 기념식이 서울 중앙청 광장에서 내외 귀빈과 일반 시민들이 식장을 가득 메운 가운데 성대하게 열렸다. 통위부 군악대의 주악에 애국가 봉창과 아울러 국기 게양이 있은 다음, 오세창 대회장의 "우리는 앞으로 민주주의 연합국과 긴밀히 연합하여 세계평화와 자유에 공헌할 것이다"라는 요지의 개회사가 있었다. 이승만 대통령은 기념사에서 맥아더 장군에 대한 감사의 말에 이어 건국에 기초가 될 선언으로 대한민국 국민은 민주주의를 신뢰해야 하고, 대한민국은 인권과 개인의 자유를 보호할 것이라고 말했다. 연합합창단의 대한민국 정부수립 기념가 합창에 이어 맥아더 원수는 한민족에 대한 예찬과 한미 양국 간의 각별한 우호 관계를 말하고, 대한민국을 신임하고 있다는 축사를 했다. 이밖에 내빈들의 축사가 있은 다음 대회장 오세창의 선창으로 대한민국 만세삼창을 제창한 뒤 폐회하였다. 정부수립기념준비위원회에서는 정부수립기념 표어를 현상공모한바, 응모작품 4,353편을 심사한 결과 1등은 없고 2, 3등만 선정하였다. 2등작은 다음과 같다. "오늘은 정부수립, 내일은 남북통일"

정치·행정

2일 국회가 국무총리에 이범석을 인준함으로써 이승만은 조각에 착수했다. 국회도 국회의장에 신익희, 부의장에 김약수를 선출했다. 사법부 수장인 대법원장에 김병로가 임명됨으로써 신생 대한민국의 골격을 모두 갖췄다. 마침내 15일 대한민국정부가 수립되었고, 이날 조선주둔 미 최고사령관 하지 중장은 군정 종식을 발표했다.

- 1. 미군정 재판, 일체 중지
- 2. 국회, 국무총리 이범석 인준
  재무장관 김도연, 법무장관 이인, 농림장관 조봉암, 교통장관 민희식 임명
- 3. 국회 내무치안위 신성균 위원장, 수도경찰청 고문치사사건 진상 조사보고
  내무장관 윤치영, 사회장관 전진한, 문교장관 안호상 임명
- 4. 국회의장 신익희, 부의장 김약수 선출
  상공장관 임영신, 국방장관 이범석, 체신장관 윤석구, 외무장관 장택상, 공보처장 김동성, 법제처장 유진오 임명
- 5. 국회, 반민처벌법안기초위원회 설치 긴급동의 가결
  대법원장에 김병로(金炳魯) 임명
  대통령, 구미(歐美) 특사에 조병옥·김활란 임명
- 7. 정부기구 11부 4처 66국으로 결정
  총무처장에 김병연, 기획처장에 이교선 임명
- 11. 유엔 총회 한국대표에 장면·장기영·김활란 임명
  대한민국에 대한 정권이양 및 미국 점령군의 철수에 관

한 한미간 협정 성립

재일거류민단, 건국축전 참가 경축사절단 박열 단장 등
13명 파견
- 12. 무임소장관에 이청천, 이윤영 임명
- 13. 미국정부, 대한민국을 사실상 승인, 외교대표에 무
초(John J. Muccio) 임명
자유중국 정부, 대한민국을 사실상 승인
- 15. 대한민국 정부 수립
하지, 미군정 폐지를 발표
정부 수립 축하 육해군 사열식 거행

사회·경제

8월 15일 오전 11시, 대한민국 정부수립 및 광복 3주
년 기념식이 중앙청 광장에서 열렸다. 식장인 중앙
청 앞에는 경축하려고 온 사람들로 인산인해를 이
루었으며, 새 정부수립을 경축하는 꽃전차가 시내를
누볐다. 남대문과 동대문 문루에는 대한민국 만세를
가운데 새겨 오색으로 찬란하게 단장하였고, 거리에

나온 시민들은 스피커에서 흘러나온 중앙청 광장의
실황중계방송에 맞춰 대한민국 만세를 불렀다. 한편
이와는 달리 서울 시내 각처와 일부 지방에서는 대
한민국 정부수립을 반대하는 삐라 살포도 상당수 있
었다. 이는 대한민국의 앞날이 험난함을 예고했다.

- 1. 중앙물가행정처, 양곡배급가격 인상 발표
- 3. 광산용 폭약 제조를 조선유지인천공장에서 착수
쌀값 1두(小)에 1천5백 원대로 오름
- 4. 국립상공장려관, 10월 1일부터 개관한다고 발표
- 5. 충남 예산에 우량 탄전 발견
서울시장, 쌀만 1.5홉 배급 확보한다고 발표
- 6. 중앙선 열차 전복사고, 사상자 206명
서울시, 적산 공장 366업체 중 운영 잘되는 회사는 76개
뿐이라고 발표
각 금융기관, 7월중 융자액 7억 4백여만 원(공업 6%, 농
업 54%, 기타 40%)
- 7. 대구 식량사무소 수집 하곡 7천 가마, 장마 비에 침수
부패
- 전국에 수해, 사망 316명, 부상 3,719명. 가옥유실
3,232채, 논밭 유실 1만 3천여 정보
생활필수품 시세, 쌀 1말(大) 2,375원, 보리 1말(大)
1,600원, 설탕 1근 120원, 배추 1관 155원, 목탄 4관 380원
- 10. 미터제 실시로 종래 도량형기 사용 금지
경기 황해, 1948년도 김 생산 목표 80만 3천 속
- 12. 수도청, 서울시내 치안을 위해 비상경계에 돌입

문화·생활

대한민국 정부수립을 기념하고자 새 우표와 기념담
배를 발매했다. 체신부는 5원, 4원 두 종류의 우표를
발매했다. 5원 우표는 남색으로 월계수를, 4원 우표
는 진홍빛 무궁화를 그렸다. 전매국에서는 권연으로
'계명(鷄鳴)'이라는 새 담배를 발매했다. 각 종교단체
는 8월 15일 해방기념 및 대한민국 정부수립의 날을
맞아 민족적 경사를 축하했다. 서울중앙방송국에서
는 대한민국정부수립 선포식을 중앙청 기념식장에

서 실황 중계하였는데, 멀리 하와이·만주·미국 지역
에서도 단파로 동시에 청취할 수 있었다. 대한민국
정부는 이날을 맞아 한글맞춤법통일안을 채택했다.

- 1. 방송청취료 50원에서 100원으로 인상
  우편료 100% 인상. 봉서(封書) 4원, 엽서 2원
- 2. 수도신문 창간
- 4. 대구 합동신문 속간
- 5. 국도신문사 창간
- 6. 조선방송협회, 명칭을 대한방송협회로 변경하고 방
  송사업의 국영화 반대운동
- 7. 전국의 중학교 총 446개교
- 8. 아시아경기대회 준비위원회 회의(런던)에 한국대표
  로 전환범, 신기준 참석
- 9. 세종중등국어교사양성소 설립 인가
  조병옥 경찰부장, 광무신문지법(光武新聞紙法) 아직 존
  속하고 있다고 언명

- 10. 해인대학 설립(마산)
  국민대학 설립
- 12. 중앙신학교 설립
- 14. 제14회 올림픽대회 폐회. 한국 24위, 복싱: 한수안
  (플라이급) 3위, 역도: 김성집(미들급) 3위 등
- 15. 대한민국 정부수립기념 우표와 담배 발행
  대한민국정부수립 선포식 실황중계(하와이 만주 미국
  지역에 단파로 동시방송)
  정부, 한글맞춤법통일안 채택

북한

- 6. 북조선해방 3주년기념 경축예술축전 개막(-28)
- 8. 북조선, 최고인민회의 입후보자 등록 완료
- 11. 평양화학공장 복구
- 15. 8·15 해방 3주년기념 군중대회

평양 거리. 1948. 8 눈빛아카이브 DB

정부수립 축하식 참석차 방한한 맥아더 총사령관을
김포비행장에서 영접하고 있는 이승만 대통령.
1948. 8. 15
U.S. Army Signal Corps/ NARA

대한민국 정부수립 축하차 김포비행장에 도착한
맥아더 총사령관의 부인인 짐 맥아더를
환영하는 영부인 프란체스카 여사.
1948. 8. 15
U.S. Army Signal Corps/ NARA

대한민국 정부수립 축하식 참석차 내한한 맥아더 총사령관이
김포비행장에서 육사 생도대를 사열하고 있다.
1948. 8. 15
U.S. Army Signal Corps/ NARA

맥아더 총사령관 환영 플래카드를 들고 서 있는
서북청년단 대표. 1948. 8. 15
U.S. Army Signal Corps/ NARA

대한민국 정부수립 국민축하기념식장 입구.
1948. 8. 15 U.S. Army Signal Corps/ NARA

대한민국 정부수립 축하식에 참석한
이승만 대통령과 맥아더 총사령관.
1948. 8. 15
U.S. Army Signal Corps/ NARA

정부수립 축하식에서 연설하는
맥아더 총사령관.
1945. 8. 15
U.S. Army Signal Corps/ NARA

대한민국 정부수립 축하식에서
연설하는 이승만 대통령. 1948. 8. 15
U.S. Army Signal Corps/ NARA

대한민국 정부수립 축하식 직후
광화문 일대에 몰려든 시민들.
1948. 8. 15
U.S. Army Signal Corps/ NARA

전남 광주 충장로에서 벌어진 정부수립 축하 시가행진.
1948. 8. 15 이경모 사진

좌담, 감격의 8·15-철쇄는 풀리다

'신문기자들이 겪은 8·15'란 제목으로 당시 월간지『신천지』가
해방 3주년을 맞아 개최한 좌담회 기사 전문

대담일
1948년 8월 8일

참석자
조선일보 김찬승
조선일보 남기영
합동통신 정광현
서울신문 이봉구
서울신문 고흥상

사회
『신천지』

일본 괴멸의 전야

사회자(이하, 사): 8·15의 해방도 어느덧 만 3년
이 되었습니다. 그동안 우리는 많은 고초와 혼
란을 겪어 왔으나 이번의 8·15는 거의 결정적
인 선을 긋게 되는 모양입니다(대한민국정부수
립을 가리킴). 이 기회에 이제는 완전히 역사가
되어버린 8·15 당시를 돌아보는 것도 흥미 있
는 일인 것 같습니다. 여기 모이신 분들은 당시
일선의 기자로서 각 방면의 내막을 샅샅이 들
여다보셨으니까 일반 사람이 겪지 못한 재미있
는 이야기가 많으실 줄 압니다. 정광현(鄭廣鉉)
씨는 어디 출입을 하셨던가요?
정광현(이하, 정): 매신(每新, 매일신보) 기자

로 시청 출입을 했는데요. 지금 생각하면 창피
할 지경이지만 우리는 '포츠담선언' 내용을 사
실 몰랐습니다. 그때 동맹통신에서도 짐작하고
경성일보(이하, 경일)까지 알렸지만 매신에는
숨겼던 거예요. 두말할 것 없이 경일에서도 저
희끼리만(일인들) 사발통문으로 통하고 우리
에게는 절대 비밀에 붙였으니까요. 그런데 그
놈들 태도가 이상하단 말예요. 저희끼리만 수
군수군하고 우리를 겁내는 기색이 있었던 거예
요. 난 또 직업적 의식에서 그러나 보다 하고만
있지 않았겠습니까. 아, 그러다가 우연히 6월 13
일부 만주 신문을 보았더니, 본 사람은 알겠지
만, 그런 기사가 있더군요. 그래 비로소 짐작할
정도였습니다.

이봉구(이하, 이): 그때 그랬어.

정: 그럴 수밖에, 일본서 오는 신문이래야 부산서 꽉 막았던 거예요. 그러면서도 일본 사람들은 자꾸만 이긴다는 거지, 최후일전으로 이길 테니 걱정 말라는 거지요.

그러자 8월 8일부터 난데없이 소련군이 소만(蘇滿) 국경과 청진(淸津)으로 홍수같이 들이밀지 않았겠습니까? 그때 일본 사람들의 당황한 태도란…. 그런데 경일과 매신에서는 현지로 종군기자를 보낸다고 했지요, 그때 매신서는 인선까지 해서 주낙찬(朱洛贊)·최창희(崔昌熙)와 내가 가기로 정했었지요. 그리고 경일서는 벌써 종군기자의 보도까지 냈습니다. 일군이 싸워 이기는 줄만 알고. (웃음) 그러나 우리는 벌써 그런 줄 알고 준비하는 척 하고 연기연기로 밀어 댔지요. 그러는 동안에 여운형(呂運亨) 씨에게도 말이 돌아 움직이기 시작한 모양입니다. 그랬지만 보통 기자는 물론 당시 총독부 출입기자들도 전연 몰랐으니까요. 그때 가네가와(金川) 사장이 13일에 총독부에 갔다 와서 하는 말이 끝까지 싸울 테니 걱정 말라는 것이었지요. 그러다가 13일에도 고관놈들이 분주히 왔다갔다 하더니 겨우 운만 떼서 일부를 알려주더군요, 그렇지만 일본이 항복한다는 말은 일체 감추고 단지 조선 행정상 장차 큰 변혁이 있으리라는 정도였지요. 그리고 그 이튿날 히로히토 천황(裕仁天皇)의 항복 방송을 들었는데 그 후부터 우리는 '뉴스'의 중심 근원을 잃었기 때문에 알다시피 최후까지 그 같은 신문을 낸 겁니다.

이: 나는 14일 하필 근로봉사인지 경칠 것인지 차례가 와서 밤중까지 한강에 가서 괭이질에 죽을 뻔했네. (웃음)

정: 그러고 나서 그 이튿날 사(社)에 가보니까 학생들이 배치되어 있고 거리가 떠들썩해지며 또 휘문학교서 여운형 씨 강연이 시작되더군요.

김: 참, 그때 감격이란 만고에 없었으니까요. 아무튼 일본놈들이 기에 눌려서 쥐죽은 듯 꼼짝 못했으니까.

정: 아까 이야기의 계속이지만 15일 정오부터 '뉴스'가 원을 잃었기 때문에 신문을 발간할래야 무얼 알 수 있어야지요. 그래서 주 군(주낙찬)과 나, 몇몇이서 기사를 모으러 나섰지 않았겠습니까? 그저 아무 데나 여기저기 뛰어다녔지요. 그러는 동안에 조선 인사들이 이제부터 나섰단 말을 얻어 들었습니다. 그러나 누가 나오며 누가 중심인지 알 수 있어야지, 무턱대고 YMCA에 가서 물어본 즉, 거기서도 캄캄하단 말이요. 송진우(宋鎭禹) 씨 댁에 가보라기에 전화로 물었더니 없고, 여운형 씨 댁에 갔더니 안재홍(安在鴻) 씨 댁에 가보라더군요. 그래 안씨를 만나 보고 대충 이야기를 들었습니다. 좌우간 신문사를 접수하러 갈 터이니 그리 알라고 하며 아무개도 있나? 하고 중역의 이름을 대더군요. 그 소리를 들으니까 어찌나 반가운지….

그 길로 임용상(林龍相) 씨 댁을 찾아갔더니 내일 접수 간다고 지령까지도 내리더군요. 그런데 그때 천지가 진동하는 듯 여기저기서 만세 소리가 들끓으며 한편에서는 출옥자를 실은 자동차가 달려와서 환영하느라고 야단들이더군요. 안재홍 씨가 처음으로 방송한 것도 이날 낮입니다.

이: 매신을 정식으로 접수한 것도 그때였지?

정: 건준(조선건국준비위원회)에 접수위원이 조직되어서 양재하(梁在夏), 김광수(金光洙) 이런 이들이었지, 그때 제호는 해방일보라 고쳐서 냈지요. 그래서 우리들도 참말 생전 처음으로 민족적 기쁨과 정열을 가지고 해방일보를 발간했지 않겠어요.

그런데 경무부의 명령이라 해가지고 신문을 나가지 못하게 하네, 신문사를 군대로 포위하고 해방일보를 못 나가게 한단 말이야. 매신 이름으로 그대로 계속하라는 거지요. 그래서 해방일보를 몇 번 발간하다가 할 수 없이 중지하고 말았습니다.

이: 방송도 이때부터 계속되었지.

소군(蘇軍)의 청진 상륙 전후

사: 김찬승 씨는 그때 함흥에 계셨던가요?

김찬승(이하, 김): 아닙니다. 청진이지요. 저는 8·15 직전에 신문사를 그만두고 다른 시골에 가 있다가 소련군이 진격하자 곧 돌아왔습니다. 그 통에 어머니까지 잃었습니다.

그럼 처음부터 이야기하지요.

함경도란 데는 원래가 전통적으로 좌익 잠재세력이 뿌리 깊은 곳입니다. 그래서 벌써 해방 일 년 전부터 지하운동이 있었고, 그 활동 공작이 있었습니다. '블라디보스톡'과 늘 무선연락이 있었으니까요. 옌안(延安)과도 연락하고 해서 그 공작대가 또 상당히 잠입했지요.

그리고 그들은 직접 행동으로 중요 공장파괴와 요새폭파 계획을 하고 있었습니다. 그들은 또한 해외 소식도 많이 알려주었습니다. 예를 들면 일제는 반드시 패한다는 것을 과학적으로, 숫자적으로 증명하는 보고라든가, 일본 관동군의 내용을 폭로시켜 관동군은 지금 바지저고리일 뿐 무기도 없고 장비도 나빠서 도저히 싸울 수 없다는 것을 알려주었습니다. 철원서 파괴 계획사건이 발각된 것도 이 무렵 일입니다.

시: 소련군이 상륙할 때는 어떠했습니까?

김: 소련군이 청진을 폭격하기 시작한 것은 8월 4일부터인데 6일에도 백주에 폭격이 있었습니다. 그러나 그때 폭격은 청진에만 국한되었고, 일군을 위협하는 정도였지요. 그래서 조선사람에게는 조금도 피해가 없었거든요. 소련군이 폭격한 걸 보면 해안이나 공지만을 골라서 한 것이 완연한데, 그런 것을 보더라도 조선인에게는 피해가 갈까 얼마나 고심했는가를 짐작할 수가 있습니다.

6일에 나는 지하뉴스를 들었습니다. 그때 이야기도 남쪽은 미군이 들어오고 북쪽은 소련군이 들어온다 합디다. 그래서 일군이 패망할 줄 알았으므로 쑥밭이 될 줄 알고 시민들은 모두 다 산속으로 소개해 갔습니다.

사: 그때 일본 사람들은 어땠습니까?

김: 예나 그제나 매일반이지요. 최후까지 싸운다는 거지요. 그러면서도 저희끼리는 다 통해 가지고 있었습니다.

우리 신문기자에 대해서도 대매(大每), 대조(大朝) 같은 데는 그냥 내버려 두면서 우리 조선인 기자에게만은 어느 공장에 가서 일본이 이길 테니 증산하라는 강연을 해라, 어느 광산에 가서 일본을 절대 믿고 일하라는 강연을 해라 했습니다. 만약에 조금이라도 기피하는 기색만 있으면 구금해 놓고 죽인다고 협박했으므로 하는 수 없이 따라다니게 되었지요.

그러자 8월 8일을 당했습니다. 이날이 소련군이 진군해 오는 날이지요. 이날 새벽에 청진 앞바다에 가무스름한 군함이 세 척 보이더군요. 그래도 무심히들 여겼지요.

그랬더니 조금 있다가 포탄이 쏟아지는데 그야말로 비 오듯 한단 말이에요. 새벽 박명(薄明)에 포탄이 터지는 광경은 참 아름답습니다. 막 내리쏘는데 전 시가에 꽃 같은 불꽃이 끓어올라 참 장관입디다.

그런데도 불구하고 일본 사람들은 조선 사람들에게 걱정 말라는 거지요. (웃음) 진정하고 움직이지 말라는 거지요. 그렇지만 누가 이제는 그놈들 말을 곧이듣나요. 시간이고 무어고 돌아다볼 사이 없고 산속으로 모두들 도망해 버렸지요. 그래서 많이 죽었습니다. 산으로 도망한 사람들도 십여 일 동안이나 빗속에 시달리며 굶주려서 병사한 사람도 많습니다.

왜놈들은 이같이 조선 사람들을 속이면서 제놈들은 8일 아침에 임시 열차로 꽁무니를 빼지 않겠습니까. 두말할 것 없이 매신, 경인(조선인들만)까지 잡아다가 군복을 입혀 가지고 나남(羅南)사단에 입대시켜 보도대(報道隊)를 조직시켰습니다. 그러나 함포사격이 맹렬해지자 다들 피했지요.

사: 소련군이 상륙할 때 조선 사람에게도 사격을 가했습니까?

김: 첫 번에는 일인과 분별 못해서 좀 그런 일이 있었지요. 아까 말한 것같이 왜놈들은 일순일순 패망해 가면서도 싸운다, 이긴다 하면서 조선 사람을 앞장 내세웠거든요. 그때 앞장 내세운 것은 모두 조선 사람입니다. 예를 들면 청진에 '고말산'이란 산이 있는데 이 산으로 소련군이 약 2백 명이 진격해 왔는데 왜놈들은 조선 병정만을 시켜 소련군에 대항하라 했습니다. 소련군이야 그런 줄 압니까. 손 드는 놈은 살려도 주고 대항하는 놈은 쏘아 죽였지요. 그러기에 소련군에서도 조선 사람은 대항치 말고 피하라 했거든요. 그러니까 대항하는 놈은 왜놈인 줄 알고 쏘아 죽였지요. 아무쪼록 조선 사람을 소련군 총탄에 희생시키려는 계획에서였지요. 그때 광경을 보면 참으로 가관이지요. 헌병

이나 병졸놈들이 일본도, 죽창, 권총 같은 걸 가지고 조선 사람 뒤를 막아서면서 대항하라면서 도망 빼던 꼴이란. 그랬기 때문에 조선 사람이 많이 상했습니다.

이리저리 흩어졌던 사람들이 다시 돌아오기 시작한 것은 15일경부터입니다. 돌아와 보니 참 담했지요. 전화에 부모처자를 잃은 사람, 집과 가구를 잃은 사람 정말 참혹했습니다.

이: 그 후로는 그런 일은 없었지요?

김: 그러고 나서 이제 소련군도 조선 사람과 일본 사람을 구별하게 되어 일본인들은 마구 잡아들이기 시작했지요. 왜놈들을 잡아다가는 수용소에 집어넣고 죽일 놈은 죽이고 살릴 놈은 살렸지요. 왜놈들이 그렇게 큰소리치더니 막상 일을 당하니까 열등민족 이하더군요.

이: 그때 소위 대관놈들은 모두 잡았든가요?

김: 웬걸요. 못 잡은 놈도 많았지요. 대가리 되는 놈은 그 부하에게 다 맡기고 도망하고 그 부하놈은 또 부하놈에게 다 맡기고 도망해서 그 찌꺼기만 뒤쳐졌지요. 일례를 들면 소련군이 청진에 상륙하자 왜놈들은 도청을 무산으로 옮겼는데 그리 갔던 놈은 없습니다. 지사가 먼저 도망 빼고 다음 각 과장놈들이 빼고 해서 빈 껍데기뿐이었지요. 경찰서 같은 데도 역시 서장놈이 먼저 도주 남하해 버렸습니다.

정: 그런데 항복 직전까지 왜놈이 발악하던 걸하나 빼놓은 게 있군.

사회자: 뭡니까?

정: 대조(大朝) 특파원으로 백림(베를린) 가 있던 수산(守山)이가 있었지요. 그가 독일 패망 후 귀국해서 정신에도 한계가 있다는 말을 했었는데 당시 총독부는 조선 사람이 알지 못하게 금지했던 생각이 나는군. 그리고 또 하나. 총독부 도서과에서 각 신문 잡지에 '모닝'(커피 종류의 기호품인 듯) 매매 광고를 취급치 말라는 금지령이 내렸었습니다.

김: 왜?

정: 그때 신문으로 북경 방면에서 '모닝'을 많이 사들였다는군요. 그것은 얼마 안 있어 미군이 들어올 터이니까 미군을 환영하려면 '모닝'이 필요했기 때문에 조선서 많이 사간다고 해서.

8·15를 맞은 부산 부두

사: 남기영 씨는 부산에 계셨던 가요?

남기영(이하, 남): 우리는 포츠담선언을 지사에게서 알았는데 그때 관리와 접촉만 하던 관계로 대강은 짐작하고 있었습니다. 그러자 제주도로 방면에 폭격이 있다 하여 특파원을 보내주기로 하여 경남에서도 누구를 보내는가가 문제 되어 하라는 7월경에는 맥 사장을 통해서 일본이 항복하리라는 것을 짐작했지요. 그러자 제주도 방면에 폭격이 있다 하여 특파원을 보내기로 하여 경남에서도 누구를 보내는가가 하는 문제되어 기자들은 앉아 주저하고 하는데 막 해방이 되었습니다. 나는 그날 한두어 시경에 수상경찰서에 가보기로 했습니다. 자연 그

곳이 제일 동향을 알기 쉬웠으니까요. 갔더니 서장 고등계 주임 조선인 형사 셋이서 술을 마시며 얘기하고 있다가 내게도 한 잔 부어주더군요. 그런데 그 조선 사람이 '구야시이 구야시이' 하며 왜 일본이 최후 일전까지 못했느냐고 눈물을 흘리며 형언할 수 없이 안타까워한단 말예요.

일동: 하하!

남: 그러니까 또 고등계 주임이 말하기를 이제 일본도 갈 수 없고 하니 조선에서 밥벌이 좀 시켜달라고 합디다.

그런데 조선말도 잘하고 조선 사정에 능통한 서장놈은 그때 벌써 이 박사가 돌아오리라고 말을 하겠지요. 그날 또 하나 일본 천황이 중대 방송을 할 적인데 이름은 피하겠습니다마는 일본에 오래 있던 조선 시인이 말하기를 아무리 일본인 밑에서 압박을 받았다 할지라도 통쾌하게 느끼면서도 가엾어서 동정 아니 할 수 없다고 하더군요.

일동: 하하… 어머 그 사람이….

남: 그리고 15일, 16일에도 소식이 없었는데 17일 아침에 '미키 노시마' 무전기사가 건국준비위원회의 여 선생의 지령이라 하고 그 기자에게 보냈다는 전보를 갖고 왔습니다. 그 전문은 남조선에도 빨리 건준위원회를 조직하라는 것이었습니다. 그래서 곧 유력자인 김 변호사 집에 가서 도지부(道支部)를 결성했지요. 그런데 30여 세 먹은 농부가 나타나 '난 여태까지 독립

운동을 하느라고 가면을 쓰고 살았다' 하며 한 몫 보려고 하던 사람도 있고 별 사람이 다 나타나더군요. 하여간 우리들은 지부를 조직하고 동래온천으로 가서 여관을 접수하여 출옥자는 다 모여라 하고는 현직자는 참석치 말라고 했습니다. 그리곤 일하는 사람을 청년들로만 규정해 버렸지요. 그런데 50세가량 먹은 사람이 결성식에 '나도 독립운동을 했는데 어찌하여 빼놓느냐!' 하며 달려들자 나도나도 하고 소동을 일으켜 격투까지 생겨 결국 흐지부지되고 말았습니다. 그때 그 청년 기자! 21세 먹은 청년의 위세란 굉장했지요. 그를 만나 보려면 정말 대통령 만나기보다 어려웠으니까요. 그런데 나중에 알아보니 지령을 받았다는 것은 거짓말이고 그저 무전으로 소식만 듣고 한 것이어서 바닥이 드러났지요.

이: 정말 건국준비위원회가 여간 혼란했어야지요. 그것도 혼란의 산물이었구려. 내 우스운 이야기 하나 하지. 그때 서울에서는 이런 일이 있었습니다. 해방일보를 박으려니 와타나베(渡邊)이란 놈이 경무부에서 매일신보사에 나와 조선이 해방은 했지만 의연 일본의 일부이니까 도로 매신을 매놓으라고 해서 한참 정인익(鄭寅翼) 씨와 와타나베와 옥신각신이 있었습니다.

그리고 애국가를 불러야 하겠는데 누가 잘 알아야지, 이것도 학생들이 종이조각에 적어 가지고 다니는 것을 얻어 가판에 갖다 붙였습니

다. 그랬더니 신문사 앞에는 잠깐 사이에 인산인해를 이루었습니다. 그들은 적으며 합창을 하고…. 난 그때 들창에서 그것을 내다보고 있으려니까 눈물이 핑 돌았습니다.

남: 난 또 죽을 뻔한 경험이 있습니다. 18일에 도정에서 건국준비위원회의 회(會)가 있다고 해서 갔더니 소학교서 한다고 하기에 또 그리로 갔더니 난데없는 헌병이 내 다리 가슴에 총을 겨누고 건준은 다 무엇이더냐? 회를 어디서 여느냐? 위협하더구만요. 어찌나 혼이 났는지.

이: 그때 신문사에서 태극기를 게재하려고 하는데 모습은 짐작하나 육패를 알 수 있어야지. 그래 유자후(柳子厚) 씨를 만나러 갔더니 송씨에게 물으라기에 송석하(宋錫夏) 씨를 찾아갔더니 한참 고서를 뒤적뒤적하셨으나 정확한 대답은 얻지 못했습니다. 또 별안간 16일에는 소련군이 서울에 도착한다는 소문이 나서….

'소군(蘇軍) 오후 2시 입성'의 출처

정: 정말! 그거 굉장했습니다. 그날, 덕성여학교서 열성자대회가 있었는데 갑자기 그 소식이 들어오자 와! 정거장(서울역)으로 몰려갔는데 정거장 측에서는 아무것도 모른다 하고 대중은 지금 복계(福溪)를 왔느니 철원에 왔느니 어디로 왔느니 하고 시시각각으로 온다는 소문이 돌았습니다.

사: 그것이 근거가 없는 것도 아닐 텐데요. 그 소문이 어디서 나왔습니까?

정: 왜놈들의 모략이었다는대요.

김: 그때는 물론 38선은 생각지도 않았는데 소련이 남하한 것은 사실입니다. 15일까지 싸우며 남하하여 철원까지 들어왔고 경원선이 통해 있었기 때문에 소련군이 한없이 남진한다고 오인한 모양입니다. 그러니까 아마 서울로도 오나 보다 해서 그런 소문이 돈 것 같습니다. 그리고 사실 강릉까지도 왔다는대요.

이: 아, 나는 매일신보 있을 땐데 별안간 헌병들이 총을 내밀고 돌격하는 통에 모두 와-쏟아져 나와 도망가느라고 그냥 정신없이 밀고 뛰고 떨고 야단이었지요. 그때 나는 다리를 다쳤는데 신문사 뒷담을 뛰어 넘었거든요. 지금 가보니 아주 어마어마하던데….

정: 아무튼 굉장히 혼란했었지요. 그저 정신없이 와-와- 했으니까요. 그 통에 어느 여자가 총독관사를 접수까지 해 봤다는대요.

8·15 직후의 정치정세

사: 그럼 이번에는 8·15 이후 미군 진주 시까지 일반에게 알려지지 않은 비화나 얘기를 해주십시오.

정: 이제 16일부터 차차 신문계에서는 건준 활동이 중심이 되어 왔습니다. 그때는 아직 풍문고녀로 오기 전인데 17일부터는 조선인의 흥분이 좀 꺾이고 18일에 이범석(李範奭) 장군이 왔다 갔다는 것도 '샌프란시스코' 방송으로 겨우 나중에야 알았습니다. 그런데 그때 서울 거

리에는 '박헌영(朴憲永) 동무여! 지하에서 빨리 나오너라' 하는 삐라가 종로에 붙고 이어 '동진(東震)공화국이라 하고 대통령에 이승만, 부통령에 누구, 내각에는 누구누구'를 써놓은 것이 붙기 시작했는데 이것이 아마 벽보의 시작일 것입니다. 그리고 건준에서는 안재홍 씨가 국민당의 발고식을 하고 아, 참! 그전에 벽보가 붙으면서 서울에는 재건파 공산당과 장안파 공산당이 나와 운운되고 있었습니다. 그리고 건준에서는 송진우 씨가 나오느냐 안 나오느냐가 문제로 돼 여씨가 몇 번 송씨 댁에 찾아가 의논을 한 모양인데 되지 않고 그때 벌써 알력이 생긴 것입니다. 송씨는 여씨 주변을 좌익세력이 싸고돌아 중앙위원까지 공산주의자라 해서 송씨는 그것을 거부한 것이죠. 그리고 26일께는 미군이 9월 2일경에나 들어온다는 특보가 있었지요. 그동안 건준서는 두 번씩이나 모임이 있었으나 중지되고 9월이 될 때까지는 그저 유야무야한 지리한 시간만 보내었던 것입니다. 그러는 동안 9월이 되면서 공산당도 활동하게 되었고 한민당도 나와 그 산하에 여섯 단체나 생겨서 차차 정당이 난립하게 되었던 것입니다. 그리고 7일 밤에는 경기고녀에서 인민공화국 선포가 있었고요. 이리하여 건준도 양대 세력으로 분열하게 되었던 것입니다.

사: 그때 비화를 좀더 자세히 이야기해 주십시오.

이: 저는 해방 직후 공산당을 맡고 있었습니다.

한참 재건파와 장안파가 싸우고 있을 무렵에 처음으로 박헌영이 지하에서 몸을 내놓고 연설을 한다고 해서 갔었는데요. 그때 회관이, 아무튼 아침에 갔었는데 회관도 꽉 차 있었고 밖에도 빈틈 하나 없었습니다. 군대복을 입고 천연 공장에서 일하다 말고 툭 튀어나온 노동자 같았습니다. 몽양(夢陽)이 맨 뒤에서 듣고 있었지요. 아마 그는 약 한 시간에 걸쳐 아주 차근차근하게 알아듣기 쉽도록 얘기했습니다. 그것이 처음의 연설이지요. 연설 후에 기자들과 만났지.

사: 그럼 김찬승 씨가 청진 이야기 좀더 해주십시오.

김: 8·15를 산에서 지내고 걸어서 길주, 무산으로 나와 길주에서 차를 타고 8월 25일께 서울에 왔기 때문에 잘 모르나 그 후 얘기를 다른 이에게 들었는데요. 소련군이 상륙을 하고 나서 조선인과 일본인의 구별을 하게 되자 무턱대고 '꺼레쓰끼' 하면 대우가 참 좋았다고 합니다. 그리고 소위 인민위원회도 비교적 빨리 혼란 없이 착착 판에 찍어 가듯이 되었다고 합니다.

사: 고형도 이야기 좀 하시오. 왜 남의 이야기 때만 먹소.

고승찬(이하, 고): 나는 어떻게 뭐라고 할까요, 그거야말로 정말 앞에도 뒤에도 없던 감격을 느낀 적이 있습니다. 안재홍 씨가 처음으로 강연을 한다고 하여 가서 필기하는데 당최 손이 벌벌 떨려서 쓰지를 못했으니까요. 글쎄 그냥

막 떨려서.

해방과 혼란

남: 부산서는 또 매일신보가 해방일보가 된다는 소식이 들어와서 부산서도 해방일보라 하고 내놓는데 한글 활자판도 없었습니다만 글쎄 한글을 아는 이가 셋밖에 없으니 그거야말로 형편없지요. '계'를 개라 쓰고 엉망진창이었으나 열성만은 대단했습니다. 막 '프린트'로 찍어 냈으니까요.

정: 한글 얘기가 나왔으니 말이지요. 우리는 곧 어학회를 방문했는데 아무튼 홍원에서 돌아오신 노학자님들의 감격은 이루 말할 수 없었어요. 그리고 신문에는 조선어학회를 '우리글집'이라 하고 굉장하게 기사를 냈습니다.

고: 그리고 그때는 신문보다 '프린트' 수가 더 많았고 내신, 외신 할 것 없이 그의 역할도 컸습니다. 뭐니뭐니 해도 실로 '프린트' 난발 시대였지요.

이: 그전에 그러니까 조인식 전에 '하지' 중장과 조선인 기자가 첫 회견을 했습니다. 이쪽은 백낙준(白樂濬) 씨가 통역을 하고 '하지' 중장은 통역이 누구였던가…. 그런데 우리 뒤에 아베(阿部) 정보과장이 병색이 가득하고 몹시 초조한 얼굴로 앉아서 우리들이 문답하는 것을 통역에게 필기를 시키고 있었습니다.

사: 어떠한 문답을 하셨습니까?

이: 네, 글쎄 그것은 기억에 안 남았습니다. 그때 신문이 있으면 좋은데…. 하여튼 그것이 첫 회견이었고 그 다음서부터 정례회견이란 것이 생겼습니다.

정: 그런데 그 당시 무서웠던 것으로는 정말 몸서리칠 만큼 무시무시한 대학살 계획이 있었지요. 아무튼 지식계급은 총망라하고 독립운동을 했든 안 했든 막대한 수의 것이라고 했으니까요.

김: 18일까지 거둬들일 작정이었다고 합니다. 지식층은 전부였다고 하니 정말 소름이 끼칩니다. 거 얼마나 많았을 겁니까.

정: 동대문에서는 굉장하게 대규모로 작성하였던 것이 해방 후 발각되었다는대요.

김: 거기에 대해서 총독 자신도 물론 참가하여 면밀히 조사했다 합니다.

고: 서울서는 그 명부를 미군이 압수하여 두었다는데 지금은 어찌 되었는지….

김: 이남에는 없어졌는지 몰라도 이북에는 각 주재소마다 명부가 있었습니다.

사: 고맙습니다. 그럼 오늘은 이만 뜻 깊은 좌담을 끝낼까 합니다.

출전: 해방20년편찬회(대표 오소백), 『해방20년』, 세문사, 1965, pp. 268-272

다음 세대를 위한 비망록

박도

역사는 영원히 되풀이된다

그리스의 역사학자 투키디데스(Thukydides)는 "역사는 영원히 되풀이된다"고 역사의 연속성을 말했다. 또 다른 영국의 역사학자 에드워드 카(E.H. Carr)는 "역사는 과거와 현재의 끊임없는 대화다"라 하여, 현재의 과제를 해결하기 위해서는 과거의 사실을 끄집어내어 현재의 관점에서 그 해답을 찾으라고 말하고 있다. 이 두 학자의 말은 역사학의 알파요, 오메가다.

내가 그동안 둘러본 여러 선진국들은 영광된 역사뿐 아니라, 오욕의 역사도 원형 그대로 보존하면서 후세의 교훈으로 남기고 있었다. 그런데 우리는 역사를 올곧게 기록하거나 제대로 보존치도 않을뿐더러, 이미 있던 역사 현장이나 기록조차도 훼손하거나 왜곡해 버리고 있다. 그리하여 유감스럽게도 같은 잘못을 거듭 되풀이하는, 반역사적인 작태가 이어지고 있다.

역사학자 김성식은 『내가 본 서양』에서 "영국 사람은 역사를 아끼며, 프랑스 사람은 역사를 감상하고, 미국 사람은 역사를 쌓아간다"고 그들의 역사에 대한 관심과 사랑을 단적으로 말하고 있다. 그네들은 사소한 것이라도 역사가 될 사료라면 이를 아끼고, 그대로 보존하며, 원형을 손상치 않고자 심지어는 건물의 먼지를 닦는 것조차도 주저한다고 한다. 그들은 설사 조상의 어둡고, 부끄러운 오욕의 역사일지라도, 있는 그대로 보존하면서 후손들에게 바른 역사를 일깨워 주고 있었다.

내가 네 차례 둘러본 이웃 중국도 근현대사의 굴욕적인 역사에서 매우 힘겹게 벗어난 뒤, 온 나라 곳곳에 있는 그들의 오욕된 역사의 현장에다 '물망국치(勿忘國恥, 나라의 치욕을 잊지 말자)' '전사불망후사지사(前事不忘後事之師, 지난 일을 잊지 말고 후세의 교훈으로 삼자'라는 글귀를 돌에 새겨 놓고 백성들에게 지난 치욕의 역사를 사실 그대로 준엄하게 가르치고 있었다. 그래서 한때 중국은 영국, 프랑스, 독일, 미국 등으로부터 '종이호랑이'로, 심지어는 자기네 나라 안 땅이건만 "개와 중국인은 출입을 금한다(狗與華人不進入內)"라는 팻말 때문에 근접치 못했던 치욕을 당하기도 했다. 중국인들은 지난날 그런 수모의 역사를 뼈저리게 느끼면서 각성한 끝에 오늘날 G2의 강대국으로 당당하게 우뚝 솟은 것이다.

사람은 '망각의 동물'이라고 한다. 사실 적당한 망각은 정신 건강에 매우 좋다. 하지만 사람이 모든 것을 송두리째 망각한다면 결코 만물의 영장이 될 수 없다. 왜냐하면 사람도 하등동물처럼 시행착오를 거듭 되풀이하기 때문이다. 그 실례로 우리나라 역대 대통령들은 역사에 대한 소양부족과 '나는 예외다'라는 초역사적인 망상에 빠져 비극적인 결말을 답습했다. 백성들조차도 역사에 무지몽매하거나 소홀하여 안전 불감증에 따른 대형사고들이 거듭 꼬리를 물고 일어나 숱한 인명 피해뿐 아니라 나라의 근간조차 뒤흔들고 있는 현실이다. 이 모두가 역사를 두려워하지 않는 데서 나온 무지의 탓이다.

두 장의 사진

나는 30여 년 일선 교단에서 2세들을 가르쳤던 훈장으로 그동안 우리 사회와 나라에 입은 은혜를 되갚는 길은 이제까지 보고 듣고 배운 바를 다음 세대에 바로 전수하는 일로 알고 『개화기와 대한제국』『일제강점기』 등의 저서를 펴낸 바 있다. 이제 그 세 번째 저서로 『미군정 3년사』를 펴낸다.

흔히들 1945년부터 1948년까지 미군정기 3년은 '잘 모르는 역사' '덮어 버린 역사' '묻혀 버린 역사' '묻어 버린 역사' '잃어버린 역사' 등으로 말하고 있다. 나는 초중고교에서 국사를 배웠지만, 매번 미군정기 3년은 자세히 배우지 못했다. 나뿐 아니라 다른 이들도 그랬던 모양이다. 그래서 일반 백성들은 삼국시대나 고려 조선시대 역사는 시시콜콜한 연대까지도 잘 외우면서도 불과 한 세기도 안 된 해방전후사에는 아주 까막눈이다. 그 까닭은 미군정기는 현대사로 교과서 맨 뒷부분에 있기에 학년말로 대체로 제대로 배우지 못한 채 진급하거나, 배워도 시험에 나오지 않았기 때문에 열심히 공부하지 않았던 탓도 있을 것이다. 게다가 현대사는 해방 후 역대 지도자의 정통성과 그들의 치부와 직접 관련성이 있었기 때문에 두루뭉술하게 기술한 경우가 많았다. 그래서 학생들은 학교에서 역사를 배워도 일천 년 전의 역사적 사실은 잘 알면서도 근현대사는 잘 모르는 절름발이 역사교육이었다.

2004년 2월 4일, 나는 한 재미동포의 안내로 미국 메릴랜드 주 칼리지파크에 있는 미국 국립문서기록관리청(NARA, National Archives and Records Administration)을 방문하여 그곳에 소장된 한국현대사 사진자료를 열람했다. 그날 내가 본 사진 가운데 가장 충격적인 장면은 1945년 9월 9일 조선총독부(후, 중앙청) 제1회의실에서 미 제24군단 사령관 하지 중장이 지켜보는 가운데 조선총독 아베 노부유키(阿部信行)가 항복문서에 서명한 다음, 그날 오후 4시 조선에 진주한 미군들이 조선총독부 광장에 도열하여 국기 게양대의 일장기를 끌어내리고 곧 이어 미 성조기를 게양하는 두 장의 사진이었다. 나는 그 장면을 보는 순간 경악을 금치 못했다. 1945년 8월 15일 일제는 패망했지만 사실상 일제강점기는 계속되다가 그날(1945. 9. 9)부터 나라의 주인이 바뀌는, 곧 일제강점기에서 미 군정기가 시작되었던 것을 내 눈으로 확인했기 때문이다.

당시 한국 실정에 어두웠던 미군들은 미군정기 3년 동안 '고문정치' '통역정치'로 북위 38도선 이남의 조선을 통치했다. 게다가 주둔군 사령관 존 하지는 인문적 소양이 부족한 군인이었다. 그러다 보니 군정청장으로서 시행착오나 오판이 많았다. 해방 직전까지 일제 조선총독부는 대동아전쟁을 치르기 위해 정치·경제 등, 사회 전 분야에 엄격한 통제정책을 폈다. 일제는 조선 백성들에게 모든 생활필수품조차 최소 수준으로 공급했다. 그러다가 명목상 해방이 되자 이런 내핍 통제경제가 한꺼번에 무너졌다. 게다가 고급 기술을 죄다 장악했던 일본인들이 물러가자 생산설비가 제대로 가동치 않아 식량을 비롯한 모든 생필품들이 부족했다. 더욱이 패망한 조선총독부나 급조된 군정당국은 임시방편으로 통화량을 무분별하게 남발했다. 그 때문에 물가는 천정부지로 치솟았다. 그 틈에 친일정상배를 낀 모리배들은 더욱 기승을 부렸다. 그들은 혼란한 그 시기를 치부의 기회로 삼았다. 백성들은 식량과 생필품 부족으로 아우성인데, 그들 창고에는 매점매석한 식량과 생필품이 가득했고, 일본인의 적산을 가로채기에 혈안이 돼 있었다.

특히 미군정기 식량 부족은 매우 심각했다. 군정청은 이를 해결하고자 미곡수집령을 발동했으나, 해외에서 귀국한 동포와 38선 이북에서 월남 동포의 폭증으로 식량은 절대량이 부족한 데다가 모리배의 장난으로 도시민들은 식량 부족에 아우성을 쳤으며, 또 농민들은 시중가보다 낮은 수매로 불만이 증폭했다. 결국 미군정 관리들은 미곡파동이 나자 "쌀이 없으면 고기를 먹어라"고 할 만큼 조선인에 대한 무지로 생활안정을 시키지 못했다. 게다가 미군정은 조선 통치에 이력이 있는 친일관료들을 다시 요직에 앉히자 해방 후 숨죽이던 그들은 새로이 활개를 치며 설쳤다. 그들은 일제강점기 때보다 더 백성 위에 군림했다. 왜냐하면 미군들은 영악한 일본인보다 어수룩했다. 이 땅에 친일관료들이 다시 활개 치자 일반 백성들의 분노는 하늘을 찔러 마침내 폭발하기 시작했다. 1946년 9월 미군정의 식량, 노동정책에 항의하는 노동자들의 파업은 곧 대구 '10월항쟁'으로 이어지고, 그 항쟁의 불씨는 꺼지지 않고 잠복했다가 1948년 제주 '4·3항쟁'까지 이어졌다.

백성들이 주인의식을 가져야

1948년 8월 15일, 38도선 이남에는 대한민국 정부가 수립되었다. 명목상 미군정기는 끝났지만 실제로는 미군이 철수한 1949년 6월까지 군정장관 직무대리 찰스 헬믹(Charles G. Helmick)은 한국정부 고문단 대표 자격으로 활동했다. 한편 38도선 이북에서는 사회주의자들이 일찍 권력을 장악한 뒤, 1948년 9월 9일 조선인민공화국을 수립했다. 남과 북의 두 신생 정부는 명목상 미국 군정, 소련 군정에서 벗어났다. 하지만 여전히 그들 강대국의 영향 아래 있었다. 이후 두 강대국들은 한반도를 통째로 자기네 판도에 넣겠다는 야욕이 분출하여 마침내 1950년 6월 25일 한국전쟁이 발발했다. 한국전쟁은 숱한 사상자와 이산가족을 남기고, 끝내 분단문제는 해결치 못한 채 일직선의 38선은 곡선의 군사분계선(휴전선)으로 바뀐 채 정전협정이 체결되고, 전선에서는 일단 포성이 멎었다.

나는 미군정 3년사를 다음 세대에게 쉬우면서도 정확하고 간결하게 전달코자 자판을 두들겼다. 집필하는 동안 울분을 금치 못할 때는 글방에서 가까운 치악산을 오르거나 남한강 강둑을 거닐며 쓰라린 마음을 달랬다. 그런데 곰곰이 그 울분의 시발점을 거슬러 올라가면 남의 탓 이전에 내 탓이었다.

지난날 우리 선조들은 바깥세상의 물정을 모른 채 봉건의 인습을 개혁치 않고, 지도층이나 사대부들은 현실에 안주하며 힘없는 백성의 볼기짝이나 치며 수탈에 전념하다가 마침내 나라를 이웃 일본에게 빼앗겼다. 또 일제 패망 후 나라의 지도자들이

사분오열된 데도 그 원인이 있었다. 아니, 강대국은 한반도에 상륙하기 이전부터 조선인의 자주 독립은 그들 안중에 없었다. 그들에게 조선은 한낱 전리품이었고, 조선인은 미개인으로 인식되었기 때문이다.

나라의 지도자나 백성들은 이를 자각치 못하고, 해방 후 미관말직에라도 오른 관리들은 여전히 백성 위에 군림하며 수탈에 여념이 없었고, 미욱한 백성들은 정의감이 무뎌진 채 나라의 미래보다 내 땅값이나 내 집값이 오르는 데에 한눈을 팔고 살아온 감이 없지 않다.

나는 이 책을 통하여 지난날도, 지금도, 앞으로도 나라의 백성들이 주인의식을 가져야 한다고 강조한다. 그리하여 백성들이 나라의 역량을 키워야 진정한 자주독립 국가가 될 수 있다고 생각한다. 또한 나라의 지도자들이 정의롭지 않고, 경천애민(敬天愛民)하지 않는다면, 백성들의 신뢰를 받을 수 없고, 외세의 지배에서도 벗어날 수 없다는 말을 전한다.

이제 마무리 말로 이 책을 집필하는 데 참고한 선배 역사학자들의 노고에 깊이 감사드리며, 나는 한 역사학도로 그분들이 애써 집필한 역사 사실을 다음 세대를 위해 보다 알기 쉽고 간결하게 정리했을 뿐이다. 나와 눈빛출판사의 이 공동작업은 미군정 3년사를 완벽하게 서술했다고 자부치 않지만 주어진 여건 속에서 최선을 다해 자료를 모은 뒤 이를 깁고 다듬었다. 우리는 역사의 진실을 추구하는 학도로서 한 징검다리에 불과하다. 이 일을 하는 동안 무척 힘들었지만 미처 몰랐던, 마치 거대한 빙하의 밑바닥을 보는 것과 같은 짜릿한 기쁨도 있었다. 독자의 성원이 지속되는 한, 나와 눈빛출판사는 앞으로도 이런 일을 계속 이어 나갈 것이다.

2017년 가을
원주 치악산 아래
'박도글방'에서

참고문헌

Bruce Cumings, Korea's People in the Sun, Norton, 2005.

Chris Springer, North Korea Caught in Time, Garnet Publishing, 2010.

Robert J. Dvorchak·The Associated Press, Battle for Korea, Combined Books, 1993.

Kazuo Kuroko·Hiroyoshi Shimizu·James Dorsey, No More Hiroshima, Nagasaki, Nihon Tosho Center Co., 2005.

相賀徹夫,『태평양전쟁과 주둔군』, 小學館(일본), 1984.

4·7언론인회 엮음,『기자 25시』, 4·7언론인회, 1985.

20세기민중생활사연구단 엮음, 『한국민중구술열전』(전49권), 눈빛, 2007-2011.

A. 기토비차·B. 볼소프 지음·최학송 역,『1946년 북조선의 가을』, 글누림, 2006.

C.L. 호그 지음·신복룡·김원덕 역,『한국분단보고서 上』, 풀빛, 1992.

강만길,『20세기 우리 역사』, 창작과비평사, 2003.

_____,『고쳐쓴 한국현대사』, 창작과비평사, 2003.

_____,『한국사-연표 2』, 한길사, 1994.

강응천 외 4,『근현대사신문』, 사계절, 2010.

강준만,『한국현대사 산책』, 인물과사상사, 2007.

강준식,『혈농어수』, 아름다운책, 2005.

국사편찬위원회,『국사』, 교육부, 2008.

근현대사 네트워크,『지식 충전 우리 현대사 노트』, 서해문집, 2007.

김구,『백범일지』, 돌베개, 2005.

김기협,『해방일기 1-5』, 너머북스, 2011.

김봉현·김민주,『제주도민들의 4·3무장투쟁사』, 문우사, 1963.

김삼웅,『한국현대사 뒷얘기』, 가람기획, 1995.

김성보 외 2,『사진과 그림으로 보는 북한현대사』, 웅진, 2004.

_____,『사진과 그림으로 보는 북한현대사(개정증보판)』, 웅진, 2014.

김성칠,『역사 앞에서』, 창작과비평사, 1993.

김영호,『한국전쟁의 기원과 전개과정』, 두레, 1998.

김영훈,『분단과 전쟁』, 도서출판 다나, 1994.

김육훈,『살아있는 한국 근현대사 교과서』, 돌베개 2007.

김형민,『김형민 회고록』, 범우사, 1987.

다할편집실,『한국사 연표』, 다할미디어, 2002.

대한민국국사편찬위원회 편,『대한민국사』, 탐구당, 1988.

데이비드 콩드 지음·편집부 역,『분단과 미국 2』, 사계절, 1988.

동아일보사 엮음,『현대한국을 뒤흔든 60대사건』, 동아일보사, 1988.

리 푸랜세스카 지음·조혜자 역,『대통령의 건강』, 촛불, 1988.

문화공보부 엮음,『정부수립 40년』, 문화공보부, 1988.

민족사진가협회 엮음,『광복 60년 사진 60년 | 시대와 사람들』, 눈빛, 2005.

박도 엮음,『지울 수 없는 이미지 1-3』, 눈빛, 2004.

박영수,『운명의 순간들』, 바다출판사, 1998.

박완,『잊혀진 혁명가 정이형』, 국학자료원, 2001.

박완서,『그 많던 싱아는 누가 다 먹었을까』, 웅진, 1995.

백범김구선생전집편찬위원회 편,『백범김구전집』, 대한매일신보사, 1999.

백선엽,『실록 지리산』, 고려원, 1992.

브루스 커밍스 지음·김동노 외 역,『브루스 커밍스의 한국현대사』, 창작과비평사, 2001.

___, 김주환 역, 『한국전쟁의 기원』, 청사, 1986.

서중석, 『한국현대사』, 웅진지식하우스, 2008.

___, 『한국현대사 60년』, 역사비평사, 2007.

신동아 엮음, 『원자료로 본 북한』, 동아일보사, 1989.

송남헌, 『해방 3년사 1·2』, 까치, 1985.

안병훈 엮음, 『사진과 함께 읽는 대통령 이승만』, 기파랑, 2011.

양성철, 『박정희와 김일성』, 한울, 1992.

오기영, 『민족의 비원 자유조국을 위하여』, 성균관대출판부, 2002.

오기영, 『진짜 무궁화』, 성균관대출판부, 2002.

우승홈 엮음, 『1945년생·1946년생·1947년생·1948년생』, 윤컬, 1998.

월간조선 편, 『한국현대사 119대사건』, 조선일보사, 1993.

___, 『현대사를 뒤흔든 대특종』, 조선일보사, 2003.

유종호, 『나의 해방 전후』, 믿음사, 2004.

이기형, 『몽양 여운형』, 실천문학사, 1984.

이길용기념사업회 엮음, 『20세기 한국스포츠 100년』, 이길용기념사업회, 1999.

이덕일 지음·권태균 사진, 『잊혀진 근대, 다시 읽는 해방전사』, 역사의 아침, 2013.

이만열 엮음, 『한국사연표』, 역민사, 1994.

이야기한국사편찬회, 『이야기 한국사 10』, 풀빛, 1986.

이종찬, 『숲은 고요하지 않다』, 한울, 2015.

이태준, 『이태준 단편전집 2』, 가람기획, 2005.

이완희, 『대한민국 어떻게 탄생했나』, 대왕사, 1997.

이홍직 편, 『국사대사전』, 민중서관, 1997.

임영태, 『대한민국사』, 들녘, 2010.

장근식·강성현, 『한국전쟁 사진의 역사사회학』, 서울대학교출판문화원, 2016.

장세윤, 『중국 동북지역 민족운동과 한국현대사』, 명지사, 2005.

전민조, 『특종, 역사를 말하는 사진』, 눈빛, 2013.

제민일보 4·3취재반, 『4·3은 말한다 1』, 전예원, 1994.

정병준, 『우남 이승만 연구』, 역사비평사, 2005.

___, 『한국전쟁』, 돌베개, 2006.

정차근·허재일 엮음, 『해방전후사의 바른 이해』, 평민사, 1991.

조선일보사 엮음, 『조선일보 창간 80주년 기념 특별기획전 - 세기를 넘어서』, 조선일보사, 2000.

___, 『한국현대사 비자료 125건』, 조선일보사, 1996.

조성오, 『우리 역사 이야기 3』, 돌베개, 2008.

주영복, 『내가 겪은 조선전쟁』, 고려원, 1990.

최영희, 『격동의 해방3년』, 한림대학교 아시아문화연구소, 1996.

최인훈, 『화두(제1부)』, 민음사, 1994.

최종고, 『우남 이승만』, 청아출판사, 2011.

한국보도기자클럽, 『사건보도 365』, 한국보도기자클럽, 1982.

한국언론보도인클럽 엮음, 『사진으로 엮은 뉴스 백년사』, 한국언론보도인클럽, 1987.

한국역사연구회, 『우리는 지난 100년 동안 어떻게 살았을까 1, 2』, 역사비평사, 1998.

___, 『우리는 지난 100년 동안 어떻게 살았을까 3』, 역사비평사 1999.

___, 현대사연구반, 『한국현대사 I』, 풀빛, 1994.

한국일보사 엮음, 『사진으로 본 해방30년』, 한국일보사, 1975.

한국정신문화연구원, 『한국사 연표』, 동방미디어, 2004.

한국칼럼니스트클럽 엮음, 『기자와 사건 사설』, 한국칼럼니스트클럽, 1987.

한국편집기자회 편, 『기자가 본 역사의 현장』, 한국편집기자회, 1982.

해방20년편찬회, 『해방20년』, 세문사, 1965.

희망출판사 엮음, 『해방20년사』, 희망출판사, 1965.

국사편찬위원회 한국사 데이터베이스

국사편찬위원회 전자도서관 대한민국사연표

네이버 뉴스 라이브러리

경향신문 PDF 동아일보 PDF 서울신문 PDF 조선일보 PDF 연합뉴스